中国法院2024年度案例

国家法官学院　最高人民法院司法案例研究院 / 编

知识产权纠纷

中国法制出版社
CHINA LEGAL PUBLISHING HOUSE

《中国法院2024年度案例》通讯编辑名单

刘晓虹	北京市高级人民法院
王　凯	北京市高级人民法院
张　荷	天津市高级人民法院
徐翠翠	河北省高级人民法院
崔铮亮	山西省高级人民法院
杨智勇	内蒙古自治区高级人民法院
周文政	辽宁省高级人民法院
苏　浩	吉林省高级人民法院
王　妍	黑龙江省高级人民法院
牛晨光	上海市高级人民法院
缪　芳	江苏省高级人民法院
左一凡	江苏省高级人民法院
谷昔伟	江苏省南通市中级人民法院
宋婉龄	江苏省无锡市中级人民法院
杨　治	浙江省高级人民法院
蒋　莹	浙江省高级人民法院
刘伟玲	安徽省高级人民法院
林冬颖	福建省高级人民法院
李智芹	江西省高级人民法院
李　宁	山东省高级人民法院
张　琦	河南省高级人民法院
宋淼军	湖北省高级人民法院
黄　娅	湖北省宜昌市中级人民法院
唐　竞	湖南省高级人民法院
李　雪	广东省高级人民法院
邹尚忠	广西壮族自治区高级人民法院
韦丹萍	广西壮族自治区高级人民法院
黄文楠	海南省高级人民法院
吴　小	重庆市高级人民法院
任　梦	四川省高级人民法院
杨俊杰	云南省高级人民法院
赵鸿章	云南省昆明市中级人民法院
颜　源	贵州省高级人民法院
戚　雷	贵州省贵阳市中级人民法院
王丽萍	西藏自治区高级人民法院
郑亚非	陕西省高级人民法院
张旦旦	甘肃省高级人民法院
王　晶	青海省高级人民法院
康　莹	宁夏回族自治区高级人民法院
石孝能	新疆维吾尔自治区高级人民法院
洪超胜	新疆维吾尔自治区高级人民法院生产建设兵团分院

序

党的二十大擘画了全面建成社会主义现代化强国、以中国式现代化全面推进中华民族伟大复兴的宏伟蓝图，强调全面依法治国是国家治理的一场深刻革命，必须更好发挥法治固根本、稳预期、利长远的保障作用，在法治轨道上全面建设社会主义现代化国家。为落实习近平总书记“一个案例胜过一打文件”的重要指示精神，人民法院始终把完善中国特色案例制度，加强司法案例研究作为推进全面依法治国、支撑和服务中国式现代化的重要途径，通过发布具有普遍指导意义的典型案例，统一法律适用、提高审判质效，提升司法公信力，努力让人民群众在每一个司法案件中感受到公平正义。为更好满足社会各界和人民群众多元化司法需求，把习近平法治思想落实到人民法院审判工作全过程各方面，人民法院案例库于2024年2月27日正式上线并向社会开放，这是进一步完善中国特色案例制度的重要举措，是最高人民法院推出的新的“公共法律服务产品”。

“中国法院年度案例系列”丛书以及时记录人民法院司法审判工作新发展、新成就为己任，通过总结提炼典型案例的裁判规则、裁判方法和裁判理念，发挥案例鲜活生动、针对性强的优势，以案释法，以点带面，有针对性地阐释法律条文和立法精神，促进社会公众通过案例更加方便地学习法律，领悟法治精神，发挥司法规范、指导、评价、引领的重要作用，大力弘扬社会主义核心价值观，积极服务人民法院案例库建设，加强案例库案例研究，促进统一法律适用、提升审判质效，丰富实践法学研究，增强全民法治意识和法治素养，展现新时代我国法治建设新成就。

“中国法院年度案例系列”丛书自2012年编辑出版以来，已连续出版13年，受到读者广泛好评。为更加全面地反映我国司法审判执行工作的发展进程，顺应审判执行实践需要，响应读者需求，丛书于2014年度新增金融纠纷、行政纠纷、刑事案例3个分册，2015年度将刑事案例调整为刑法总则案例、刑法分则案例2个分册，2016年度新增知识产权纠纷分册，2017年度新增执行案例分册，2018年度将刑事案例扩充为4个分册，2022年度将土地纠纷（含林地纠纷）分册改为土地纠纷（含环境资源纠纷）分册。自2020年起，丛书由国家法官学院与最高人民法院司法案例研究院共同编辑，每年年初定期出版。在全国各级人民法院的大力支持下，丛书编委会现编辑出版《中国法院2024年度案例系列》丛书，共23册。

“中国法院年度案例系列”丛书以开放务实的态度、简洁明快的风格，在编辑过程中坚持以下方法，努力让案例书籍“好读有用”：一是高度提炼案例内容，控制案例篇幅，每个案例字数基本在3000字左右；二是突出争议焦点，尽可能在有限的篇幅内为读者提供更多有效、有益的信息；三是注重释法说理，大多数案例由法官撰写“法官后语”，高度提炼、总结案例的指导价值，力求引发读者思考，为司法审判提供借鉴，为法学研究提供启迪。

“中国法院年度案例系列”丛书编辑工作坚持以下原则：一是以研究案例库案例为首要任务。自今年起，“中国法院年度案例系列”丛书优先选用人民法院案例库案例作为研究对象，力求对案例库案例裁判要旨的基本内涵、价值导向、法理基础、适用要点等进行深入分析，增强丛书的权威性、参考性。二是广泛选编案例。国家法官学院和最高人民法院司法案例研究院每年通过各高级人民法院从全国各地法院汇集上一年度审结的典型案例近万件，使该丛书有广泛的精选基础，通过优中选优，可提供给读者新近发生的全国各地多种类型的典型性、疑难性案例。三是方便读者检索。丛书坚持以读者为本，做到分卷细化，每卷案例主要根据案由（罪名）分类编排，每个案例用一句话概括裁判规则、裁判思路、裁判理念、裁判方法或焦点问题作为主标题，让读者一目了然，迅速找到目标案例。

中国法制出版社始终全力支持“中国法院年度案例系列”丛书的出版，给了编者们巨大的鼓励。2024年，丛书将继续提供数据库增值服务。购买本书，扫描前勒口二维码，即可在本年度免费查阅往年同类案例数据库。我们在此谨表谢忱，并希望通过共同努力，逐步完善，做得更好，探索出一条充分挖掘好、宣传好人民法院案例库案例和其他典型案例价值的新路，为广大法律工作者和社会公众提供权威、鲜活、精准的办案参考、研究素材，更好地服务司法审判实践、服务法学教育研究、服务法治中国建设。

“中国法院年度案例系列”丛书既是法官、检察官、律师等法律工作者的办案参考和司法人员培训辅助教材，也是社会大众学法用法的经典案例读本，同时也为教学科研机构开展案例研究提供了良好的系列素材。当然，编者们在编写过程中也难以一步到位实现最初的编写愿望，客观上会存在各种不足甚至错误，欢迎读者批评指正。我们诚心听取各方建议，立足提质增效，不断拓宽司法案例研究领域，创新司法案例研究方法，助推实现中国特色司法案例研究事业的高质量发展。

国家法官学院　最高人民法院司法案例研究院

2024 年 5 月

目　录

Contents

一、知识产权合同纠纷

二、知识产权权属、侵权纠纷

（一）著作权权属、侵权纠纷

三、不正当竞争纠纷

四、行政纠纷

一、知识产权合同纠纷

1

司法终止合同关系的认定规则

——影业公司诉温某著作权许可使用合同案

【案件基本信息】

1. 裁判书字号

上海知识产权法院（2022）沪 73 民终 130 号民事判决书

2. 案由：著作权许可使用合同纠纷

3. 当事人

原告（反诉被告、上诉人）：影业公司

被告（反诉原告、上诉人）：温某

【基本案情】

温某系某系列小说的作者。2016 年至 2018 年，温某（授权方）与影业公司（被授权方）围绕某系列小说的各项著作权权能先后签订七份著作权许可使用合同。本案系争合同系上述七份合同之一，即 2017 年 4 月 9 日温某（乙方）与影业公司（甲方）签署的《动漫改编权合作许可协议》。

该协议主要约定：甲、乙双方已经签署有关某系列小说作品乙方授权甲方独家全案运营的《独家合作协议》，并达成相关补充协议。乙方同意将其文学作品某系列作品在本协议项下约定的权利许可给甲方独家使用及双方进行相关合作。该协议对于某系列文学作品的动漫改编事宜及双方在改编过程中互负的权利义务进行了详细约定，违约责任条款约定乙方不得擅自将合同项下已经授予甲方的所有著作权权利另行授予他人，否则乙方构成违约并需支付甲方500万元违约金。

2018年开始，温某频繁在公众媒体上指责影业公司并要求单方解除与影业公司就某小说的著作权许可使用合同关系。同年起，温某与影业公司之间就上述围绕某系列小说签订的七份合同陆续产生了十余次诉讼与仲裁纠纷。同年6月开始，温某将部分某小说的简体中文版纸质图书出版发行权独占性地授予其他公司，某小说纸质图书随后由其他公司出版发行。同年12月，温某将某系列作品的信息网络传播权及转授权、电子出版物制作发行权等权利独家授予其他公司，影业公司估算损失达400余万元。

系争合同签订至今，影业公司未实际履行。影业公司表示，鉴于温某频繁在公开场合无故指责影业公司并宣称取消授权，导致包括系争合同在内的多份涉某系列小说的著作权许可使用合同均处于停滞状态，无法开展项目运营。若温某停止公开诋毁，则合同可以正常履行。

【案件焦点】

1. 影业公司主张温某违约的事实是否成立，如果温某违约，违约金数额如何确定；2. 影业公司是否具有合同解除权，系争合同是否可以依据《中华人民共和国民法典》第五百八十条由法院判决终止权利义务关系。

【法院裁判要旨】[①]

上海市浦东新区人民法院经审理认为：温某擅自在影业公司获得独占性许可权利期间将上述作品的信息网络传播权或者出版发行权再行授权给第三方，构成违约。法院考虑到某系列文字作品在我国小说领域极高的知名度和影响力、温某擅自授权他人的主观恶意、温某因授权他人可能的获益、原告自愿降低违

① 本书【法院裁判要旨】适用的法律法规等条文均为案例裁判当时有效，下文不再对此进行提示。

约金数额等因素，全额支持影业公司违约金200万元的诉讼请求。

鉴于温某系本案违约方，其不具有法定或约定的解除权。但系争合同可以依据《中华人民共和国民法典》第五百八十条合同僵局规则由法院判决终止权利义务关系。具体到本案系争合同，（1）影业公司自合同签约至今，客观上未履行系争合同项下任何涉案作品改编动漫的义务，属于“当事人一方不履行非金钱债务”。（2）属于《中华人民共和国民法典》第五百八十条规定的除外情形：①事实上不能履行。系争合同顺利履行的前提是合同双方相互信赖，均有友好合作的意向。但综观本案合同签订以来，就著作权授权事宜已发生数十场诉讼或仲裁；自2018年6月起，合同一方当事人同时也是某系列小说的作者温某屡次在公开场合发表单方与影业公司解约的言论，坚持要求终止系争合同的权利义务关系。可见，双方的信赖基础已经完全丧失。②债务标的不适于强制履行。系争合同是有较强人身依附性的著作权授权许可合作开发协议。合同的履行需要双方紧密合作。温某需要提供改编文字作品的故事大纲或写作思路、线索并最终确定改编文字作品的编审权，影业公司则需要自行或授权第三方进行动漫改编，并将改编文字作品的内容提交温某审定。双方的非金钱债务都具有较强的人身依附性，无法强制履行。（3）合同目的已经无法实现。系争合同的期限为十年，双方在履行过程中，只有本着诚实信用原则，注重协商，相互体谅，真诚合作才可以实现共赢。然而，系争合同订立即将满五年，合同项下的合作项目迟迟未见启动。双方诉讼、仲裁不断。有关双方矛盾的报道屡见于媒体。可以预见到，系争合同继续存续下去，也无法履行，合同的目的已经无法实现，合同僵局已经形成。综上，法院支持温某要求终止系争合同权利义务关系的反诉请求。

上海市浦东新区人民法院依照《中华人民共和国涉外民事关系法律适用法》第四十一条，《中华人民共和国民法典》第四百六十五条、第五百零九条第一款及第二款、第五百七十七条、第五百八十条、第五百八十五条第一款及第二款规定，判决：

一、温某于本判决生效之日起十个工作日内赔偿影业公司违约金200万元；

二、温某与影业公司于2017年4月9日签署的《动漫改编权合作许可协议》项下所有权利义务关系自本判决生效之日起终止。

影业公司、温某不服一审判决，提起上诉。

上海知识产权法院经审理同意一审法院裁判意见，依照《中华人民共和国民事诉讼法》第一百七十七条第一款第一项规定，判决：

驳回上诉，维持原判。

【法官后语】[①]

本案系适用司法打破合同僵局的制度判决终止著作权许可使用合同权利义务关系的案件。系争合同涉及某系列小说的动漫改编权授权等事宜。2016年起，双方陆续就某系列小说签订了多份著作权许可使用合同。2018年起双方矛盾升级，发生多起诉讼、仲裁纠纷。合同双方在缔约后数年对于合同的实质履行未进一步，若合同僵局态度一直持续，将无形中制约某系列小说传统文字作品向动漫作品转型升级的发展节奏。《"十四五"文化产业发展规划》从提升文化产业对社会整体效益的角度出发，提出要"推动文化产业高质量发展，培育新型文化业态和文化消费模式，以高质量文化供给增强人们的文化获得感、幸福感"。通过司法途径终止涉案合同，个案裁判中所体现的价值就是要把社会效益放在首位、社会效益和经济效益相统一，更好地释放文化产业潜能。

从法律层面看，合同僵局并非规范意义上的法律术语，《中华人民共和国民法典》及相关司法解释对于合同僵局未有直接的定义定性，合同僵局更多是在描述合同履行状态的一种事实问题，陷入合同僵局的当事人无法正常行使合同创设的权利，履行请求权的权能被架空，但对应的给付义务并未消灭，合同权利义务关系在实际履行过程中显得名不副实。《中华人民共和国民法典》则在吸收《中华人民共和国合同法》及《全国法院民商事审判工作会议纪要》的基础上，以第五百八十条第一款继续沿用排除履行请求权的类型，增设第二款

① 本书【法官后语】对此类法律问题涉及的法律法规等内容进行了时效性更新，下文不再对此进行提示。

的司法终止权打破合同僵局，与《中华人民共和国合同法》不同的是，本条将司法终止权的适用范围进一步限缩，将“合同无法继续履行”与“合同目的无法实现”并列为规范要件，唯有合同目的落空时的合同僵局，司法权才会介入打破无存在价值的合同僵局。

本案在本诉中认定合同违约方为温某，并判决其赔偿影业公司违约金的同时，在反诉中支持了温某提出的适用合同僵局终止合同权利义务关系的反诉请求。从中确立的裁判规则为：

1. 著作权许可使用合同陷入僵局时，违约方不得依据《中华人民共和国民法典》第五百六十三条解除合同，但可依据《中华人民共和国民法典》第五百八十条申请法院终止合同权利义务关系。法院终止合同权利义务关系应符合合同陷入僵局的事实要件、合同目的无法实现的实质要件、通过诉讼方式的程序要件。

2. 违约责任的产生与认定与法院终止合同权利义务关系具有一定的独立性，法院可结合责任约定、第三人获益、合同对价、作品影响力、主观状态、减损情况等因素，根据诚信原则和公平原则认定损失赔偿数额。

本案对于适用“打破合同僵局”的裁判规则处理著作权合同类案进行了探索，有利于充分发挥系争合同项下某系列小说的价值，更好地促进文化艺术作品的传播和利用。

编写人：上海知识产权法院　孙闫

上海市浦东新区人民法院　卞贵龙

2

特许人因员工违法行为担责的认定

——张某诉某酒店特许经营合同案

【案件基本信息】

1. 裁判书字号

广东省广州知识产权法院（2022）粤 73 民终 3016 号民事判决书

2. 案由：特许经营合同纠纷

3. 当事人

原告（被上诉人）：张某

被告（上诉人）：某酒店

【基本案情】

2018 年 4 月，张某作为投资人（乙方）与某酒店（甲方）签订了《某酒店投资合同（管理店模式）》及相关材料，合同主要内容为：乙方按照“管理直营”之商业模式进行投资，甲方提供管理点筹建的咨询、指导等服务，乙方筹建符合甲方标准的“管理店”，交付甲方进行经营管理。合同还约定了合作期限、双方权利义务。

张某声称，某酒店的经理荣某告知其做假银行流水和假装修合同可以从隶属某酒店总部的银行得到 200 多万元贷款。合同签完后贷款未通过审批。张某认为贷款风险高，某酒店方指导意见不实导致其多项损失，遂提起诉讼要求某酒店赔偿逾百万元。

【案件焦点】

特许人员工指引被特许人制作假流水、签订假合同进行贷款，因贷款不成造成的损失，特许人是否可以免责。

【法院裁判要旨】

广州市海珠区人民法院经审理认为：某酒店工作人员荣某在合同履行期间与张某沟通如何制造贷款所需的数据或资料的行为明显不当，双方应对在合同履行期间的不当行为承担相应责任，张某作为贷款人是贷款成功的主要受益者，张某应对贷款不成引发的后果承担主要责任，结合现有证据及双方陈述，法院酌定应由某酒店向张某赔偿经济损失 70000 元。

广州市海珠区人民法院依据《中华人民共和国合同法》第六条、第一百零七条、第一百二十条规定，判决：

一、某酒店在本判决生效之日起十日内向张某赔偿经济损失 70000 元；

二、驳回张某的其他诉讼请求。

某酒店不服一审判决，提起上诉。

广州知识产权法院经审理认为：根据查明事实，2018 年 4 月 5 日至 7 月 28 日，某酒店工作人员荣某与张某通过短信或面谈持续沟通关于张某贷款的事宜。荣某向张某发送了虚假的租赁合同模板，称可以简单制作租赁合同，贷款所需的流水数据可以由银行工作人员做或装修公司来做，又建议张某如何应对银行调查等。荣某与张某协商形成虚假资料以图获得融资，违反诚实信用的民事行为原则。拟融资项目是特许经营的项目，张某是被特许人，与作为特许人的某酒店之间存在信息不对称，张某更依赖于某酒店提供的信息作出经营判断，在未能获得融资的情况下，会有相应的损失，故一审法院酌定某酒店赔偿张某部分损失，并无不当。某酒店上诉认为其与张某仅存在特许经营合同关系，不存在提供融资服务的义务，相关融资行为是荣某与张某的个人行为。对此，荣某代表某酒店与张某进行项目洽谈与指导，融资所涉及项目是特许经营项目，荣某的相关行为是职务行为，相关后果应由某酒店承担。综上所述，某酒店的上诉请求不能成立，应予驳回。一审判决认定事实清楚，处理结果并无不当，应予维持。

广州知识产权法院依照《中华人民共和国民事诉讼法》第一百七十七条第一款第一项规定，判决：

驳回上诉，维持原判。

【法官后语】

加盟连锁店现已随处可见，但社会公众对特许经营合同的特殊性仍缺乏足够认识；特许人具有相对性优势，但其受利益驱使，往往容易偏向于保护自身利益，故在处理特许经营合同纠纷中应注意平衡双方责任。

相比于被特许人，合同另一方的特许人具有巨大的信息优势。被特许人在决定是否签订合同、筹备资金、选址等重大事项上都高度依赖于特许人提供的信息，故《商业特许经营管理条例》规定在特许经营合同中应约定被特许人有权在一定期限内单方解除合同，特许人应当实行信息披露制度等内容以防止双方地位明显不对等。本案中某酒店作为特许人，也因其运营连锁酒店在社会上知名度较高，被特许人对其依赖性强。荣某为某酒店指定的前期筹备工作代表，其指导张某制作虚假合同、流水，教导其应对银行调查，希望以此获得贷款，而未向其说明如此作为的不当及风险，属于滥用信息优势的情形，应认定某酒店因违反诚实信用原则承担赔偿责任，实现司法裁判效果与立法价值相统一。某酒店声称双方签订的合同未约定由特许人提供融资服务，《客户经理确认书》亦明确荣某不涉及融资事项，要求以此为由免除其赔偿责任。首先，荣某作为特许人的代表，特许人应通过内部培训加强员工的诚实信用意识；其次，特许人未提供其他人员或合理渠道供被特许人获取全面信息进行对照辨别，以避免因特许人个别员工行为不当造成不良后果；最后，融资事项属于特许经营合作中常见的关键性事项，特许人的意见对被特许人在融资途径、融资金额甚至后续经营规模等事项的判断有重大影响，但某酒店未直接明确向张某说明双方合作不包括融资事项以防止张某受其员工意见误导。综上，某酒店要求免责不成立。张某要求某酒店承担贷款不成的全部损失亦缺乏依据，因融资事项的主要受益人为张某，张某有权拒绝荣某的建议，贷款不成有张某的因素，故贷款不成造成的损失主要责任应当由张某承担，应酌定由某酒店承担次要责任向张某赔偿70000元。从社会效果角度，对于酒店员工此类不当行为，如果酒店不需要因此承担任何责任，酒店从自身利益出发内在缺乏强化员工法律意识的动力，有可能放任员工此类行径，对社会经济正常秩序造成损害。

编写人：广东省广州市海珠区人民法院　陈文超

3

特许经营合同应否解除的认定

——孙某诉餐饮公司等特许经营合同案

【案件基本信息】

1. 裁判书字号

山东省淄博市中级人民法院（2021）鲁03民终2480号民事判决书

2. 案由：特许经营合同纠纷

3. 当事人

原告（反诉被告、被上诉人）：孙某

被告（反诉原告、上诉人）：餐饮公司

被告：丁某、朱某

【基本案情】

餐饮公司成立于2018年4月2日，系一人有限责任公司，2020年6月24日变更为股东多人的有限责任公司，被告丁某系股东之一，朱某系丁某之妻。2018年8月1日，孙某与餐饮公司签订《商业加盟经营合同》及《补充协议》（以下简称涉案合同），约定区域范围地区为某省某某市，合同有效期三年，同时对双方的权利义务作了具体约定。合同签订后，餐饮公司履行了合同约定的专业培训、指导、服务等部分义务并返还孙某现金99290.75元。2019年2月14日、2019年4月16日，餐饮公司分别获得了相关商标权、专利权。2020年7月14日，孙某曾以合同无效为由对餐饮公司、丁某、朱某提起诉讼，二审过程中孙某撤诉。

孙某称涉案合同签订时餐饮公司不具备“两店一年”的条件，亦未依法向其披露信息，违反了特许经营条例的管理性强制性规定，其有权行使特许经营条例赋予的合同解除权，单方解除合同。

【案件焦点】

双方签订的特许经营合同应否解除。

【法院裁判要旨】

山东省淄博市沂源县人民法院经审理认为：孙某与餐饮公司签订的合同系商业特许经营合同，合同的订立、履行应该符合相关法律法规的规定。本案中，涉案合同签订时餐饮公司成立不满一年，其提交证据不足以证明已具备《商业特许经营管理条例》规定的从事特许经营活动已经拥有成熟的经营模式，至少2个直营店，并且经营时间超过1年的基本条件，同时餐饮公司未依法向孙某披露信息，违反了特许经营条例的管理性强制性规定，孙某基于餐饮公司违法行为，行使特许经营条例赋予的合同解除权，于法有据。根据合同法的相关规定，当事人一方依法主张解除合同的，应当通知对方。合同自通知到达对方时解除，2021年3月8日孙某提起诉讼，要求解除双方于2018年8月1日签订的商业加盟经营合同及补充协议，法院于2021年3月9日向餐饮公司送达了起诉状副本，视为履行通知义务，故上述合同及补充协议于2021年3月9日解除。合同解除后，尚未履行的，终止履行；已经履行的，根据履行情况和合同性质，当事人可以要求恢复原状、采取其他补救措施，并有权要求赔偿损失。

山东省淄博市沂源县人民法院依据《中华人民共和国合同法》第九十四条第四项及第五项、第九十七条，《中华人民共和国公司法》第六十三条，《商业特许经营管理条例》第七条、第二十一条、第二十二条、第二十三条，《最高

人民法院关于审理涉及夫妻债务纠纷案件适用法律有关问题的解释》,《中华人民共和国民事诉讼法》第六十四条规定,判决:

一、餐饮公司(甲方)与孙某(乙方)2018年8月1日签订的《商业加盟经营合同》及《补充协议》于2021年3月9日解除;

二、餐饮公司返还孙某联盟合作服务代理费190000元的70%,计款133000元;

三、餐饮公司返还孙某联盟合作保证金10000元;

四、餐饮公司返还孙某联盟合作服务费定金50000元;

五、驳回孙某的其他诉讼请求;

六、驳回餐饮公司的反诉请求;

七、上述第二项至第四项合计款项193000元,扣除已经返还的99290.75元后,餐饮公司再返还孙某93709.25元。

餐饮公司不服一审判决,提起上诉。

山东省淄博市中级人民法院经审理认为:根据《商业特许经营管理条例》第三条规定,特许人只要拥有一定的经营资源即可许可他人使用,该经营资源并不要求一定是注册商标,注册商标以外的经营资源亦能许可他人使用,且本案在合同履行过程中,已有相应商标专用权以及专利权。"两店一年"系行政法规的管理性强制性规定,并非效力性规定,并不必然导致特许人与他人签订的特许经营合同无效。餐饮公司已经履行了合同约定的义务,而且孙某已经实际利用餐饮公司的经营资源持续进行经营,不符合单方解除合同的规定。

山东省淄博市中级人民法院依照《中华人民共和国合同法》第六条、第八条,《中华人民共和国民事诉讼法》第一百七十条第一款第二项规定,判决:

一、维持山东省沂源县人民法院民事判决第六项;

二、撤销山东省沂源县人民法院民事判决第一项至第五项、第七项;

三、驳回孙某的诉讼请求。

【法官后语】

本案为特许经营合同纠纷,裁判的关键在于特许经营合同应否解除的正确认定。根据《商业特许经营管理条例》第三条第一款规定,“本条例所称商业特许经营(以下简称特许经营),是指拥有注册商标、企业标志、专利、专有技术等经营资源的企业(以下称特许人),以合同形式将其拥有的经营资源许可其他经营者(以下称被特许人)使用,被特许人按照合同约定在统一的经营模式下开展经营,并向特许人支付特许经营费用的经营活动”。本案中孙某与餐饮公司签订的《商业加盟经营合同》及《补充协议》是对双方之间商业特许经营相关事项的约定,系特许经营合同。解除合同的前提是该合同是合法有效的,孙某主张餐饮公司不具备“两年一店”特许条件、没有经营资源,但是经法院查明,餐饮公司在合同履行期间成功注册商标并获得外观设计专利权,拥有许可他人使用的经营资源,且《商业特许经营管理条例》关于“两店一年”的规定属于行政法规的管理性强制性规定,并非效力性规定,特许人不具备上述条件,并不必然导致其与他人签订的特许经营合同无效,故孙某与餐饮公司之间签订的涉案合同是合法有效的,合同签订日期为2018年8月1日,有效期为三年,故合同尚未履行完毕,具备解除合同基本要件。

特许经营合同有别于一般合同,除了法定解除情形外还有一些较为特殊的情形,大致可以概括为以下几个方面:第一,被特许人可以在一定期限内单方面无条件解除合同。根据《商业特许经营管理条例》第十二条规定,“特许人和被特许人应当在特许经营合同中约定,被特许人在特许经营合同订立后一定期限内,可以单方解除合同”,在司法实践中,无条件单方面解除权一般应在被特许人实质利用特许资源之前行使,且该权利行使需要在一定期限内进行。本案中双方签订合同约定的特许经营时效为三年,截至孙某起诉,合同履行期限即将届满,且孙某已经使用餐饮公司提供的经营资源且处于盈利状态,故本情形不适用于本案。第二,特许人隐瞒信息或者披露虚假信息,被特许人可以单方面解除合同。根据《商业特许经营管理条例》第二十三条第三款规定,“特许人隐瞒有关信息或者提供虚假信息的,被特许人可以解除特许经营合同”。此情形具体可以划分为三种情况,一是特许人在订立合同过程中隐瞒信息或者披露虚假信息,该行为足以导致合同目的不能实现或者足以让被特许人签订特许经营合同，如特许人并没有足够的经营资源或者经营资源存在严重瑕疵；二是特许人在签订合同后隐瞒重大变更信息或者披露虚假信息，使得被特许人的经营业务因此而受到实质性影响；三是特许人隐瞒与其有关的诉讼、仲裁或者行政处罚，而被隐瞒的诉讼、仲裁或者行政处罚会对被特许人是否签订合同产生直接影响或者对合同目的的实现产生直接影响。第三，特许人的经营资源被依法撤销或者宣告无效，被特许人可以单方面解除合同。根据《北京市高级人民法院关于审理商业特许经营合同纠纷案件适用法律若干问题的指导意见》第十二条第一款规定，“经营资源被依法撤销或者宣告无效的，特许人或被特许人可以依法解除该特许经营合同”。此种情形有一种典型情况，就是特许人注册的商标或者申请的专利被撤销或宣告无效。

本案中，除了不符合“两店一年”条件外，孙某还主张餐饮公司没有履行信息披露义务，也就是上文中的第二种情形，《商业特许经营管理条例》规定特许人应当向被特许人披露信息，并规定特许人向被特许人提供的信息应当真实、准确、完整，不得隐瞒有关信息或者提供虚假信息，在司法实践中，认定应否解除特许经营合同，除了审查有无隐瞒或者披露虚假信息外，还应该审查特许人违反信息披露义务是否影响被特许人合同目的的实现，若特许人没有尽到披露义务并不影响被特许人合同目的的实现，则被特许人仅以违反合同披露义务而主张解除合同，不应支持。综上，孙某提出的要求解除合同的理由均不成立，故二审法院判决驳回孙某的诉讼请求合法合理。

编写人：山东省淄博市中级人民法院　荣明潇　杨富元
山东省淄博市周村区人民法院　张蓓

二、知识产权权属、侵权纠纷

（一）著作权权属、侵权纠纷

4

网络内容服务商（ICP）备案主体与域名持有人不一致情况下侵权主体的认定

——信息公司诉教育公司著作权权属、侵权案

【案件基本信息】

1. 裁判书字号

江西省南昌市中级人民法院（2022）赣01民终2163号民事判决书

2. 案由：著作权权属、侵权纠纷

3. 当事人

原告（上诉人）：信息公司

被告（被上诉人）：教育公司

【基本案情】

某影视作品出品单位、制片单位均为影业公司。2019年3月6日，影业公司名称变更为广告公司。2021年7月30日，广告公司出具《授权书》一份，

将某影视作品的相关权利以限制性独占专有的形式授予信息公司，除授权方保留平台外，信息公司享有独占性信息网络传播权，包括转授权权利、独立维权的权利，授权期限为2021年7月30日至2031年7月29日。

信息公司员工彭某于2021年9月15日申请了《可信时间戳认证证书》，时间戳认证证书附件显示：取证人员通过电脑录屏的方式进行证据固定，该录像视频显示，根据ICP备案查询管理系统查询，案涉域名的审核通过日期为2018年4月10日，主办单位名称为教育公司，网站名称为教育公司。其后，取证人员通过浏览器搜索案涉域名，显示出网站名为“某影院”的页面，通过搜索“某影视作品”显示一条结果，点击“立即播放”即跳转至播放页面，可播放某影视作品全片。

教育公司成立于2018年3月19日，经营范围为教育咨询、心理咨询服务；婚姻介绍服务。2018年3月27日，教育公司与信息公司签订了《企业网站建设服务协议》，约定由教育公司委托信息公司进行网站建设。一审法院向云计算公司调取案涉域名自2018年3月28日至今的持有人信息，云计算公司复函显示案涉域名自2018年3月28日至2019年5月27日持有人为教育公司，自2019年5月28日起案涉域名持有人经过多次变更，并自2021年6月23日起案涉域名持有人为彭某。

【案件焦点】

教育公司是否为案涉网站的实际经营者，是否应当承担侵权责任。

【法院裁判要旨】

江西省南昌高新技术产业开发区人民法院经审理认为：ICP备案信息显示案涉域名主办单位为教育公司，但一审法院调取的证据足以证明信息公司取证时案涉域名的持有人并非教育公司，教育公司并非实际侵权人。本着行为人对其行为负责的原则，教育公司不应当对实际行为人的行为后果承担责任。教育公司虽未及时注销其ICP备案，仅可能导致其承担相应的行政责任。信息公司要求教育公司承担本案侵权责任，缺乏法律依据。

江西省南昌高新技术产业开发区人民法院依照《中华人民共和国民法典》第一千一百六十五条第一款，《中华人民共和国著作权法》第三条第六项、第十条第一款第十二项，《中华人民共和国民事诉讼法》第六十七条第一款规定，判决：

驳回信息公司的全部诉讼请求。

信息公司不服一审判决，提起上诉。

江西省南昌市中级人民法院经审理认为：在工业和信息化部ICP/IP地址/域名信息备案管理系统记载的信息，可以作为证明网站经营者的初步证据。教育公司提交的证据显示其持有案涉域名于2019年3月28日到期，且根据一审法院调取的信息，案涉域名持有人于2019年5月28日变更为唐某某，并于其后多次发生变更，信息公司对被诉侵权行为进行取证时案涉域名持有人为彭某。一审庭审中，在案涉域名已注销ICP备案的前提下，信息公司当庭登录案涉网站，仍能正常访问名称为“某影院”的网站。综合上述情况，可以认定案涉网站的实际经营者已不是教育公司。在ICP备案主体已不是实际经营者的情况下，信息公司没有证据证明ICP备案是否注销与侵权行为发生之间是否有因果关系，亦无证据表明教育公司存在其他如教唆、帮助等行为，故教育公司不应承担侵权责任。ICP备案作为一种备案式登记，并非行政许可，亦非创设权利的行政审批或行政授益。在案涉域名注册到期后，教育公司未及时办理备案注销手续，虽在行业管理上存在违规行为，但该行为并非应当承担民事责任的民事侵权行为。

江西省南昌市中级人民法院依照《中华人民共和国民事诉讼法》第一百七十七条第一款第一项规定，判决：

驳回上诉，维持原判。

【法官后语】

随着互联网平台经济的发展，利用互联网侵害作品信息网络传播权纠纷案件屡见不鲜。在此类案件中，原告通常将工业和信息化部ICP/IP地址/域名信息备案管理系统查询到的ICP备案主体作为被告提起诉讼。在司法实践中，经常会出现 ICP 备案主体与域名使用者、网站运营者不一致的情况，对于如何准确认定被控侵权网站的实际经营者，仍存在争议。

一、ICP 备案的性质分析

ICP 全称为 Internet Content Provider，中文全称为网络内容服务商。ICP 备案，是为了防止在网上从事非法的网站经营活动，打击不良互联网信息的传播，国家对互联网信息服务实行的备案制度。ICP 备案即网站备案。ICP 备案并非行政审批或许可，而仅仅是一种程序性的事实行为，行政法规或规章要求备案主体如实提供相关信息资料，同时行政主管机关对该信息资料进行审核以及记录留存，该行为并非行政许可，亦非创设权利的行政审批或行政授益。

二、司法实践中网站实际经营者的认定

实践中有观点认为，互联网信息服务提供者主体身份的确定应当以行政法规授权的有关主管国家机关许可或者备案内容为依据，网站登记备案信息载明的经营者即为网站经营者。还有观点认为，非经营性网站的网上备案信息仅具有初步的证据效力，当有其他相反证据证明备案信息内容不真实时，该备案信息的证据效力可以被推翻。

笔者同意第二种观点。ICP 备案登记是认定网站经营者的初步证据，但 ICP 备案并不属于行政行为，仅属于行政监管的手段。ICP 备案主体信息通常只能证明该域名曾由该主体主办经营。在网络环境下的著作权侵权纠纷司法实践中，经常存在网站 ICP 备案主体与实际经营主体不一致的情形，此时应结合实际情况确定网站实际经营主体，不能仅以 ICP 备案信息作为认定网站实际经营主体的依据。

三、未及时注销 ICP 备案信息的责任承担问题

关于 ICP 备案主体未及时注销备案，应承担何种责任，司法实践中也存在分歧。有观点认为，根据《非经营性互联网信息服务备案管理办法》第一条规定，ICP 备案主体应对网站负有如实进行行政备案运营管理、依法维护的义务和责任，无论其是否实际参与涉案网站的运营管理，都对涉案网站所发生的侵权行为承担民事法律责任。还有观点认为，根据《非经营性互联网信息服务备

案管理办法》第十五条、第二十六条规定，非经营性互联网信息服务提供者如未如期履行备案注销手续，应当承担的是限期改正或罚款等相应行政责任。

笔者同意第二种观点。《非经营性互联网信息服务备案管理办法》第十五条、第二十六条仅是对非经营性互联网信息服务提供者违反法规未及时履行备案注销手续所应承担的行政责任予以确认，并未规定非经营性互联网信息服务提供者应承担的民事责任。民事责任与行政责任不应混同，因此，即使认定原ICP备案主体未及时注销备案，也不能当然认定其为被诉行为发生期间涉案网站的经营者，违反行政法规固然存在过错，但其应当承担的是行政责任而非民事责任。

编写人：江西省南昌市中级人民法院　刘建玲　郭婷

5

基于算法技术模式的网络服务提供者侵权归责原则厘定

——传播公司诉科技公司、传媒公司侵害作品信息网络传播权案

【案件基本信息】

1. 裁判书字号

广州知识产权法院（2021）粤73民终5651号民事判决书

2. 案由：侵害作品信息网络传播权纠纷

3. 当事人

原告（被上诉人）：传播公司

被告（上诉人）：科技公司

被告：传媒公司

【基本案情】

传播公司是某公众号的账号主体；涉案权利文章于2020年1月30日在某公众号发表，标题下方标注“原创”字样，文末显示“阅读10万+”。

某平台的“科技”板块于2020年1月31日发布被诉文章，文章标题下方载有“某自媒体号”字样。被诉文章主文内容与涉案权利文章构成实质性相似。科技公司是某平台的主办单位。某平台的后台信息显示，某自媒体号的运营者为传媒公司。

【案件焦点】

1. 科技公司是否仅为提供信息空间的网络服务提供者；2. 科技公司的被诉行为是否构成侵害作品信息网络传播权。

【法院裁判要旨】

广州互联网法院经审理认为：传媒公司未经著作权人许可，通过与科技公司的合作关系，在其某平台某自媒体号发表被诉侵权文章，使相关公众可以在其个人选定的时间和地点通过该自媒体号获得案涉权利文章，传媒公司的行为侵害了传播公司的信息网络传播权，依法应当承担相应的侵权责任。虽然科技公司运营的某自媒体号内容由传媒公司提供，但是被诉侵权内容由科技公司分发到某平台首页的科技版块，该行为足以说明科技公司并非一个纯消极性的信息存储空间提供者。被诉侵权内容经科技公司分发，已与科技公司作为内容提供者提供的其他版块内容相混合，且科技公司未举证证明其会将所有自媒体号内容分发到各版块，因此，科技公司存在筛选分发的可能性较大，应当对分发内容是否侵权承担更高的注意义务。科技公司将自媒体号内容分发到其他版块后可获得由此产生的相关收益，科技公司在享有利益的同时亦应当对此承担责任。

广州互联网法院依照《中华人民共和国著作权法》第十条第一款第十二项和第二款、第十一条第四款、第四十八条第一项、第四十九条，《最高人民法院关于审理著作权民事纠纷案件适用法律若干问题的解释》第七条第二款、第二十五条、第二十六条，《最高人民法院关于审理侵害信息网络传播权民事纠

纷案件适用法律若干问题的规定》第三条,《中华人民共和国民事诉讼法》第六十四条第一款规定,判决:

一、科技公司、传媒公司在本判决生效之日起十日内共同赔偿传播公司2000元;

二、驳回传播公司的其他诉讼请求。

科技公司不服一审判决,提起上诉。

广州知识产权法院经审理认为:科技公司依据其与网络用户的协议,对今日头条网站平台发布、传播的内容,免费享有使用、修改、复制、改编、翻译、汇编及制作衍生作品等多项著作权中的财产权利,其并不仅是为服务对象提供信息存储空间的网络服务提供者,故其以已履行“通知—删除”义务为由要求免责,依据不足。

某平台使用简易信息聚合(RSS)内容源接入同步技术来接入被诉文章,并使用文本分类算法将用户文章在平台的“热点”“科技”“娱乐”“游戏”等不同版块进行分类分发,即科技公司是文本分类算法的使用者和平台管理技术的运用者。文章分发的过程实质为文本分类算法根据的关键词信息将文章区分类别并推荐至不同版块的过程,虽该类推荐模式在形式上并非个性化推荐,但分设不同的类型版块迎合不同类别的浏览人群需求,属对作品进行类型化推荐的行为。科技公司对于平台内容存在类型化推荐行为,且具备预防侵权的技术条件和信息管理能力。

被诉文章的展现率及阅读量高,平台运营商对该类内容的注意义务亦宜与此相适应。被诉文章标题使用有较易引发公众关注的关键词。而且,后台数据显示被诉文章“展现264.5万 阅读12.4万”,可见该文章的公众关注度高,平台运营商应负有相对较高注意义务。此外,被诉文章在某平台所标注的权利来源与该文章在接入前所标注的权利人并不一致,科技公司作为平台的RSS同步技术使用者,应对此承担相应的法律责任。

科技公司对于平台内容享有部分著作权,运用网络技术对平台内容进行类型化推荐,具备预防侵权的技术措施和信息管理能力。因此,对于平台上展现率高、阅读量大的文章，平台运营商负有积极采取预防侵权必要措施的义务，避免平台的文章所标注的权利来源与其接入平台前标注的权利来源不一致而导致侵权结果的情况。网络服务提供者在平台内容分发主体的选择、预防侵权的技术模式选定及侵权风险的应对方式等问题上均具备相应的选择优势。如网络服务提供者未采取预防侵权的必要技术措施，则应根据其所提供网络服务的性质、方式、管理信息能力、获利分配模式等因素，确定其相应的帮助侵权责任。综上所述，一审判决认定事实清楚，适用法律正确，法院予以维持。科技公司的上诉请求不能成立，法院不予支持。

广州知识产权法院依照《中华人民共和国民事诉讼法》第一百七十七条第一款第一项规定，判决：

驳回上诉，维持原判。

【法官后语】

随着网络信息技术的发展和平台运营模式的变化，用户生成内容（UGC）平台采用内容源接入同步技术和文本分类算法等数字技术来增大平台资讯内容的供应量、优化平台内容的展现效果和浏览体验。然而，随着用户生成内容平台的文章、图片及视频等内容的数量日益增加，侵害信息网络传播权的行为频发。由此，平台运营商是否为仅提供信息储存空间的网络服务提供者、如何合理界定平台运营商过滤侵权内容的技术义务，以确定平台运营商的责任边界及侵权归责原则等问题，成为当前网络侵权纠纷中的热点和难点问题。

一、关于适用“避风港”原则的前提条件

平台运营商与用户共同提供侵权作品时，则不符合适用“避风港”原则的前提条件，两者需承担共同侵权责任。依据《中华人民共和国民法典》第一千一百九十四条规定，网络用户、网络服务提供者利用网络侵害他人民事权益的，应当承担侵权责任。《最高人民法院关于审理侵害信息网络传播权民事纠纷案件适用法律若干问题的规定》第四条规定，有证据证明网络服务提供者与他人以分工合作等方式共同提供作品、表演、录音录像制品，构成共同侵权行为的，人民法院应当判令其承担连带责任。据此，网络服务提供者是否需要承担共同侵权责任，取决于其是否与签约网络用户以分工合作等方式共同提供侵权内容，如平台运营商与用户在存在侵权的主观故意时，则其不符合“避风港”原则的适用条件。

关于平台运营商承担帮助侵权责任的前提条件中，相关法律对平台运营商负有及时采取必要技术措施义务的问题已作出明确规定。根据《中华人民共和国民法典》第一千一百九十五条、第一千一百九十七条规定，网络服务提供者知道或者应当知道网络用户利用其网络服务侵害他人民事权益，未采取必要措施的，与该网络用户承担连带责任。网络服务提供者接到权利人通知后，应当及时将该通知转送相关网络用户，并根据构成侵权的初步证据和服务类型采取必要措施；未及时采取必要措施的，对损害的扩大部分与该网络用户承担连带责任。由此可见，《中华人民共和国民法典》颁布后，适用“避风港”原则时，除查明是否符合“通知—删除”条件外，还需考虑网络服务提供者有否采取必要技术补救措施的问题，相应地，相关司法解释对于必要技术措施范围的问题也作出进一步的明确规定。根据《最高人民法院关于审理侵害信息网络传播权民事纠纷案件适用法律若干问题的规定》第七条第三款规定，网络服务提供者明知或者应知网络用户利用网络服务侵害信息网络传播权，未采取删除、屏蔽、断开链接等必要措施，或者提供技术支持等帮助行为的，人民法院应当认定其构成帮助侵权行为。据此，网络服务提供者是否需要承担帮助侵权责任，不仅取决于其是否对于用户的侵权行为处于明知及应知的状态，而且，如平台运营商明知或应知其网络平台存在侵权内容，但未采取必要技术措施进行补救，而是放任用户提供的侵权内容继续传播，则其行为构成帮助侵权；如其采取的必要技术措施并非及时作出，则对于损害的扩大部分，亦不符合适用“避风港”原则的条件，平台运营商仍需对其未及时采取必要补救措施导致损失扩大的部分承担连带责任。

二、关于“避风港”原则的主观要件判定考量因素

关于网络服务提供者对于侵权行为的主观过错状态判定问题，网络服务提供者对于网络用户侵害信息网络传播权行为是否处于明知的状态较易举证及判

定，但网络服务提供者对于服务对象侵害信息网络传播权的行为是否“应知”，涉及网络服务提供者对平台内容的审核义务边界问题，其判定标准众说纷纭。依据《最高人民法院关于审理侵害信息网络传播权民事纠纷案件适用法律若干问题的规定》第七条、第九条和《信息网络传播权保护条例》第二十二条规定，对上述问题的判定，应结合网络服务提供者预防侵权的技术过滤义务范围，来确定基于数字技术管理的“应知”标准：

1. “应知”认定标准应与网络服务提供者的信息管理技术优势相符。本案中，科技公司的业务范围并非仅提供信息空间的存储服务，还对用户接入平台的内容实施分类分发，其对于文本分类算法的运用存在技术管控优势，科技公司针对涉案平台接入及分发的文章引发侵权纠纷的可能性，应具备相应的预判和信息管理能力。基于内容源同步接入技术，在用户文章接入前，某平台可获得所接入文章的“标题、摘要”等信息，并据此进行分类分发。因此，客观上，网络服务提供者在分发文章前，基于所接收的文章标题、摘要、权利来源标注等关键词信息，进行同步识别预防侵权内容，在技术上具备可行性，故在其预防侵权的必要技术措施范围之内的侵权信息属其“应知”的范围。

2. “应知”认定标准应与网络服务提供者主动介入平台内容管理和技术支持的范围相符。网络服务提供者如主动对作品进行选择、编辑、修改、推荐，则其应对所主动管理的内容负有相应的审慎注意义务。科技公司通过文本分类算法将涉案文章分类推荐至其平台“科技”版块内。而且，该平台运用引擎推荐、搜索推荐、关注订阅和内容运营等多类分发方式。网络服务提供者的分类推荐、引擎推荐、搜索推荐、关注订阅等推荐方式，均属于平台内容主动推荐行为。网络用户无法自行决定其接入平台的文章所属类别和所在版块，也不能决定其内容的展现率，其提供的内容是由网络服务提供者决定所属类别并进行相应的分发和推荐。因此，网络服务提供者向公众进行算法推荐的内容负有相应的注意义务。

3. “应知”认定标准应与侵权内容的可过滤性相符。对网络平台的所有内容进行过滤，既不可能，也无必要，但网络服务提供者对平台内容存在管控优势，对于可通过数字技术感知的潜在侵权内容，属于应采取合理预防技术措施的范围，故亦属于“应知”的范围。具备技术可过滤性的内容至少应包括以下几类：一是高展现量及阅读量的平台内容。平台内容的展现量越高，文章的阅读量越高，公众关注度越高，其实际吸引的流量越多，该内容被数据技术感知的可能性越大。本案中，被诉文章的展现量达264.5万、阅读量达12.4万，该文章的展现量大、阅读量大，具备数据技术过滤的基础。二是著作权信息标注不清的平台内容。本案中，内容源种子网站的著作权信息标注为某公众号，而涉案平台的著作权信息标注为某自媒体号。网络服务提供者使用RSS内容源同步接入技术时，仅同步内容源种子网站的文章内容，并未同步该文章的著作权来源标注，导致两者的著作权信息标注不一，该类情况易于被数据过滤技术所识别，亦宜列入网络服务提供者的“应知”范围。

关于网络服务提供者的帮助侵权归责原则确定，既涉及网络服务提供者的审慎注意义务范围及侵权责任边界的划分，也涉及著作权人、网络服务提供者和社会公众的利益平衡。《最高人民法院关于审理侵害信息网络传播权民事纠纷案件适用法律若干问题的规定》第一条规定，“人民法院审理侵害信息网络传播权民事纠纷案件，在依法行使裁量权时，应当兼顾权利人、网络服务提供者和社会公众的利益”。因此，在网络新技术背景下，判定网络服务提供者的侵权责任归责原则应否由“通知—删除”调整为“必要措施+删除”，应兼顾鼓励优质创作、促进平台有序运营和保障公众资讯获取便利等因素。对网络服务提供者适用“必要措施+删除”原则，并未导致其责任不当加重，不仅有利于著作权人提升维权效率和降低维权成本，也有利于提升相关社会公众对该平台的信赖度和使用黏性。

网络服务提供者在平台内容分发主体的选择、预防侵权的技术模式选定及侵权风险的应对方式等问题上均具备相应的选择优势。技术中立并不为技术暴利提供必然的正当性基础，“避风港”原则不应成为网络平台规避法律责任的依据。随着网络平台运营模式的更替和文本分类算法的发展，用户内容分享平台的网络服务提供者已远非信息存储空间的“善意看门人”，其通过文本分类算法实现对平台的版块化管理，并与网络用户就其接入平台的内容进行获利分成，激励用户生成内容，据此实现平台获利最大化。因此，对该类网络服务提供者的法律责任认定，也不宜再限于提供信息存储空间的网络服务提供者的逻辑基础，用户内容平台责任认定原则宜由“通知—删除”原则转变为“删除+必要措施”原则，在网络服务提供者未能采取合理且必要的预防侵权技术措施情况下，由其对平台分发的侵权内容承担相应的帮助侵权责任，以衡平著作权人与网络服务提供者的利益，鼓励著作权人创作优质作品，促成平台经济的有序发展，优化社会公众获取合法资讯的渠道。

编写人：广州知识产权法院　黄彩丽

6

非同质化通证（NFT）数字作品特征及其交易的行为属性

——文化公司诉科技公司侵害作品信息网络传播权案

【案件基本信息】

1. 裁判书字号

浙江省杭州市中级人民法院（2022）浙01民终5272号民事判决书

2. 案由：侵害作品信息网络传播权纠纷

3. 当事人

原告（被上诉人）：文化公司

被告（上诉人）：科技公司

【基本案情】

2021年3月，文化公司与作者马某里签署《著作权授权许可使用合同》，约定文化公司经授权享有某系列作品在全球范围内独占的著作权财产性权利及维权权利。文化公司在科技公司经营的某平台发现，某用户铸造并发布了 NFT 作品，售价 899 元。该 NFT 作品与马某里发布的插图作品构成实质性相似，NFT 作品右下角依然带有“马某里”的水印。用户在铸造作品过程中，某平台仅要求用户上传 NFT 作品图片、填写作品名称、作品简介、作品描述、作品标签及艺术家介绍等基本信息。在用户铸造完 NFT 作品后，作品右下角状态显示“审核中”，直至审核通过。针对用户上传的案涉作品图片文字的原文件，该图片文件的存储位置与国内电子商务平台存储卖家上传的图片存储位置一致，存储在某平台服务器中。作品铸造完成后，用户上传的案涉作品即可在某平台进行售卖，登录平台，在“我的”页面，点击藏品，即可看到用户上传的作品。

【案件焦点】

1. 文化公司主张的某系列作品是否构成美术作品；2. NFT 数字作品铸造、交易的法律性质；3. 被控的某平台的属性及责任认定；4. 民事责任承担。

【法院裁判要旨】

杭州互联网法院经审理后认为：NFT 数字作品是通过铸造被提供在公开的互联网环境中，交易对象为不特定公众，每一次交易通过智能合约自动执行，可以使公众在选定的时间和地点获得 NFT 数字作品，故 NFT 数字作品交易符合信息网络传播行为的特征。其一，从 NFT 数字作品交易模式来看，NFT 数字作品作为交易客体时既是作为作品又是商品，既有其作为数字作品的著作权，也有其作为数字商品的财产权，故 NFT 交易模式下产生的法律效果是财产权的转移；其二，从 NFT 数字作品交易采用的技术来看，整个交易模式采用的是区块链和智能合约技术，NFT 作为区块链技术下的一个新兴应用场景不仅解决了数字作品作为商品时的可流通性和稀缺性（非同质化），而且能够解决交易主体之间的信任缺乏和安全顾虑，构建一种全新的网络交易诚信体系，如果 NFT 数字作品存在权利瑕疵，不仅将破坏交易主体以及某平台已经建立的信任机制，而且严重损害交易秩序确定性以及交易相对人的合法权益；其三，从某平台控制能力来看，某平台对其平台上交易的 NFT 数字作品具有较强的控制能力，也具备相应的审核能力和条件，亦并没有额外增加其控制成本；其四，因某平台在 NFT 数字作品中直接获得经济利益，故其自然应对此负有较高的注意义务。

杭州互联网法院依照《中华人民共和国民法典》第一千一百九十五条、第一千一百九十七条，《中华人民共和国著作权法》第三条、第十条、第十一条、第五十二条、第五十三条、第五十四条，《最高人民法院关于审理侵害信息网络传播权民事纠纷案件适用法律若干问题的规定》第九条，《最高人民法院关于审理著作权民事纠纷案件适用法律若干问题的解释》第四条、第九条、第十一条，《中华人民共和国民事诉讼法》第六十七条规定，判决：

一、科技公司立即停止侵害文化公司某系列美术作品信息网络传播权的行为；

二、科技公司于本判决生效之日起十日内赔偿文化公司经济损失及合理支出 4000 元；

三、驳回文化公司其他诉讼请求。

科技公司不服一审判决，提起上诉。

浙江省杭州市中级人民法院经审理同意一审法院裁判意见，依照《中华人民共和国民事诉讼法》第一百七十七条第一款第一项规定，判决：

驳回上诉，维持原判。

【法官后语】

NFT 通过数字资产确权和价值衡量，实现“元宇宙”中的交易流通和价值转移，NFT 显然已经成为支撑元宇宙的新型社会形态经济体系的核心要素，NFT 是“元宇宙”中重要的底层设施。NFT 数字作品交易流程通常涉及铸造、上链、出售等环节，首先，从 NFT 数字作品的铸造流程来看，须将作品上传至 NFT 交易平台，此时上传者终端设备中存储的数字作品被同步复制到网络服务器。其次，从 NFT 数字作品的上链环节来看，系在 NFT 交易平台上以出售为目的呈现该 NFT 数字作品，在作品被呈现的情况下，该展示行为使公众可以在选定的时间和地点获得作品。最后，从 NFT 数字作品的出售环节来看，由于 NFT 数字作品的交易条件及交易过程采用了智能合约技术，整个交易过程由智能合约中嵌入的“自动执行”代码触发完成。故当NFT交易平台注册用户通过数字钱包支付对价和服务费后，即刻成为平台上公开显示的该NFT数字作品的所有者。下面就NFT交易模式下的上述行为是否属于著作权法上的“信息网络传播权”进行分析。

《中华人民共和国著作权法》规定的信息网络传播权直接来源于《世界知识产权组织版权条约》第八条规定的“向公众提供权”，网络环境中，对作品进行远程传播的方式包括交互式和非交互式，前者是指用户可以根据自己的意愿获得作品，以进行在线欣赏或下载，公众得以同时选择获得作品的时间和地点。例如，短视频网站均提供海量短视频供用户点播，用户可以自行选择时间和地点登录网站并点播喜欢的短视频。需要指出的是，虽然信息网络传播权只规制交互式传播，但交互式传播的实现方式是多种多样的。以点对点网络（P2P）技术为例，随着互联网技术的发展，P2P技术的发展使得开发软件可以使用户直接搜索并下载其他在线用户存储在“共享目录”中的文件。只要用户打开计算机，保持联网状态并运行该P2P软件，其他任何使用相同P2P软件的用户可以通过输入关键词搜索到该名用户的硬盘“共享目录”之中的文件，并可以将其下载到自己的计算机中，应当受到信息网络传播权行为的规制。[①]

从NFT数字作品交易的过程看，上述交易过程似乎是一个数字商品的出售行为，因此它更像是一种著作权法中规定的发行行为，难以和现行著作权法中的信息网络传播权画等号，兼具发行和网络传播的效果。从购买者获得作品的角度而言，NFT数字作品交易后，接近于向公众提供一个作品复制件的行为，故实现了具有“唯一性”的数字作品的“权益”转移，智能合约将对记录进行修改，显示该特定NFT的“权益”已经转移至买家。每一次该NFT交易流转对象始终为特定的NFT，每次交易成功后“权益”自动转移至后手买家，前手卖家丧失“权益”，可见整个交易过程中，区块链和智能合约技术能够保证每次数字作品交易的对象始终为特定的、唯一化的数字作品，实现了NFT数字作品“权益”转移的法律效果。从购买者获得和感知作品的效果而言，NFT数字

① 王迁：《网络著作权专有权利研究》，中国人民大学出版社2022年版，第1010~1015页。

作品交易更接近于数字作品的信息网络传播。目前NFT数字作品交易商业模式下，NFT数字作品交易虽然未使得买家获得数字作品的载体，但通过显示为具体的网址链接或者一组哈希值的NFT，买家一般能够直接在其选定的时间和地点接触欣赏到数字作品，买家甚至可以将数字作品复制到本地服务器存储，这类似于通过定向网络传送向公众提供作品，买家通过付费购买NFT数字作品即可在其个人选定的时间和地点获得数字作品。①

NFT数字作品交易过程中，买家为了购买NFT数字作品而需要预先对作品进行预览或者购买后通过链接欣赏所购买的作品，在上述作品传播的过程中，买家能够通过购买，在其选定的时间和地点欣赏或接触到作品，故NFT数字作品交易产生了信息网络传播权的法律效果。需要指出的是，目前NFT数字作品交易模式下可能存在两种不同意义的信息网络传播。一是互联网环境下，网络用户在NFT数字作品交易平台上浏览其所要购买的NFT数字作品，存在信息网络传播权行为；二是买家通过交易后获取密钥查看其所购买的数字作品导致的作品传播，这也符合信息网络传播行为的特征，但这个网络传播行为只是NFT数字作品出售所带来的一个“附属价值”，原因在于买家购买NFT数字作品的主要目的是获取该数字作品的权益凭证。为了保证NFT数字作品的稀缺性，NFT数字作品的出售一般是限定数量的，但不影响NFT数字作品交易，因为在互联网环境下销售数字作品，销售数量的多少并不影响信息网络传播行为的定性。类似电子书销售平台仅限量销售一本电子书，由于平台注册用户是不特定的，虽然最终只能由一人购得，仍然可以属于信息网络传播行为，故面向数量特定公众的数字作品网络交易依然可以符合信息网络传播的特点。②

NFT给互联网环境下的作品传播与商业化利用带来革命性的巨变，NFT借助区块链和智能合约技术解决了“数字商品”的可流通性、改变了数字作品载体的非稀缺性，每一个数字作品均有类似“时空绳结”一般的唯一身份，用户

---

① 张伟君：《论数字作品非同质化权益凭证交易的著作权法规制——以NFT作品侵权纠纷第一案为例》，载《中国出版》2022年第353期。

② 王江桥：《NFT交易模式下的著作权保护及平台责任》，载《财经法学》2022年第5期。

终于可以成为“数字商品”的真正持有者。

编写人：杭州互联网法院　叶胜男

7

绘本类作品的著作权侵权认定规则

——莫某诉艺术公司等侵犯著作权案

【案件基本信息】

1. 裁判书字号

北京知识产权法院（2021）京73民终938号民事判决书

2. 案由：侵犯著作权纠纷

3. 当事人

原告（被上诉人）：莫某

被告（上诉人）：某出版社

被告：艺术公司、电商公司

【基本案情】

莫某系知名的外国畅销书作家和插画家，多次荣获重要奖项。2007年至2016年，莫某创作了某系列绘本，其中包含涉案权利图书。该系列绘本通过独特的绘画布局和对话设计讲述故事。2009年，包括涉案权利图书在内的莫某系列作品在中国翻译出版并广受好评。2015年11月，艺术公司和某出版社出版发行了某系列图书，其中三册被诉侵权图书与权利作品相比，在美术构图、布局、故事情节、对话设计等方面均实质性相似，仅是把角色形象替换了，甚至有媒体称可以把被诉侵权图书直接“当作”权利作品的中文译本。莫某认为艺术公司和某出版社上述行为严重侵犯其署名权、复制权、改编权和翻译权；电商公司销售侵权作品，与艺术公司和某出版社构成共同侵权。

【案件焦点】

1. 绘本类图书的著作权侵权认定；2. 出版社是否应承担法律责任。

【法院裁判要旨】

北京市朝阳区人民法院经审理认为：莫某主张权利的绘本图书属于《中华人民共和国著作权法》意义上的作品，应当受到我国法律保护。莫某提供的在外国出版的涉案权利图书，以及在中国出版的中文译本，均署名文字和插图著作权归属于莫某，在无相反证据的情况下，法院认定莫某系涉案权利图书的作者，其对涉案权利图书享有的著作权应当受到《中华人民共和国著作权法》的保护。

本案中，被诉侵权图书与涉案权利图书相比，在美术构图、布局、故事情节、对话设计等方面均实质性相似，仅将英文翻译为中文，侵犯莫某就权利作品享有的署名权、复制权、改编权、翻译权，违反《中华人民共和国著作权法》第四十七条第五项、第六项规定，构成剽窃和未经许可以改编、翻译的方式使用作品的行为。被诉侵权图书由艺术公司编绘，其应当承担相应的侵权责任。某出版社作为专业的图书出版者，虽与艺术公司签有《图书出版合同》，但其显然未尽到合理注意义务，对侵权图书的出版发行存在过错，与艺术公司共同侵犯了莫某的著作权，对此应当与艺术公司承担连带责任。电商公司销售的侵权作品有合法来源，且已经下架，故法院对莫某要求电商公司承担赔礼道歉、消除影响及赔偿损失的责任不予支持。

北京市朝阳区人民法院依照《中华人民共和国涉外民事关系法律适用法》第四十八条、第五十条，《中华人民共和国侵权责任法》第六条第一款、第八条，《中华人民共和国著作权法》第二条、第十条、第十一条、第四十七条第五项和第六项、第四十八条第一项、第四十九条、第五十三条，《中华人民共和国著作权法实施条例》第二条，《最高人民法院关于审理著作权民事纠纷案件适用法律若干问题的解释》第七条、第二十条规定，判决：

一、艺术公司、某出版社停止出版发行某系列图书中三册侵权图书；

二、艺术公司、某出版社于本判决生效之日起三十日内在某网站童书馆首页连续五日公开刊登声明向莫某赔礼道歉，并消除影响；

三、艺术公司、某出版社于本判决生效之日起十日内赔偿莫某经济损失200000元和合理支出1765.6元；

四、驳回莫某的其他诉讼请求。

某出版社不服一审判决，提起上诉。

北京知识产权法院经审理同意一审法院裁判意见，依照《中华人民共和国民事诉讼法》第一百七十条第一款第一项规定，判决：

驳回上诉，维持原判。

【法官后语】

本案系国内出版行业中儿童绘本类图书抄袭国外知名作品的一起典型案件。绘本与传统意义上的文字作品或者美术作品均不同，关于绘本是否可以构成著作权法意义上的作品，如何进行权利绘本与被诉侵权绘本的比对，被诉侵权绘本是否构成著作权侵权，以及如何判断出版者责任等问题，实践中均存在较大争议。本案判决结合具体案情做出了恰当、符合事实和逻辑的认定。以下分别详述：

1. 绘本是否构成著作权法意义上的作品。

《中华人民共和国著作权法》第三条规定，本法所称的作品，是指文学、艺术和科学领域内具有独创性并能以一定形式表现的智力成果。依据上述规定，独创性是构成作品的基本要素，判断权利人所主张权利的内容是否能够得到著作权法保护，需要对其独创性进行审查。本案中，莫某主张权利的涉案图书，是以动物的漫画形象为故事主角，以对话、表情、动作等形式讲述不同故事情节的绘本；其中既包含了绘画又包含了文字部分，且二者相辅相成，在具体表达上体现出作者独特的创作、判断和选择，并可以通过一定形式表现出来，在无相反证据的情况下，法院认定莫某主张权利的绘本图书属于《中华人民共和国著作权法》意义上的作品，应当受到我国法律保护。

关于某出版社提出涉案权利图书应归类于文字作品或者美术作品，并且应当将二者进行分离审查的抗辩意见。法院认为，绘本是以绘画为主，同时附有少量文字，主要面向儿童的图书形式。绘本中的图画和文字是共同阐述故事内容，表达特定情感主题的不可分割的部分。绘本的独创性不仅在于色彩浓厚的图画或遣词造句的文字本身，更在于通过图画与文字的相辅相成，通过故事结构、故事情节、人物角色的设置所呈现出的情感与主题的具体表达。因此，在著作权法中认定绘本是否构成作品，不宜将绘本简单割裂地归类于美术作品或者文字作品，而应当从作品的法律定义出发，从绘本的具体内容出发，考察其是否通过绘画和文字共同讲述相对完整的故事情节，构成具有独创性的表达方式，进而认定是否构成著作权法意义上的作品。

2. 绘本类作品的侵权判断规则。

著作权侵权的一般判断原则为“接触+实质性相似”，在绘本类作品侵权案件中该原则亦同样适用。此处的“接触”并不要求有实际接触过的证据，仅需要有接触的可能性即可成立。本案中，莫某权利作品在先发表且知名度较高，在中国亦有相应中文译本在先出版，艺术公司理应知晓，故法院认定已经满足“接触”要件。

在实质性相似判断方面，思想与表达区分原则是著作权法的基本原则。著作权法不保护作品内含的思想、情感，而只保护通过遣词造句、色彩、线条等能够表现作者思想情感的独创性的形式与内容，这一基本原则决定了作品表达的基本元素、抽象内容、思想概念、必要场景、公有素材被排除在著作权法保护范围之外。因此，若被诉侵权作品与权利作品构成实质性近似，应当是表达层面的实质性近似；在判断是否构成实质性近似时，需首先判断权利人主张的作品要素是否属于著作权法保护的表达。在文字作品被诉侵权时，通常采用分层抽象的方式对思想和表达进行区分：最低层为具体的文字表达，包括词句、段落等，中间层为作者通过文字营造出的角色形象、故事情节、场景等，最高层则是作品的主题思想，以及作者情感、价值观的传递，此外还需要排除基本元素、必要场景、公有素材等不受著作权法保护的部分。由于绘本是图文结合的作品形式，对其中构成表达、可受著作权法保护的内容，可以参考文字作品的区分方法来逐步进行分析，但同时仍需注意，鉴于绘本图文结合的特殊表达形式，亦不能局限于图与图之间、文与文之间的割裂比对，而是应当结合权利作品与被诉侵权作品的图文内容进行综合判断和整体认定。

本案中，权利作品以动物的漫画形象为主角，以对话、表情、动作等形式讲述不同故事情节的绘本。其中，最低层的构成要素是每个角色形象的线条、色彩，每句对话的具体文字内容，中间层次的构成要素为基于角色形象和对话编排组合后形成的故事情节，最高层次则为每册绘本表现出的主题思想。在上述三个主要层次之间又可以分为若干小层次，有些层次更偏重于思想，有些层次更偏重于表达。最高层次的主题思想不属于著作权法保护的对象，任何人可以自由使用；最低层的角色形象的具体线条、色彩及对话的文字内容，则属于具体表达，可以受到著作权法的保护。处于中间层次的故事情节，又可以抽象为若干不同层级，需要结合具体情况分析判断。将本案中的被诉侵权图书与权利图书相对比，虽然二者漫画角色的具体形象不同，但二者图书在封面、前后环衬、扉页以及主文的构图布局，角色的表情、动作、对话内容，通过角色形象和对话所表达的故事情节几乎完全一致，甚至是二者的图书页码均可一一对应。被诉侵权图书整体上是将涉案权利图书的角色形象进行替换，并将涉案权利图书的图书名称和角色对话翻译为中文而形成的，二者在绘本的具体表达上明显构成实质性相似。因此，被诉侵权图书构成对莫某涉案权利作品的剽窃并侵犯其翻译权，艺术公司作为侵权图书的编绘者，依法应当承担相应的侵权责任。

3. 出版者责任判断。

《最高人民法院关于审理著作权民事纠纷案件适用法律若干问题的解释》第二十条规定，出版物侵害他人著作权的，出版者应当根据其过错、侵权程度及损害后果等承担赔偿损失的责任。出版者对其出版行为的授权、稿件来源和署名、所编辑出版物的内容等未尽到合理注意义务的，依据《中华人民共和国著作权法》第四十九条的规定，承担赔偿损失的责任。出版者应对其已尽合理注意义务承担举证责任。法院认为，判断出版者是否尽到合理注意义务，应当综合考虑权利作品的知名度、被诉侵权出版物类型、二者的相似程度、被诉侵权内容在权利作品或者被诉侵权出版物中所占比例等因素。当被诉侵权出版物中有大量内容与在先发表的具有较高知名度的权利作品相同时，应当认定出版者未尽到合理注意义务。

本案中，虽然某出版社出版被诉侵权图书时与艺术公司签订了《图书出版合同》，且艺术公司与被诉侵权图书中的卡通形象具有一定的关联性。但是，本案莫某及涉案权利图书无论在外国还是在中国均具有较高的知名度，被诉侵权图书与涉案权利图书的诸多表达高度重合，甚至页码均可一一对应，且在被诉侵权图书于2015年出版之前，2009年涉案权利图书的中文译本即在中国出版。作为专业的出版机构，某出版社对此应当知晓并能够作出审查，其对被诉侵权图书的出版存在过错，应当承担相应的法律责任。

编写人：北京市朝阳区人民法院　巫霁

8

“颜文字”的独创性认定及具体作品类型判断标准

——窦某诉刘某、网络公司著作权权属、侵权案

【案件基本信息】

1. 裁判书字号

北京知识产权法院（2021）京73民终3996号民事判决书

2. 案由：著作权权属、侵权纠纷

3. 当事人

原告（上诉人）：窦某

被告（被上诉人）：刘某、网络公司

【基本案情】

窦某主张其创作的“颜文字”相关的字符集形态图形构成美术作品，刘某、网络公司使用的动漫形象侵犯了其著作权相关权利。窦某提交主张“颜文字”与被控侵权内容的部分对比图。

【案件焦点】

1. 涉案“颜文字”相关的字符集形态是否构成作品，构成何种作品；2. 涉案“颜文字”相关的字符集中的角色面部表情是否具有独创性。

【法院裁判要旨】

北京互联网法院经审理认为：关于窦某主张的涉案文章整体。从整体上看，涉案文章系窦某创制人工语言“颜文字”的“故事脚本”，正文部分对该人工语言的相关标准、语法、原型、角色设定等内容进行了描述，正文后用十四行的字符集形式表现了一个“捉迷藏”的小故事并配以汉字解释作为正文所述内容的示例，全文将通过单行多语言象形字符集的形式表现相关角色形象的构思、方法以文字的形式表达出来，整体上具有一定的内在逻辑和较为明确的主题，体现了作者智力的判断与选择，具备著作权法意义上的独创性并可以一定形式表现，可以作为著作权法中的文字作品予以保护。认定窦某主张的涉案文章整体上具有独创性，可以作为文字作品受到保护，并不意味着文章的全部元素或者组成部分都具有独创性并可以受到著作权法的保护。关于文章中以字符集形式表现的十四行内容。法院认为，窦某主张的以字符集形式表现的“颜文字”，是将文字（汉字、日文、韩文等）、字母、标点、其他字符等进行组合，再根据其表象特征，人为地赋予其另外的含义的一种新型的文字表达形式。而从窦某主张的涉案十四行字符集形式表现的内容来看，其作用系对正文所表达的思想的示例，从创作逻辑上讲，应当是“捉迷藏”故事的情节构思及内容表达在先，然后根据故事的具体表达制作了字符集形式的涉案图形，故此，隐去文字部分，一般公众几乎不可能从依次排列的十四行字符中了解创作者欲表达的思想情感，无法体现创作者智力的选择与判断，且从美术作品认定的角度，亦不能体现创作者在美学领域的独特创造力和观念，法院依法认定其主张的十四行字符集表现的内容无法构成美术作品受到著作权法保护。关于窦某主张的上述字符集中的角色面部表情的独创性问题。对此，法院认为，一方面，根据在案证据，采用多种形式的字符并将之组合用于表达一定的情感或者意思的方式在互联网上出现要早于窦某主张的其创作涉案“颜文字”的时间。另一方面，随着互联网的普及，以计算机为基础，以计算机字符为基础的表意创作越来越普遍，而用括号表示人脸、用圆圈表示眼睛、用两点或者两撇表示眉毛、用常用字母表示嘴已经成为描绘人物面部特征的常见手法，而且从窦某主张的涉案的几个面部表情来看，使用前述计算机常用字符表现人脸的表达方式极为有限，不应为某个人所垄断，故法院认定窦某主张的涉案面部表情不构成美术作品并受到著作权法的保护。

北京互联网法院依照《中华人民共和国著作权法》第三条，《中华人民共和国著作权法实施条例》第四条，《中华人民共和国民事诉讼法》第六十四条，《最高人民法院关于审理著作权民事纠纷案件适用法律若干问题的解释》第七条规定，判决：

驳回窦某的全部诉讼请求。

窦某不服一审判决，提起上诉。

北京知识产权法院经审理认为：涉案文章将通过单行多语言象形字符集的形式表现相关角色形象的构思、方法以文字的形式表达出来，整体上具有一定的内在逻辑和较为明确的主题，体现了作者智力的判断与选择，具备著作权法意义上的独创性并可以一定形式表现，整体上可以作为文字作品予以保护。但是，涉案文章整体上构成文字作品并不意味着其中的全部组成部分均可以受到著作权法的保护，受到保护的仅是涉案文章中具有独创性的部分。关于涉案文章中以字符集形式表现的十四行内容的作品认定。颜文字是一种由标点符号、文字、字母和数字等组合成可以表现人类面部表情及肢体动作的特殊表现形式。而从涉案文章中以字符集形式表现的十四行内容来看，其中未体现出美学领域的独特创造力与艺术表达，未满足美术作品“有审美意义”的要件要求，故不能作为美术作品受到保护。

北京知识产权法院依照《中华人民共和国民事诉讼法》第一百七十七条第一款第一项规定，判决：

驳回上诉，维持原判。

【法官后语】

颜文字（emoticon）是一种利用计算机字符码表中特定字符的显示外观，编排其组合次序，所形成的描绘人物表情动作的图案。“颜文字”作为舶来语，其中“颜”表示脸庞，“文字”意指其采取的方式，字面理解就是用文字拼凑脸部表情。其英文“emoticon”是个合成词，是“emotion”的前半部分和“icon”组成，也就是以符号表达情绪的意思。“颜文字”通过互联网传入我国后，由于其在互联网上进行信息交互时经常被使用，一时广受欢迎，也十分流行，许多创作者以此为灵感不断创作“颜文字”新的表现形式，推动了“颜文字”在我国更为广泛的使用和流传。实践中也涌现出涉“颜文字”使用引发纠纷的案件。本案就是进入诉讼阶段的国内首例关于“颜文字”著作权权属、侵权纠纷案件，即使在全球范围内，亦缺少在先参考案例。案件审理时，需要准确运用著作权法思想—表达二分法，对“颜文字”的独创性及具体作品类型进行界定。

一、“颜文字”字符集作品类型的判断

本案中，涉案以字符集形式表现的“颜文字”，是将文字（汉字、日文、韩文等）、字母、标点、其他字符等进行组合，再根据其表象特征，人为地赋予其另外的含义的一种新型的文字表达形式。对其是否构成作品进行判断，首先需判断这种文字表达形式是否满足著作权法关于作品构成的要件，其次与这种表达形式较为接近的作品形式为文字作品以及美术作品，其构成作品还需满足文字作品或美术作品的构成要件。根据《中华人民共和国著作权法实施条例》第四条第一项和第八项规定，文字作品，是指小说、诗词、散文、论文等以文字形式表现的作品。美术作品，是指绘画、书法、雕塑等以线条、色彩或者其他方式构成的有审美意义的平面或者立体的造型艺术作品。文章整体用十四行的字符集形式表现了一个“捉迷藏”的小故事并配以汉字解释作为正文所述内容的示例，全文将通过单行多语言象形字符集的形式表现相关角色形象的构思、方法以文字的形式表达出来，整体上具有一定的内在逻辑和较为明确的主题，体现了作者智力的判断与选择，具备著作权法意义上的独创性并可以一定形式表现，可以作为著作权法中的文字作品予以保护。从涉案字符集形式表现的内容来看，其作用系对正文所表达的思想的示例，而从创作逻辑上讲，应当是“捉迷藏”故事的情节构思及内容表达在先，然后根据故事的具体表达制作了字符集形式的涉案图形，故此，隐去文字部分，一般公众几乎不可能从依次排列的十四行字符中了解创作者欲表达的思想情感，无法体现创作者智力的选择与判断。从美术作品认定的角度来看，构成美术作品的客体除了满足著作权法关于作品构成的要件外，还需符合以线条、色彩或其他方式构成，具有审美意义、属于平面或者立体的造型艺术作品的特征，涉案字符集不能体现创作者在美学领域的独特创造力和观念，故，不能作为美术作品受到保护。

二、“颜文字”字符集中角色面部表情独创性认定

本案中，“颜文字”的组成方法并不新鲜，采用多种形式的字符并将之组合用于表达一定的情感或者意思的方式在互联网上出现要早于窦某主张的其创作涉案“颜文字”的时间。根据“独创性”的要求，“独”是指“独立创作、源于本人”，“创”是指作品必须是智力创作成果。涉案“颜文字”在他人表达基础之上再进行创作，表达方式极为有限，也未有明显能够被识别的客观差异，难以认定具有“独创性”。同时，随着互联网的普及，以计算机为基础，以计算机字符为基础的表意创作越来越普遍，而用括号表示人脸、用圆圈表示眼睛、用两点或者两撇表示眉毛、用常用字母表示嘴进行人物面部特征描绘，已经成为一种常见手法。因此也不应被某个人所垄断。

从本案的处理来看，对于“颜文字”字符集具体类型的认定，应当依照著作权法思想—表达二分法的思想内涵，对照文字作品或美术作品进行综合判断。即使使用了“颜文字”的文章整体构成文字作品，其中的组成部分并不当然构成作品。对于其中的“颜文字”部分，若隐去文字部分无法体现作者的思想情

感也不能体现创作者在美学领域的独特创造力和观念，则相关字符集不构成美术作品。

编写人：北京互联网法院　张连勇　陈肖润东

9

取材于公有领域的实用艺术作品著作权保护条件

——颜某诉陶瓷公司著作权权属、侵权案

【案件基本信息】

1. 裁判书字号

福建省泉州市中级人民法院（2022）闽05民终7557号民事判决书

2. 案由：著作权权属、侵权纠纷

3. 当事人

原告（被上诉人）：颜某

被告（上诉人）：陶瓷公司

【基本案情】

2018年7月25日，省版权局就美术作品《柿柿如意——杯》《柿柿如意——壶》进行了著作权登记，作者和著作权人均为颜某。颜某请求保护的作品灵感来源于自然界中成熟的柿子形态；《柿柿如意——杯》作品通体颜色为柿黄，杯身上部直径大于下部直径，杯底侧面均刻有四瓣对称的柿子叶，叶片呈桃心状且相连，叶面上勾勒出五根筋脉；《柿柿如意——壶》作品的壶身、把手、壶嘴通体柿黄；主体壶身为四瓣筋纹壶身，四瓣筋纹间隙平缓，壶盖四片叶子相连，每片叶子均有五根筋脉，兼具实用价值和观赏价值。2022年7月21日，颜某向法院申请证据保全，经现场清点：陶瓷公司住所地存有涉嫌侵权

产品成品杯400个、成品壶21000个，半成品若干。颜某认为涉案美术作品具有独创性，虽然灵感来源于自然界成熟的柿子，但绝非简单地移植，上述美术作品在保留柿子颜色、基础造型的同时，结合杯子和茶壶本身的功能性，对杯底侧叶片的选择、壶身造型、弧度处理、壶盖的表达等方面作出了自己审美的选择判断，符合著作权法上作品之要求，应当受到保护。

【案件焦点】

1. 取材于公有领域素材的实用艺术作品“独创性”的认定标准；2. 实用艺术品构成“作品”的法定条件，即实用艺术作品作为著作权法中的美术作品进行保护的最低标准。

【法院裁判要旨】

福建省德化县人民法院经审理认为：《中华人民共和国著作权法》保护的作品是指文学、艺术和科学领域内具有独创性并能以某种有形形式复制的智力成果，其中的美术作品是指绘画、书法、雕塑等以线条、色彩或者其他方式构成的有审美意义的平面或者立体的造型艺术作品。本案中，颜某主张权利的《柿柿如意——杯》《柿柿如意——壶》作品属于“实用艺术品”的范畴，著作权法对实用艺术作品的保护主要在于对其“艺术”方面的保护。案涉作品灵感来源于自然界中成熟的柿子，作者在保留柿子颜色、基础造型的同时，结合杯子和茶壶本身的功能性，对杯底侧叶片的选择、壶身造型、弧度处理、壶盖的表达等方面作出了自己审美的选择判断，足以体现作者的独特构思和就具体表达做出的独特选择、安排和设计，同时具有一定的审美意义，应认定为著作权法意义上的作品，应当受到法律保护。陶瓷公司未经颜某许可，生产销售与案涉作品《柿柿如意——杯》《柿柿如意——壶》实质性相似的产品，且陶瓷公司未能提供证据证明被控侵权产品来源合法或由其独立创作完成，因此，应当认定被控侵权产品构成对案涉作品的侵权。鉴于颜某并未提供自己损失或陶瓷公司获利方面的证据，根据案涉作品的艺术价值、经济价值、陶瓷公司侵权行为的性质、所持续的时间、销售范围、侵权行为主观过错及颜某为维权支出合理费用等因素，综合考虑后酌定赔偿金额为40000元（含合理维权费用）。

福建省德化县人民法院依照《中华人民共和国著作权法》第三条、第五十二条、第五十三条、第五十四条，《最高人民法院关于审理著作权民事纠纷案件适用法律若干问题的解释》第七条第一款、第二十五条、第二十六条，《最高人民法院关于适用〈中华人民共和国民事诉讼法〉的解释》第九十条规定，判决：

一、陶瓷公司立即停止侵犯案涉美术作品《柿柿如意——杯》《柿柿如意——壶》复制权、发行权的行为；

二、陶瓷公司应于本判决生效之日起十五日内赔偿颜某经济损失（含合理维权费用）40000元；

三、驳回颜某的其他诉讼请求。

陶瓷公司不服一审判决，提起上诉。

福建省泉州市中级人民法院经审理同意一审法院裁判意见，依照《中华人民共和国民事诉讼法》第一百七十七条第一款第一项规定，判决：

驳回上诉，维持原判。

【法官后语】

福建省德化县是全国最大的陶瓷茶具生产基地，茶具生产商基于公有领域素材创作的茶壶茶杯样式多样、品种繁多。本案属于保护陶瓷知识产权、维护著作权人利益的典型案例，有利于增强陶瓷创作者的创作积极性，保障陶瓷从业者的合法权益，繁荣陶瓷市场，优化法治化营商环境。

一、取材于公有领域素材的实用艺术作品"独创性"的认定标准

根据《中华人民共和国著作权法实施条例》第二条规定："著作权法所称作品，是指文学、艺术和科学领域内具有独创性并能以某种有形形式复制的智力成果。"第四条第八项规定："美术作品，是指绘画、书法、雕塑等以线条、色彩或者其他方式构成的有审美意义的平面或者立体的造型艺术作品。"可见，独创性是作品应当具备的条件。

本案中，颜某创作的《柿柿如意——杯》《柿柿如意——壶》作品，灵感

来源于自然界中成熟的柿子形态。《柿柿如意——杯》杯底侧面均刻有四瓣对称的柿子叶，叶片呈现桃心状且相连，叶面上勾勒出五根筋脉；杯身上部直径大于下部直径，通体颜色为柿黄。作者化繁就简、些许修饰、点到为止，将柿子自然样式与杯子器型完美结合。《柿柿如意——壶》的主体壶身为四瓣筋纹壶身，四瓣筋纹间隙平缓，而非传统的一捺底、泾渭分明。弯流擎出、恰到好处。壶身、把手、壶嘴通体柿黄，颜色鲜艳。壶盖呈现四片叶子相连，每片叶子均有五根筋脉，壶提手倾斜，便于拿起。可以看出，整个作品虽然灵感来源于自然界中成熟的柿子，但颜某并非对柿子的简单再现。案涉作品在保留柿子颜色、基础造型的同时，结合杯子和茶壶本身的功能性，对杯底侧叶片的选择、壶身造型、弧度处理、壶盖的表达等方面作出了自己审美的选择判断，化繁就简，体现作者的独特个性，加之柿柿如意与“事事如意”谐音，又有极好的寓意。因此，案涉作品符合《中华人民共和国著作权法》对作品“独创性”的要求。

二、实用艺术品作为“作品”受到著作权法保护的法定条件

《中华人民共和国著作权法》保护的作品必须同时具备以下三个一般构成要件：一是必须属于文学、艺术和科学领域内的智力创作；二是具有独创性；三是能以有形的形式复制。受《中华人民共和国著作权法》保护的美术作品，除了同时满足作品的上述三个一般构成要件外，还必须同时满足美术作品的特殊构成要件：一是由绘画、书法、雕塑等以线条、色彩或者其他方式构成；二是具有审美意义；三是属于平面或者立体的造型艺术作品。

在我国目前的司法实践中，实用艺术作品作为美术作品受《中华人民共和国著作权法》的保护。《中华人民共和国著作权法》所保护的是作品中作者具有独创性的表达，而不保护作品中所反映的思想本身。实用艺术品本身既具有实用性，又具有艺术性。实用功能属于思想范畴不应受著作权法保护，作为实用艺术作品受到保护的仅在于其艺术性，即保护实用艺术作品上具有独创性的艺术造型或艺术图案，即该艺术品的结构或形式。作为美术作品受著作权法保护的实用艺术作品，除同时满足关于作品的一般构成要件及其美术作品的特殊

构成条件外，还应满足其实用性与艺术性可以相互分离的条件：两者物理上可以相互分离，即具备实用功能的实用性与体现艺术美感的艺术性可以物理上相互拆分并单独存在；两者观念上可以相互分离，即改动实用艺术品中的艺术性，不会导致其实用功能的实质丧失。

本案的核心问题在于案涉作品是否具备独创性高度的艺术造型，该茶具的实用功能与艺术美感能否分离。具体来说，案涉作品之实用功能主要在于杯子和茶壶的容器，使其具备放置、容纳茶水、茶叶等功能。该茶具的艺术美感主要体现在杯子和茶壶外部纹路、色彩搭配、造型样式等设计上，通过在传统风格的基础上加入现代元素，产生古典与现代双重审美效果。换句话说，若改动其外部杯底端纹饰、颜色、壶身造型、壶盖搭配等造型设计，其作为茶具放置、容纳茶水、茶叶的实用功能并不会受到影响。因此，案涉作品的实用功能与艺术美感能够进行分离并独立存在。

综上，著作权法对实用艺术作品的保护主要在于对其“艺术”方面的保护；实用艺术品的艺术性通常以线条、色彩等来表现，并且应该满足美术作品对于作品艺术性的最低要求。创作灵感来源于公有领域素材的实用艺术作品，只需其具有创作者的独创性表达，而非对公有领域的素材简单复制或模仿，也受到著作权法的保护。

编写人：福建省德化县人民法院　徐晓璐

10

交互式网络电视（IPTV）著作权侵权案件中电信企业侵权行为及责任的认定

——网信公司诉甲电信公司、乙电信公司侵害作品信息网络传播权案

【案件基本信息】

1. 裁判书字号

北京知识产权法院（2021）京73民终4629号民事裁定书

2. 案由：侵害作品信息网络传播权纠纷

3. 当事人

原告（上诉人）：网信公司

被告（被上诉人）：甲电信公司、乙电信公司

【基本案情】

网信公司经授权享有涉案作品某电视剧在中华人民共和国境内的独占性信息网络传播权、制止侵权的权利、转授权权利，授权使用期限自2012年3月26日至2018年3月26日。2018年2月24日，经公证发现，在某酒店内使用IPTV设备可回看涉案作品部分剧集。网信公司认可被诉侵权行为已经停止。网信公司主张乙电信公司和甲电信公司构成共同侵权，甲电信公司对涉案平台和IPTV业务进行实际管理运营，并主张甲电信公司作为电信网络服务方与案外人新媒体公司“有权的广播组织”合作开展IPTV业务，且甲电信公司的节目单对IPTV回看业务进行了宣传。

杭州互联网法院相关判决书显示，在网信公司与甲电信公司侵害作品信息网络传播权案中法院查明：2017年6月27日，乙电信公司（甲方）与新媒体

公司（乙方）签订“2017年度IPTV合作备忘录”，载明根据国务院办公厅印发的《三网融合推广方案》及2017年某省三网融合专题会议纪要相关要求……甲方遵循乙方集中播控的原则，甲方的IPTV基础视听节目由乙方提供，甲方向乙方购买IPTV基础视听内容并支付相应费用等。省新闻出版广电局数字出版与网络视听节目处于2018年7月26日出具《情况说明》，称某省广电IPTV是省内唯一的IPTV集成播控平台，由新媒体公司架设和管理；某省广电IPTV的运营及其提供的“电视”回看功能符合国家新闻出版广电总局令第6号《专网及定向传播视听节目服务管理规定》及国家三网融合有关政策。

【案件焦点】

电信企业与广电播出机构之间实际的分工合作关系，尤其是电信企业与广电播出机构之间是否存在以分工合作方式提供被诉侵权作品的共同意思联络。

【法院裁判要旨】

北京互联网法院经审理认为：IPTV是国家“三网融合”政策推动下的产物，按照相关政策规定，一般由广播电视播出机构负责集成播控平台的建设和管理，负责IPTV节目的统一集成和播出监控、电子节目指南（EPG）、用户端、计费、版权等管理；由电信企业负责为集成播控平台与用户端之间提供信号传输和相应技术保障的业务。乙电信公司与新媒体公司按照前述政策规定签订了“2017年度IPTV合作备忘录”，乙电信公司的IPTV基础视听节目由新媒体公司提供，乙电信公司相应视听内容并支付费用等。并且，省新闻出版广电局数字出版与网络视听节目处出具《情况说明》，称某省广电IPTV是省内唯一的IPTV集成播控平台，由新媒体公司架设和管理。因此，可以认定乙电信公司未实际提供涉案作品，在案证据不足以证明其对集成播控平台中的具体内容享有控制权，故其仅提供了IPTV业务的信号传输和技术保障服务，不应作为被诉侵权行为的责任承担主体。此外，关于甲电信公司，按照国家“三网融合”相关政策以及IPTV运营管理惯例，通常由省级电信企业与广电播控机构签订相关合作协议，本案中亦是如此，省级以下电信企业则负责参与执行，但这并不意味着省级以下电信企业就必然成为侵权责任的承担主体。本案中，网信公司未提供证据证明电信杭州对集成播控平台中的具体内容享有控制权。因此，网信公司主张由乙电信公司、甲电信公司承担侵权责任，缺乏事实依据，法院依法不予支持。

北京互联网法院依照《中华人民共和国著作权法》第十条第一款第十二项，《最高人民法院关于适用〈中华人民共和国民事诉讼法〉的解释》第九十条规定，判决：

驳回网信公司全部诉讼请求。

网信公司不服一审判决，提起上诉。

后因网信公司撤回上诉，北京知识产权法院依照《中华人民共和国民事诉讼法》第一百五十七条第一款第五项、第一百八十条规定，裁定：

准许网信公司撤回上诉。一审判决自本裁定书送达之日起发生法律效力。

【法官后语】

IPTV即交互式网络电视，是一种利用宽带网，集互联网、多媒体、通信等技术于一体，向家庭用户提供包括数字电视在内的多种交互式服务的崭新技术。在“三网融合”政策出台后，IPTV成为“三网融合”的典型业务形态，IPTV产业得到迅速发展。但随着IPTV的发展，IPTV业务在著作权侵权方面也产生大量的纠纷。在司法实践中，针对IPTV著作权侵权纠纷主体问题、电信企业责任认定等问题上，各地法院裁判存在较大分歧。

根据“三网融合”政策精神，广电机构被定义为IPTV内容提供服务单位、集成播控服务单位，负责IPTV集成播控平台的建设和管理，负责节目的统一集成和播出监控，负责电子节目指南、用户端、计费、版权等管理；电信企业被定位为传输分发服务单位，负责为IPTV集成播控平台与用户端之间提供信号传输和相应技术保障。但是，IPTV业务在现实中进行推广时，基于商业利益、技术操作等因素，电信企业和广电机构对各自分工进行了一定调整，衍生出了政策合规之外的运营模式，这给法院划分其各自责任提出了考验，难点在于侵权责任应由哪一方承担抑或双方共同承担。

经对同类案件进行分析，笔者发现法院对于IPTV业务运行模式，主要从以下几个方面进行认定：(1) 根据现行政策进行认定；(2) 根据地方广电机构和电信企业之间签订的关于IPTV协议进行认定，其中主要从双方的职责和利益分配的约定进行认定；(3) 根据设备及对外标识进行认定。

笔者认为，对于IPTV侵权责任的认定，应综合考虑IPTV的政策背景和技术原理，结合不同的运营模式，区分电信企业实施的是提供内容的行为还是提供技术服务的行为。总体的认定标准是：判断电信企业是否应承担共同侵权责任须认定是否满足构成共同侵权行为的基本要件，须判断电信企业在主观方面与他人是否具有共同过错，尤其须查明电信企业与广电播出机构之间是否存在以分工合作方式提供被诉侵权作品的共同意思联络。在个案中，要查明电信企业与广电播出机构之间实际的分工合作关系，如双方是否按政策要求签订了相关合作协议，该协议是否合规履行。以本案为例，乙电信公司的IPTV基础视听节目由新媒体公司提供，乙电信公司相应视听内容并支付费用等；某省广电IPTV是省内唯一的IPTV集成播控平台，由新媒体公司架设和管理。由此可见，乙电信公司未实际提供涉案作品，其仅提供了IPTV业务的信号传输和技术保障服务，不应作为被诉侵权行为的责任承担主体。根据IPTV的运营模式，现实中还存在如下几种情形：(1) 电信企业未与广电机构签订IPTV业务合作合同，或者二者虽然签订了该合同，但是涉案作品不在广电机构提供的片单范围内，而是由电信企业自行提供的，那么电信企业应当承担侵权责任；(2) 如果电信企业在合同实际履行中虽未直接提供内容，但实际参与或决定集成播控平台的相关内容，并就相关内容设置专区专版、收取费用等，可以认定电信企业与广播电视播出机构构成以分工合作方式提供被诉侵权内容，应承担相应的侵权责任。

编写人：北京市东城区人民法院　鲁宁

11

“切条”短视频合理使用的认定

——发行公司诉发展公司侵害作品信息网络传播权案

【案件基本信息】

1. 裁判书字号

北京市高级人民法院（2022）京民再62号民事判决书

2. 案由：侵害作品信息网络传播权纠纷

3. 当事人

原告：(被上诉人、再审申请人)：发行公司

被告：(上诉人、再审被申请人)：发展公司

【基本案情】

发行公司享有某电视剧的独家信息网络传播权。发展公司未经许可在其运营的某手机客户端平台通过信息网络，向公众通过“听声识剧”和“影视笔记”栏目提供涉案电视剧一分钟片段的在线播放服务，发行公司主张发展公司的行为侵害其信息网络传播权。

相关应用市场中某应用介绍中载明：“一款专为影视剧爱好者打造的产品……还有硬核黑科技‘听声识剧’，仅听影视剧里的声音就能识别正在播放的片段……记录‘影视笔记’，看过的每一幕精彩都值得被记录。”

发展公司称其应用程序（APP）具体经营模式：为实现“听音识剧”功能，需提前将相关影视类剧集、电影等作品下载到自身服务器中，将每一部或每一集影片按照一分钟长度进行剪辑，并再次上传至服务器中。用户使用“听声识剧”功能时，APP使用自身的人工智能（AI）音源智能识别系统，识别对

应影视片段声音，从存储的地方抓取对应的一分钟片段进行播放，并且可以供用户随意剪辑。之后，对于该一分钟片段，用户可以在不同栏目中发布，还可在发布笔记中添加“标签”，亦可在观看后选择放弃发布。

【案件焦点】

使用他人影视剧一分钟片段的行为是否构成合理使用。

【法院裁判要旨】

北京互联网法院经审理认为：根据庭审中查明的事实，发展公司在其运营的 APP 中提供“听音识剧”功能，包括两部分行为：一是以每分钟为单位对涉案作品进行剪辑，并将剪辑后的片段上传至服务器中，通过网络用户播放的声音，利用涉案 APP 中识别技术，从服务器中抓取并播放对应片段；二是就抓取播放的片段，向网络用户提供发布于其 APP 中不同栏目的功能，供他人浏览观看。

依据《中华人民共和国著作权法》第十条第一款第十二项规定，信息网络传播权，即以有线或者无线方式向公众提供作品，使公众可以在其个人选定的时间和地点获得作品的权利。“提供作品”是指通过上传到网络服务器、设置共享文件夹或者利用文件分享软件等方式，将作品置于信息网络中，使公众能够在个人选定的时间和地点以下载、浏览或者其他方式获得。本案中，发展公司将涉案作品剪辑并上传至其服务器中，供网络用户查找、在线播放；在与网络用户提供的声音进行对比后，向其提供上述作品中时长为一分钟的片段。发展公司的上述行为，虽针对网络用户的每次识别行为，仅提供一分钟的片段，但其实质已经将涉案作品置于网络服务器中，供公众可以在其选定的时间和地点，通过涉案 APP 获得涉案作品。因此，法院认为发展公司上述行为侵犯了发行公司享有的信息网络传播权。

发展公司辩称，在“听声识剧”中提供的是涉案影片的一分钟片段，无法表达出完整的故事情节，目的评论、介绍该作品本身，不会实质性地再现作品，属于合理使用，不构成侵权。对此法院认为，如前所述，发展公司将涉案作品置于向公众开放的网络服务器中，虽然可能一次播放的片段只有一分钟，但其复制、再现涉案作品的性质没有改变，整部涉案作品的任何一个节点均可被识别并播放。这显然不是为了介绍、评论所进行的适当引用，已经影响了涉案作品的正常使用，不构成合理使用。故对其抗辩，法院不予认定。

北京互联网法院依照《中华人民共和国著作权法》第十条第十二项、第四十八条第一项、第四十九条规定，判决：

一、本判决生效之日起，发展公司停止侵犯发行公司就某电视剧享有信息网络传播权的行为；

二、本判决生效之日起七日内，被告发展公司向发行公司赔偿经济损失 6 万元；

三、驳回发行公司的其他诉讼请求。

发展公司不服一审判决，提起上诉。

北京知识产权法院经审理认为：关于“听声识剧”行为，发展公司所实施的被诉行为客观上未构成对某电视剧的实质性利用和替代效果，也不会对其市场价值和营销造成实质性的不利影响，没有不合理地损害著作权人的合法利益，故而不能认定侵害了发行公司所享有的信息网络传播权。关于“影视笔记”行为，用户的行为属于为了介绍或评论适当引用作品的合理使用行为，其结果亦未影响涉案作品的正常使用或不合理地损害著作权人的合法利益。

北京知识产权法院依照《中华人民共和国民事诉讼法》第一百七十条第一款第二项规定，判决：

一、撤销北京互联网法院民事判决；

二、驳回发行公司的全部诉讼请求。

发行公司不服二审判决，申请再审。

北京市高级人民法院再审认为：发展公司未经发行公司许可，通过涉案 APP 的“听声识剧”功能以时长一分钟的视频片段形式向公众提供某电视剧，使公众能够在个人选定的时间和地点获得该作品，侵害了发行公司就某电视剧享有的信息网络传播权。“影视笔记”位于某电视剧简介下方显著位置，用户发布的某电视剧上标有“可识别”，且“听声识剧”与“影视笔记”密切相关，故发展公司应当知晓“影视笔记”中存在用户上传的某电视剧相关片段。根据在案证据，某电视剧有一定的知名度和影响力，在案证据并未显示发展公司对用户上传某电视剧片段进行任何限制措施，故发展公司帮助用户在“影视笔记”栏目中传播某电视剧片段存在过错，应当承担相应的侵权法律责任。

北京市高级人民法院依照《中华人民共和国民事诉讼法》第二百一十四条第一款、第一百七十七条第一款第二项，《中华人民共和国著作权法》第四十八条第一项、第四十九条规定，判决：

一、撤销北京知识产权法院民事判决；

二、撤销北京互联网法院民事判决第一项、第三项；

三、变更北京互联网法院民事判决第二项为本判决生效之日起七日内，发展公司向发行公司赔偿经济损失 1 万元；

四、驳回发行公司的其他诉讼请求。

【法官后语】

短视频时代，用户碎片化欣赏视频的需求日渐增加，因短视频引发的侵权纠纷日益突出。电影、电视剧是制作成短视频便捷、优质的素材。围绕“切条”短视频产生的各类法律争议集中到司法实践中。

一、“听声识剧”创新模式下“切条”使用他人影视剧的行为性质认定

《中华人民共和国著作权法》第十条第一款第十二项规定了信息网络传播权。当前网络环境下，作品通过网络传播已成为主要的传播媒介，也是著作权人实现其著作财产权收益的重要途径。《最高人民法院关于审理侵害信息网络传播权民事纠纷案件适用法律若干问题的规定》第三条第一款对信息网络传播权作了进一步规定，判断行使作品信息网络传播权的行为，关键在于对提供行为的认定。

本案中，发展公司通过涉案 APP“听声识剧”功能向公众提供某电视剧片断的行为满足信息网络传播权中提供某电视剧的行为要件，可以从以下角度进行分析：

第一，关于信息网络传播行为中的公众获得作品这一结果的理解。信息网

络传播权定义中通过信息网络获得作品通常理解为获得作品的可能性，不应理解为公众实际获得作品或获得完整的作品。客观上，公众实际获得作品的情况因存在涉及信息网络的软、硬件设备或者公众个人选择等差异而不同，以公众获得作品的数量、内容，甚至公众实际获得的作品对涉案作品的市场价值等因素来判断信息网络传播权中“提供作品”的行为是不合理的。

第二，关于片段化的提供作品方式是否影响提供作品行为的性质判断。在案证据显示，发行公司可随机选择涉案作品内容用于“听声识剧”，发展公司也没有主张其仅提供该剧部分片段，且没有证据证明涉案 APP 以“听声识剧”模式提供完整的影视剧存在客观障碍。实践中，由于权利人同时取证多部影视剧，为了提高取证效率、节约取证成本，也会随机抽取部分剧集或者拖拉所播放的视频内容，并据此主张被告提供了完整的作品，在无充分有效反驳证据的情况下，法院一般对原告主张予以支持。

第三，用户操作被告应用的方式不足以否定被告提供作品的行为性质。本案中，用户每次使用“听声识剧”功能时获得某电视剧一分钟片段，不应否定发展公司通过信息网络向公众提供某电视剧的行为。某电视剧是以类似摄制电影方法创作的作品，其独创性表达体现在以编剧、导演、摄影、演员等参与创作人员的独创性劳动通过镜头语言所呈现的演员表演、场景道具、剧情发展等视听画面中，其中的视频片段属于涉案作品完整表达的组成部分，依然能体现涉案作品的独创性，应受著作权法的保护。并且，“听声识剧”所识别的某电视剧内容越多，用户实际获得的作品越完整。不论是某电视剧部分片段，还是由众多片段集合成的完整作品，均可向用户传递创作者的思想感情，能体现某电视剧的独创性表达。

二、使用他人影视剧片段是否构成合理使用的认定

《中华人民共和国著作权法》第二十四条第一款第二项规定，为介绍、评论某一作品或者说明某一问题，在作品中适当引用他人已经发表的作品可以不经著作权人许可，不向其支付报酬，但应当指明作者姓名或者名称、作品名称，并且不得影响该作品的正常使用，也不得不合理地损害著作权人的合法权益。

一方面，此项合理使用规定所针对的是创作作品过程中，为介绍或评论他人作品或说明某一问题而对他人已发表作品进行适当引用的行为。最常见的情形是撰写论文时，引用在先学者们的观点，以脚注或尾注等方式进行来源标注。这是此项合理使用规定最基本的适用场景和范围要件，脱离此要件则无法适用此项合理使用规定。不能将本案“影视笔记”给用户提供网络空间发表评论意见即视为满足创作作品这一场景要件。

另一方面，适当引用之所以构成合理使用，在于引用行为的适当且必要性。事实上，本案“影视笔记”栏目中用户发表评论意见和发布某电视剧一分钟片段是完全分开的，发表评论的同时并不必要发布视频。

总之，法律鼓励商业模式创新，但创新模式中使用他人作品仍应遵守著作权法的相关规定，不属于合理使用或法定许可等法律规定的特殊情形的，均应获得著作权人许可方可使用。

编写人：北京市高级人民法院　曹丽萍

12

无障碍电影中著作权合理使用的法律适用及认定标准

——科技公司诉传媒公司侵害作品信息网络传播权案

【案件基本信息】

1. 裁判书字号

北京知识产权法院（2021）京73民终2496号民事判决书

3. 案由：侵害作品信息网络传播权纠纷

3. 当事人

原告（被上诉人）：科技公司

被告（上诉人）：传媒公司

【基本案情】

科技公司依法享有涉案影视作品在中国大陆地区独占专有的信息网络传播权，并享有以自己的名义针对侵权行为依法维权的权利。2020 年 1 月 21 日，科技公司发现传媒公司未经科技公司合法授权，擅自通过其开发运营的无障碍影视 APP 向不特定公众提供涉案影片无障碍版的在线播放服务，科技公司认为传媒公司行为不符合《中华人民共和国著作权法》合理使用的规定，侵害了科技公司对涉案影片享有的独占性信息网络传播权。

【案件焦点】

1. 涉案无障碍电影是否构成新作品，制作方是否对无障碍电影享有著作权的认定；2. 传媒公司在涉案 APP 上提供涉案影片无障碍版是否构成合理使用的认定。

【法院裁判要旨】

北京互联网法院经审理认为：涉案影片无障碍版相较于涉案影片而言，其变化是在涉案影片画面及声效基础上添加相应配音、手语翻译及声源字幕，并在片头片尾添加“中国无障碍电影”字样标志（LOGO）以及“制作单位：某出版社”等字样并配有声音朗读。涉案影片无障碍版仅在涉案影片基础上所做的适当修改及增加，并未影响涉案影片的基本内容和表达，尚未创作出新作品，不属于著作权法意义上的改编。据此，涉案影片无障碍版署名后期添加的“制作单位：某出版社”等内容不能用于判定涉案影片无障碍版的著作权归属。

涉案影片无障碍版在侵权公证时可供不特定公众注册登录并观看，在本案诉讼过程中涉案 APP 进行了版本更新，但即便涉案 APP 版本更新后，能够感知涉案影片无障碍版这种无障碍方式的群体也并不限于阅读障碍者。因此，传媒公司的被诉侵权行为并不符合“以阅读障碍者能够感知的无障碍方式向其提供已经发表的作品”的要件要求。此外，公众可通过观看或收听的方式完整地获悉涉案影片的全部内容，被诉侵权行为对涉案影片起到了实质性替代作用，影响了涉案影片的正常使用；涉案 APP 面向不特定的社会公众开放，导致原属于授权播控平台的相关流量被分流，势必会影响科技公司通过授权涉案影片使用获得的经济利益，造成了对著作权人合法权益的损害，故传媒公司的行为不构成合理使用。

北京互联网法院依照《中华人民共和国著作权法》第十条第一款第十二项、第十一条第一款及第四款、第十五条第一款、第二十二条第一款第十二项、第四十八条第一项、第四十九条，《最高人民法院关于审理著作权民事纠纷案件适用法律若干问题的解释》第二十五条规定，判决：

一、传媒公司于本判决生效之日起，立即停止通过其运营的无障碍影视 APP 手机端、平板端提供涉案影片的在线播放服务；

二、传媒公司于本判决生效之日起十日内，赔偿科技公司经济损失 1 万元；

三、驳回科技公司的其他诉讼请求。

传媒公司不服一审判决，提起上诉。

北京知识产权法院经审理认为：涉案 APP 一审审结后仍继续提供涉案影片，被诉侵权行为持续到《中华人民共和国著作权法》2020 年修正后，故本案应当适用 2020 年修正的《中华人民共和国著作权法》的规定进行审理。涉案影片无障碍版相较于涉案影片而言，并未影响涉案影片的基本内容和表达，尚未创作出新作品，故涉案影片无障碍版署名后期添加的“制作单位”等内容不能用于判定涉案影片无障碍版的著作权归属。此外，在二审中涉案 APP 进行了版本更新，更新版本对于注册人的身份审查核验机制进行了变化，但即便涉案 APP 版本更新后，能够感知涉案影片无障碍版这种无障碍方式的群体也并不限于阅读障碍者，公众可通过观看或收听的方式完整地获悉涉案影片的全部内容，被诉侵权行为对涉案影片起到了实质性替代作用，影响了涉案影片的正常使用，故被告的行为不构成合理使用。

北京知识产权法院依照《中华人民共和国民事诉讼法》第一百七十七条第一款第一项规定，判决：

驳回上诉，维持原判。

【法官后语】

无障碍电影是为方便阅读障碍者观看而专门制作，通过对原版电影进行配音、解说、剪辑等，让阅读障碍者以无障碍方式感知的特殊电影类型。自著作权法对无障碍作品合理使用的内容进行修正以来，实务界围绕无障碍电影合理使用、侵权等问题的研究日益深入，实践中也涌现出围绕无障碍电影合理使用引发纠纷的案件。本案就是进入诉讼阶段的全国首例因无障碍电影使用而引发纠纷的信息网络传播权纠纷案件。无障碍电影著作权合理使用案件审理中，人民法院主要围绕无障碍电影使用中的两个根本性问题进行审理、论述，其一为无障碍电影著作权归属的认定，其二为无障碍电影合理使用构成的认定。

一、无障碍电影著作权归属的认定

本案中，涉案影片无障碍版相较于涉案影片而言，其变化是在涉案影片画面及声效基础上添加相应配音、手语翻译及声源字幕，并在片头片尾添加署名信息并配有声音朗读。涉案影片无障碍版的这种变化仅是在涉案影片基础上所做的适当修改及增加，并未影响涉案影片的基本内容和表达，尚未创作出新作品，不属于著作权法意义上的改编。据此，涉案影片无障碍版后期添加的制作单位署名等内容不能用于判定涉案影片无障碍版的著作权归属。且即便是形成了新的演绎作品，亦需获取原著作权人的合法授权，而现并无证据证明案外制作单位取得了涉案影片著作权人的相应授权。故传媒公司并未获得作为新作品的涉案影片无障碍版的著作权人某出版社的合法授权而播放涉案影片无障碍版。

从本案的处理来看，对于无障碍电影著作权归属的认定而言，首先应当确认无障碍电影在改编过程中有无形成新的独创性的表达，无障碍电影制作者对其独创性内容享有著作权，而对于那些仅进行简单的陈述、转述等不具有独创性的内容不享有著作权；其次对于无障碍电影著作权的判断不能简单依据片头或者片尾署名信息进行认定，应当综合无障碍影片的创作过程，独创性表达等进行综合认定。

二、无障碍电影合理使用构成的认定

本案中，涉案 APP 在一、二审过程中经过多次改版后，使用群体仍不限于阅读障碍者，其他残障群体亦能使用。同时，涉案影片无障碍版能够实质呈现涉案影片的具体表达，公众可通过观看或收听的方式完整地获悉涉案影片的全部内容，被诉侵权行为对涉案影片起到了实质性替代作用，影响了涉案影片的正常使用，势必会影响科技公司通过授权涉案影片使用获得的经济利益，造成了对著作权人合法权益的损害。故传媒公司通过涉案 APP 在线提供无障碍电影的行为，不符合著作权法合理使用的构成要件。

从本案的处理来看，对于无障碍电影合理使用构成的认定，应当参照《马拉喀什条约》的相关规定，按照著作权法合理使用“三步检验法”进行综合判断。首先，判断是否为以阅读障碍者能够感知的无障碍方式向其提供已经发表的作品，该部分应从三个层面进行分析，一是受益人为《中华人民共和国著作权法》意义上的阅读障碍者；二是以阅读障碍者能够感知的无障碍方式向其提供；三是可供无障碍化的作品来源范围应当为已经发表的作品。在此应当注意的是无障碍电影的受众群体应严格限缩为阅读障碍者，不应进行扩张性解释。其次，在此基础上判断无障碍电影提供方是否影响普通版本电影的正常使用以及是否不合理地损害著作权人合法权益的行为。

编写人：北京互联网法院　郭晟　刘承祖

13

非虚构类短视频独创性认定

——程某诉高某、科技公司著作权权属、侵权案

【案件基本信息】

1. 裁判书字号

北京知识产权法院（2022）京 73 民终 1726 号民事判决书

2. 案由：著作权权属、侵权纠纷

3. 当事人

原告（上诉人）：程某

被告（被上诉人）：高某、科技公司

【基本案情】

程某研发捏脸美容手法，并以此为基础制作81个《逆龄抗衰手法》短视频，单个视频时长为1分钟左右，视频画面为被录制者面部正对镜头进行捏脸并口述操作步骤，部分视频将上述口述内容制作成字幕配合视频播放。程某将上述短视频向国家版权局申请版权登记，并取得版权登记证书，登记作品类型为“以类似设置电影的方法创作的作品”。程某主张其录制的短视频构成视听作品，短视频中的截图构成摄影作品，口述内容形成的剧本为文字作品。

高某曾向程某学习捏脸技术。2020年7月至10月，高某在科技公司运营的短视频平台使用账号发布捏脸教学短视频，程某认为高某视频中的捏脸按摩手法与其捏脸按摩手法相似，系抄袭其原创的捏脸技术。后程某向科技公司发出的律师函要求其删除侵权视频并关闭高某账号，未获回应。

【案件焦点】

1. 程某是否就涉案视频、视频截图、口述内容享有著作权；2. 高某、科技公司行为是否构成侵权。

【法院裁判要旨】

北京互联网法院经审理认为：关于程某是否就涉案视频、视频截图、口述内容享有著作权。涉案视频若要构成著作权法上的视听作品，需满足视听作品对独创性的要求。视听作品中的独创性表达主要体现于场景的选择、机位的设置、镜头的切换以及对摄制画面的剪辑等方面。本案中涉案视频为固定机位拍摄，无场景变换，拍摄视频的角度皆为正对被摄制者面部，无法体现出拍摄角度、远近的变换，部分视频虽添加了字幕，但未能体现创作者的独特视角与个性化的选择、判断，故涉案视频无法构成视听作品，仅能构成录像制品。程某在庭审中主张其视频中的动作设计给予观众的感官感受体现作品的独创性，但捏脸手法本质上是一种方法、步骤，著作权法保护的是能传递思想感情、信息或展示美感的特定表达，捏脸动作并非思想、情感之表达，亦不展示文学、艺术或科学之美，故不属于著作权法保护的对象。对于程某主张的视频截图及口述内容是否构成摄影作品及文字作品，视频截图本身可能单独构成摄影作品，但本案中的视频截图画面只是被摄制者展现捏脸手法，无法在构图、光线等创作要素上体现摄制者创造性的选择与安排，无法构成摄影作品。由于程某未提交视频中口述内容以书面形式进行表达的证据，故口述内容亦不构成文字作品。

关于高某、科技公司是否构成侵权。著作权法为录像制品提供的保护应以对录像制品的直接利用为限。本案中，高某发布的被诉侵权短视频并未直接使用程某的捏脸短视频这一录像制品，因此高某行为不侵犯程某的录像制作者权。科技公司系网络服务提供者，涉案视频并非具有较高知名度，科技公司不知道或应当知道侵权事实存在，已履行了网络服务提供者义务，不应承担民事责任。

北京互联网法院依照《中华人民共和国民事诉讼法》第六十七条第一款规定，判决：

驳回程某的全部诉讼请求。

程某不服一审判决，提起上诉。

北京知识产权法院经审理同意一审法院裁判意见，依照《中华人民共和国民事诉讼法》第一百七十七条第一款第一项规定，判决：

驳回上诉，维持原判。

【法官后语】

本案涉及非虚构类短视频独创性认定。相对于以剧本为基础的剧情类视频，非虚构类短视频侧重于对客观事件的记录，在镜头语言及后期制作的复杂度上较为有限，司法上对剧情类短视频的独创性认定争议不大，但对非虚构类短视频独创性的认定存在不同意见。随着短视频平台的发展及短视频形式的不断更迭，如何从司法上确定非虚构类短视频独创性的认定范畴和具体认定标准，对维护短视频创作人权利、规范短视频市场的有序发展至关重要。

一、非虚构类短视频独创性判断应基于画面本身而非被摄制对象

所谓独创性判断，实际是指表达的独创性，不同类型的作品由于创作方式与表达形式不同，独创性的判断要素有所差异。视听作品作为一种综合艺术形式，承载了多种构成作品或不构成作品的内容或素材，在著作权法已经为视听作品内可以单独使用的具有独创性的作品提供独立保护的前提下，画面内被可视化内容、对象的独创性应当与画面本身的独创性相区别，被摄制对象所具有的独创性不应作为判断视听作品独创性的应有之义。

本案中，程某主张具有独创性的捏脸手法设计是指视频内被摄制人物的手部、面部动作设计，相对于视听画面属于被可视化的内容、素材，但捏脸手法本身属于被摄制对象，其即使具有独创性，亦不属于视听作品独创性的认定范畴。

二、画面、剪辑、后期特效可作为非虚构类短视频独创性的认定要素

由于非虚构类短视频的制作相对较为简单，镜头语言和后期制作较为有限，因此在明确了非虚构类短视频的认定范畴应限制为画面本身的情况下，如果画面未能在视听表达上体现作者的独创性设计，依据著作权将连续画面二分的保护原则，该非虚构类短视频则只能被认定为录像制品予以保护。且录像制品不存在“接触+实质性相似”的侵权判断依据，其只能控制对录像制品的直接利用行为，对于单纯仿拍短视频内容的行为则无法认定构成侵权。因此，明确非虚构类短视频独创性的判定要素对于判断是否能够给予该等短视频著作权法保护尤为关键。

笔者认为，非虚构类短视频独创性的认定可以从以下几个方面出发：一是镜头画面。镜头画面的形成过程是影响视频独创性的重要一环，对于短视频而言，短视频是否基于创作需要在镜头机位变化、拉伸、场景切换等画面构成上体现作者的选择、判断，影响视频的独创性认定，单一、简单的镜头摄制或仅具有机械性、程序性的镜头切换，则属通常技术可以实现画面摄制手段，无法体现作者个性。二是镜头剪辑。镜头剪辑可改变画面与画面之间的衔接、声音与画面之间的衔接，镜头拼接和组合可以使视听表达区分于纯粹记录性的机械录制，体现作者的独创性。三是后期特效。特效为短视频后期创作的重要形式，

运用自创或平台提供的视觉特效、声音特效可以改变视听画面的表现手段，体现作者的独特构思，但仅是为视频添加了字幕这类简单后期效果不足以使画面与现有的表达存在可识别的差异。

本案中，程某主张权利的涉案视频在镜头画面拍摄上采固定机位拍摄，且在拍摄角度上正对面部，不存在镜头切换变化，亦不存在明显的镜头剪辑痕迹。在视听特效的设置上，仅是为视频添加了部分字幕，字幕采通用字体，且内容与被录制者口述内容具有一一对应性。据此，涉案视频属于运用通常技能即可完成的摄制结果，与现有视听表达不具有可识别的差异性，故不属于视听作品的范畴，仅能构成录像制品，而高某发布的被控侵权短视频没有直接使用涉案侵权短视频，故高某不构成侵权。

编写人：北京互联网法院　曾智湄　张怀文　刘柯含（实习生）

14

民歌演绎作品及保护范围司法认定规则

——王某甲等诉龚某、某出版社侵害著作权案

【案件基本信息】

1. 裁判书字号

重庆市第一中级法院（2021）渝01民终6354号民事判决书

2. 案由：侵害著作权纠纷

3. 当事人

原告（被上诉人）：王某甲、王某乙、王某

被告（上诉人）：龚某、某出版社

【基本案情】

1942 年 2 月至今，《某民歌集》等出版物刊载有简谱某歌曲，标注王某丙“记谱、译谱、编译、编曲”等信息。王某丙各版本均为声乐简谱，在节拍、调式上略有不同外，旋律基本无差别。王某丙的继承人王某甲、王某于 2019 年将该歌曲进行作品登记，标注“民歌”“王某丙编词曲”“创作日期：1939 年 1 月 1 日”等。

某出版社出版的五线谱钢琴曲《某钢琴曲集》中收录了某歌曲，标注为“龚某编配”。该版本系五线谱钢琴曲，4/4 拍，D 调，标注为“民歌 龚某编曲”。与王某丙版本相比，该版本弱拍起，王某丙版本正拍起，部分小节的旋律相同，部分小节的旋律所使用的音符、节奏上存在一定差异。

1931 年，《某民族歌曲与器乐曲》一书中收录了某歌曲，载明作者为扎某，该版本系五线谱记谱的声乐作品，G 调，2/4 拍和 3/4 拍交替。与王某丙版本相比，王某丙版本为正拍起，曲风欢快活泼，该版本为弱拍起，曲风低沉忧郁，两者在节奏节拍、音乐结构及旋律等方面存在较大差异。

王某丙的继承人王某甲、王某乙、王某认为王某丙对涉案歌曲享有著作权，龚某、某出版社的上述行为侵犯了其著作权。

【案件焦点】

1. 王某丙对涉案民歌是否享有著作权；2. 龚某、某出版社的涉案行为是否构成侵权。

【法院裁判要旨】

重庆自由贸易试验区人民法院经审理认为：

一、王某丙是否对涉案歌曲（简谱版）享有著作权

《中华人民共和国著作权法》第十二条规定了对演绎作品的保护。演绎作品是指在保持原有作品基本表达的基础上，对原表达加以发展，并使得新表达与原表达融为一体而形成的新作品。对于原作品的演绎，只有符合独创性的要求才能形成演绎作品，即演绎者必须在原作品的基础上进行独立的创作，而且

创作结果应当符合最低限度的创造性要求。如果只是对原作品进行了很少的改变，改变的结果与原作品之间不存在可以被客观识别的显著差异，则改变的成果只能视为原作品的一种复制件，而非演绎作品。对于民间音乐作品曲调的演绎，演绎作品应是使用了原音乐作品的基本内容或重要内容，对原作品的旋律作了创造性修改，却又没有使原有旋律消失。

本案中，王某甲、王某乙、王某提交的证据显示涉案民歌在20世纪30年代即在我国流传传唱，为民间文学艺术作品。王某甲、王某主张王某丙对涉案民歌进行整理创作了涉案歌曲。王某甲、王某乙、王某上述主张成立的前提是王某丙对涉案民歌曲调进行了创造性修改，即涉案歌曲曲调与涉案民歌曲调是否存在客观可识别的具有独创性的显著性差异。首先，民歌作为民间文学艺术作品，一般是口头创作，且多以口耳传播的方式世代相传，具有不确定和不断变化的特点，不同演唱者演唱的内容、曲调可能均不同，故其在被记录、整理前一般无固定统一的乐谱，而涉案歌曲具有统一完整的词曲，因此必然有人对口头形式传唱的民歌进行了整理记录等。其次，民歌在传唱过程中不是以简谱的形式表达，歌手可能以不清晰的词语、不同的音调进行演唱，当用简谱形式表达民歌时，需要确定简谱的音调、节奏、速度等，并可配有相应的歌词，故以简谱方式对民歌进行整理、记录、加工，必然需要创造性的劳动，具有一定的独创性，以民歌为基础形成的歌曲，属于演绎作品。最后，王某甲、王某乙、王某提交的自20世纪80年代以来的多个公开出版物中收录的涉案歌曲均署名：民歌，王某丙编词曲，而龚某、某出版社提交的证据中公开出版物的出版时间虽然早于王某甲、王某乙、王某提交的出版物的出版时间，但该出版物上仅标明“民歌”，并无具体到个人的署名，由于年代久远，该出版物是否有为作者署名、署名是否得当等，均已无从考证，但该出版物中的涉案歌曲以简谱的记录形式刊载，其必然存在整理、记录、加工者，从历史留存的现有的出版物来看，虽然出版物的署名方式各有不同，但出版物中“民歌 王某丙编词曲”等署名说明王某丙为此作品付出了智力劳动，并且迄今为止，除王某丙外，对涉案歌曲，没有人公开表明作者身份及权利，故仅凭该出版物不能排除王某丙是涉案歌曲的整理、记录、加工者。综上，王某甲、王某乙、王某所举示的证据足以证明王某丙通过对原生态民歌进行整理和记录形成了现有公开并署名为王某丙的版本，法院依法确认王某丙对其主张权利的涉案歌曲享有著作权。

二、龚某改编的涉案钢琴曲是否侵犯了王某甲、王某乙、王某的著作权

王某丙对涉案歌曲（简谱版）享有著作权，王某甲、王某乙、王某作为王某丙的继承人，在王某丙去世后，依法继承涉案歌曲的相应权利，可以就他人侵害涉案歌曲的行为提起诉讼。

《中华人民共和国著作权法》第十二条规定，改编、翻译、注释、整理已有作品而产生的作品，其著作权由改编、翻译、注释、整理人享有，但行使著作权时不得侵犯原作品的著作权。龚某辩称涉案钢琴曲以 1949 年的《某民歌集》和 1959 年的《某民歌》为创作基础。首先，该两个出版物中的涉案歌曲并非原始状态的民歌，有统一、完整的曲词，该两个出版物中的涉案歌曲必然是经过他人记录、整理、加工的，只是未标注记录、整理、加工人，该两个出版物中的涉案歌曲均与前述王某丙版本的歌曲词曲基本一致。其次，王某丙的人生经历表明其在 1939 年起便开始接触、记录及整理民歌，最终形成的王某丙版本已广泛流传并成为经典歌曲。最后，民歌样态的涉案歌曲内容为何无法查清，在该两个出版物中的涉案歌曲词曲与王某丙版本的词曲基本一致的情况下，龚某以此来抗辩不能成立。

经比对，涉案钢琴曲与前述王某丙版的涉案歌曲在主旋律上基本一致，可以认定涉案钢琴曲使用了王某丙版本的涉案歌曲。龚某未取得王某丙或王某甲、王某乙、王某的许可，利用王某丙版本的涉案歌曲进行创作形成的涉案钢琴曲是在已有作品的基础上形成的新的演绎作品，该行为侵害了涉案歌曲的改编权、复制权，对其著作财产权构成侵害。某出版社，理应对出版行为的授权、稿件来源和署名、所编辑出版物的内容进行审查，某出版社提交的证据不足以证明其尽到了合理审查义务，其未经王某甲、王某乙、王某许可，以图书的形式复制、发行龚某涉案钢琴曲，但并未注明其来源作品名称，没有为王某丙署名，其行为侵害了王某丙就涉案歌曲享有的署名权，王某甲、王某乙、王某获得报

酬的权利，亦应当承担著作权侵权责任。

重庆自由贸易试验区人民法院依据《中华人民共和国著作权法》第十条第一款第二项、第三项、第五项、第六项、第十一条、第十二条、第二十一条第一款、第四十八条第一项、第四十九条，《最高人民法院关于审理著作权民事纠纷案件适用法律若干问题的解释》第二十五条、第二十六条，《最高人民法院关于适用〈中华人民共和国民事诉讼法〉的解释》第七十四条、第九十条规定，判决：

一、龚某、某出版社于一审判决生效之日起停止销售含有涉案钢琴曲的《某钢琴曲集》；

二、龚某、某出版社于一审判决生效之日起十日内赔偿王某甲、王某、王某乙经济损失及合理费用共计3000元；

三、驳回王某甲、王某、王某乙的其他诉讼请求。

龚某、某出版社不服一审判决，提起上诉。

重庆市第一中级人民法院经审理认为：民歌属于进入公有领域的作品，若记录整理者在原始民歌的基础上对民歌进行记录整理所形成的成果融入了其独创性表达，则构成新的作品，其对该新作品享有著作权。民歌因口耳相传具有流变性，原始内容往往难以考证。对民歌进行记录整理通常需要具备专业的艺术审美和音乐素养，其成果能够体现记录整理者的个性化表达，在无相反证据的情况下，应认定该成果构成演绎作品。本案中，王某丙版本系对涉案民歌进行记录和汉化整理的成果，双方当事人均未提交证据证明涉案民歌的原始状态，无法直接通过将原始民歌与王某丙版本进行比对以确定其是否具有独创性。但从现有证据来看，王某丙所作的艺术劳动并非轻而易举，且王某丙版本与同源民歌的在先版本相比，旋律差异明显，风格迥异，可以认定王某丙整理的涉案民歌，结合了其自身音乐素养和独特的音乐思维，体现了其个性化表达，王某丙对该版本享有著作权。

民歌演绎作品的著作权保护范围仅限于演绎者的独创性表达因而应排除民歌原始内容。当民歌的原始内容无法考证时，若在后演绎作品与在先演绎作品存在实质性差异进而具有独立艺术价值，应允许二者共存，不能仅因二者的主旋律相同或基本相同而认定在后演绎作品侵权。本案中，王某丙版本与龚某版本均系涉案民歌的演绎作品，王某丙版本系在先演绎作品。涉案民歌的原始状态无法考证，无法确定王某丙的独创性表达部分。将龚某版本与王某丙版本进行比对，龚某版本系五线谱钢琴曲，王某丙版本为简谱声乐曲，两者的旋律或节奏并不完全一致，乐曲体裁以及音乐表现方式（声乐演唱和钢琴演奏）亦不相同。龚某在和声的使用及钢琴化写作方面体现了其专业的音乐素养和独特的音乐思维，整首钢琴曲具有独立艺术价值，两者可以成为并行存在的作品。龚某及某出版社的涉案行为亦不构成侵权。

重庆市第一中级人民法院依据《中华人民共和国民事诉讼法》第一百七十七条第一款第二项、第二百六十六条规定，判决：

一、撤销重庆自由贸易试验区人民法院民事判决；

二、驳回王某甲、王某乙、王某的诉讼请求。

【法官后语】

国务院发布的《“十四五”国家知识产权保护和运用规划》中明确提出要“制定传统文化、民间文艺、传统知识等领域保护办法。建立与非物质文化遗产相关的知识产权保护制度”。璀璨多姿的民间文艺作品是中华文化的鲜明标识和独特基因。在新的时代背景下，如何让民间文艺作品在传承中得到更好的法律保护，又在转化与创新中呈现新的生机与活力，是当下应当思考的深刻命题。《中华人民共和国著作权法》第六条规定，民间文学艺术作品的著作权保护办法由国务院另行规定。但至今国务院尚未出台相关法规，因此，就民间文学艺术作品如何保护问题，现行法律并无明确规定。司法实践中，就民歌属于进入公共领域的民间文学艺术作品，对其合理开发利用行为应予鼓励已基本形成共识，但对民歌演绎作品的认定及各权利人之间纠纷的处理，在裁判理念、思路和尺度等方面尚存在争议。

本案中考虑到，不同于一般原创音乐作品，民歌口耳相传，因历代传唱人在传唱过程中加入个性化表达而不断发展变化，故在被记录、整理前一般无固定统一的乐谱，具有流变性。同时，各传唱版本仍会因存在相当程度相同或相似的节奏、调式等民歌元素而被归入为同一民歌，因而具有稳定性。因而，民歌的原始状态往往难以查明。而民歌的记录整理往往需要记录整理者具备艺术审美和专业音乐素养能力，融入自身对民歌的理解进行取舍，所形成的成果通常能够体现其个性化表达。基于此，本案认定在没有相反证据的情况下，经记录整理所形成的成果构成演绎作品，受著作权法保护。该规则的确立有利于鼓励民歌的开发利用行为，可促进民歌的可持续发展。

民歌演绎作品的著作权保护范围仅限于演绎者的独创性表达因而应排除民歌原始内容。当两个演绎作品发生权利冲突时，因两者均源自于原始民歌，必然存在相同部分，因而不宜因两者之间存在相同部分即得出侵权的结论。又因民歌的流传呈多点发散，可能同一时期在不同区域或者在同一区域的不同时期，甚至在同一时期的同一区域都可能存在多个不同的传唱版本，因而亦不宜直接将两者不同之处认定为各自的独创性表达。演绎作品的独创性表达无法查明的根源在于民歌自身兼具稳定性与流变性的发展特性，无从考证的原因很难归咎于任何一方，因此，不宜将查明原始民歌状态的举证责任归于任何一方，否则难言公允。据此，在双方当事人均已尽力举证而独创性表达仍无法查证的情况下，可以将在后演绎作品相对于在先演绎作品是否具有独立艺术价值作为评判其是否侵权的依据，即若两个演绎作品之间在调式调性、节奏节拍、旋律音高或音乐结构等方面存在一定差异，该差异的存在使两者的整体旋律或乐感具有独特的艺术表现力或呈现不同的风格，各自具有独立的艺术价值，可以成为并行存在的作品，则不宜认定在后演绎作品构成侵权；反之，若两者的整体旋律及乐感基本一致，在后演绎作品不具有独立的艺术价值，则可以认定在后演绎作品构成侵权。该规则的确立平衡了原始民歌、演绎作品权利人及社会公众之间的利益，为类案的审理提供了参考。

编写人：重庆市第一中级人民法院　张琰　南洪会

15

学校组织学生表演能否构成合理使用的认定规则

——某歌舞团诉某中学、文化公司著作权权属、侵权案

【案件基本信息】

1. 裁判书字号

北京知识产权法院（2021）京73民终1626号民事判决书

2. 案由：著作权权属、侵权纠纷

3. 当事人

原告（被上诉人）：某歌舞团

被告（上诉人）：某中学

被告（被上诉人）：文化公司

【基本案情】

某歌舞团主张其系某舞剧的著作权人，某中学未经某歌舞团的授权，在学生舞蹈展演、舞蹈选拔赛、艺术大奖赛展演及赛事中表演某舞剧中片段，且未指明作者名称，并在其官方网站及微信公众号“某中学”“某中学某舞蹈团”发布关于涉案表演的宣传报道中亦未署名。某歌舞团主张某中学上述行为侵害其著作权，文化公司作为艺术大奖赛的承办单位，未尽到参赛作品著作权资格审查义务，应与某中学共同承担侵权责任。

【案件焦点】

1. 某中学组织学生在涉案四场演出中表演某舞剧片段是否构成合理使用中的“免费表演”“课堂教学”；2. 侵权责任的承担。

【法院裁判要旨】

北京市朝阳区人民法院经审理认为：某歌舞团作为制作、表演单位，系将涉案作品的编导内容通过表演演绎为舞蹈作品，虽不排除其作为制作者、表演者在排练中也存在智力活动，但该过程不具有本质上体现原创意义和主导意义的编创属性。故依据在案证据，某歌舞团不享有涉案作品署名权，但享有署名权以外的其他著作权。

某中学认可未经某歌舞团许可表演了涉案作品，但主张构成“课堂教学”和“免费表演”的合理使用情形。法院从适用主体、使用方式等方面分析均不符合“课堂教学”的合理使用情形；且某中学的被诉侵权行为与某歌舞团作为著作权人对作品的使用在同一领域，妨碍了某歌舞团使用或授权许可他人使用涉案作品参与涉案比赛评选的机会，攫取了某歌舞团通过使用和许可使用的途径取得奖金等物质利益及奖项、声誉、巡演机会等无形利益的权利，不合理地损害了某歌舞团就涉案作品享有的合法权利，不能构成“免费表演”的合理使用情形。

北京市朝阳区人民法院依照《中华人民共和国著作权法》第十条、第二十二条、第四十八条、第四十九条，《中华人民共和国著作权法实施条例》第二十一条，《中华人民共和国民事诉讼法》第六十四条第一款、第七十条、第七十五条，《中华人民共和国侵权责任法》第八条规定，判决：

一、某中学于本判决书生效之日起十日内连续七天在“某中学”微信公众号显著位置公开刊登声明，以消除影响；

二、某中学于本判决生效后十日内赔偿某歌舞团经济损失 60000 元，某中学、文化公司于本判决生效后十日内连带赔偿某歌舞团经济损失 20000 元；

三、某中学、文化公司于本判决生效后十日内连带赔偿某歌舞团合理开支 15000 元；

四、驳回某歌舞团其他诉讼请求。

某中学不服一审判决，提起上诉。

北京知识产权法院经审理同意一审法院裁判意见，依照《中华人民共和国民事诉讼法》第一百七十七条第一款第一项规定，判决：

驳回上诉，维持原判。

【法官后语】

近年来，在素质教育深入推进的背景下，以舞蹈等艺术教育为特色的中小学及舞蹈教育培训渐成规模。本案是一起典型的学校组织学生表演舞蹈作品不构成合理使用的案件，涉知名舞剧及其中舞蹈作品，一、二审法院通过逻辑严密的判决，厘清了学校使用他人作品认定为合理使用的边界。

合理使用制度是著作权法从利益平衡的角度对著作权人及社会公众的利益进行的协调，但为防止著作权人的利益受到不当的侵害，对于权利的限制应谨慎且适当，构成合理使用的行为必须与一般的侵权行为相比具有保护的正当性和合理性。《伯尔尼公约》、《与贸易有关的知识产权协定》（以下简称《TRIPs协定》）和《世界知识产权组织版权条约》虽然均允许成员方对著作权规定限制和例外，但均以该规定只能在特殊情况下做出、与作品的正常利用不相冲突，以及没有不合理地损害权利人合法权益这三个条件为前提，即“三步检验标准”。我国加入《伯尔尼公约》《TRIPs 协定》和《世界知识产权组织版权条约》，应遵循“三步检验标准”，同时，我国法律法规也明确规定了合理使用的原则性条款及具体情形，将“三步检验标准”转换为我国国内立法，以平衡著作权人利益与公共利益，该标准也成为法院判定合理使用的最终依据。简言之，认定某一行为是否构成合理使用，除考量其是否符合法律规定的合理使用具体情形外，还应当依据合理使用原则性条款，判断使用作品是否指明作者姓名、作品名称；是否影响著作权人对作品的正常使用或不合理地损害著作权人的合法权利。

关于是否符合法律规定的合理使用具体情形，本案中某中学的抗辩主张集中在其表演行为构成“课堂教学”和“合理使用”。就“课堂教学”的抗辩主张，《中华人民共和国著作权法》对“课堂教学”和“免费表演”的具体情形做了严格限定。就能否构成“课堂教学”，2010 年修正的《中华人民共和国著作权法》第二十二条第一款第六项明确为“为学校课堂教学或者科学研究，翻译或者少量复制已经发表的作品，供教学或者科研人员使用，但不得出版发行”，该条文将主体限为“供教学或者科研人员使用”，不包含本案中涉案演出面向的组织者及观众等；限制的著作权也仅包括复制权及翻译权，不包括本案中被诉侵权行为所指向的表演权；就使用方式而言也应为“少量”使用，而非本案中某中学的完整使用。2020年修正的《中华人民共和国著作权法》在此基础上将著作权扩充为“翻译、改编、汇编、播放或者少量复制”，但亦不包含表演及完整复制等使用行为。

就能否构成“免费表演”，2010年修正的《中华人民共和国著作权法》明确为“该表演未向公众收取费用，也未向表演者支付报酬”，2020年修正的《中华人民共和国著作权法》增加“且不以营利为目的”的限定要件。在司法实践中，举证证明“未向表演者支付报酬”存在一定的难度。同时，认定表演者获酬及是否以营利为目的，不简单指金钱报酬，还可能涉及其他实质性利益。本案中，某中学通过被诉侵权行为，获得了荣誉、声誉、演出机会及对应的艺术特长生自主招生优势，法院从而认定其取得了实质性利益。

关于指明作者姓名、作品名称，合理使用制度限制的主要是著作权人的经济权利，对署名权仍予以保护，旨在使作者声誉进行累加，从而鼓励智力成果创作、推动人类精神文明发展。诉讼中，报名表、节目单、节目视频或书面沟通记录等均可作为证据加以证明，如若仅有口头沟通证据，法院难以采信。

关于是否影响著作权人对作品的正常使用或不合理地损害著作权人的合法权利，这一要件即本案中最重要的实质性判断要件。因合理使用是法律对于著作权人权利的强制性限制，对于权利的限制应谨慎且适当，需合理维系对著作权人创作、传播作品的激励与公众对作品的合理需求之间的利益平衡。著作权产生后，权利人重在通过自行使用或授权许可使用，依法享有获得名誉、声望并取得著作权的精神权益与经济效益。某中学的被诉侵权行为不仅未产生符合著作权法鼓励创作目的的创新，且其与某歌舞团作为著作权人对作品的使用在同一领域构成了竞争关系，妨碍、排除了某歌舞团使用或授权许可他人使用涉案作品参与涉案比赛评选的机会，攫取了某歌舞团通过使用和许可使用的途径取得奖金等物质利益及奖项、声誉、巡演机会等无形利益的权利，客观上影响了涉案作品的潜在市场或价值，影响了某歌舞团对涉案作品的正常使用，不合理地损害了某歌舞团就涉案作品享有的合法权利。综上，法院认定某中学被诉侵权行为无法构成著作权法意义上的合理使用，侵害了某歌舞团的表演权，应当承担相应的法律责任。

编写人：北京市朝阳区人民法院　姚参

16

单独行使共有著作权协商的认定

——沈甲等诉某文旅等侵害作品改编权案

【案件基本信息】

1. 裁判书字号

四川省高级人民法院（2022）川知民终866号民事判决书

2. 案由：侵害作品改编权纠纷

3. 当事人

原告（上诉人）：沈甲、沈乙、樊某

被告（被上诉人）：某文旅、传媒公司、传播公司

第三人：鲁某、罗甲

【基本案情】

涉案作品系沈丁、罗乙共同创作。2004年4月21日，传播公司与沈丁、罗乙签订协议取得涉案作品使用权，期限自2004年6月26日至2009年6月26日，据此改编拍摄了电视剧。沈丁2009年去世，继承人有沈甲、沈乙、沈丙、樊某。罗乙2015年去世，继承人有鲁某、罗甲。2017年2月23日，传播公司

与文著协签订协议，预存10万元著作权使用费，委托其办理涉案作品的改编、摄制、发行权的授权相关事宜，合同有效期5年。原国家新闻出版广电总局对此认可，2017年5月对电视剧第二部予以备案公示。2018年1月10日，传播公司签订协议将电视剧第二部项目转让给传媒公司。2018年8月23日，鲁某、罗甲签订合同，许可传媒公司将涉案作品改编成电视剧并公开发行播放，许可期限自2018年9月30日至2019年9月30日，作品使用费28万元。罗乙的继承人无法联系到沈丁的继承人，2020年5月14日委托律师在报纸上刊登公告，告知将涉案作品的著作权许可给了传媒公司。2020年5月25日，传媒公司再次与鲁某、罗甲签订涉案作品著作权许可使用合同，许可期限自2019年9月1日至2020年12月31日，作品使用费60万元，包括应支付给沈丁或其继承人的费用。传媒公司在与鲁某、罗甲沟通期间，也通过中间人与沈乙、沈甲多次洽谈，但无结果。2019年8月1日，电视剧第二部进入拍摄。其中，某文旅负责办理立项转移手续，传媒公司负责拍摄、制作、剪辑等工作。

【案件焦点】

某文旅、传媒公司、传播公司的被诉行为是否侵害沈甲、沈乙、樊某涉案作品的改编权。

【法院裁判要旨】

四川省绵阳市中级人民法院经审理认为：在鲁某、罗甲作为合作作者的继承人已单方许可的情况下，沈乙、沈甲、樊某无权以自己未许可来阻碍鲁某、罗甲的许可。同时，某文旅、传媒公司、传播公司基于社会公共利益的目的使用涉案作品，可视为著作权强制许可的情形，但应按照法律规定向著作权人支付报酬。罗乙的继承人鲁某、罗甲已明确表示，涉案作品著作权合法授权给了传媒公司。因此，传媒公司等被诉行为亦不构成侵权。

四川省绵阳市中级人民法院依照《中华人民共和国著作权法》第十条、第十二条、第十四条，《中华人民共和国著作权法实施条例》第九条规定，判决：

驳回沈甲、沈乙、樊某的全部诉讼请求。

沈甲、沈乙、樊某不服，提起上诉。

四川省高级人民法院经审理认为：涉案作品为不可分割使用的合作作品，其著作权应由合作作者的继承人协商一致行使，不能协商一致，又无正当理由的，任何一方不得阻止他方行使除转让、许可他人专有使用、出质以外的其他权利，但是所得收益应当合理分配给所有合作作者。传媒公司为取得涉案作品的改编权及对改编作品的使用权等，多次与沈丁的继承人沈乙、沈甲协商或通过他人与其商谈涉案作品著作权许可使用的事宜，但双方未达成一致。为妥善解决涉案作品著作权许可使用问题，鲁某、罗甲无法联系到沈丁的继承人，2020 年 5 月 14 日委托律师在报纸上刊登公告，公告内容包括：许可方式、许可对象、许可使用的权利种类，许可使用的地域范围，许可费用，是否同意上述许可使用事宜，联系方式等。从该公告内容和形式上来看，该公告并不仅仅只是告知，而且包含了协商、是否同意的征询内容等。公告期满，仍未与沈丁的继承人取得联系。故鲁某、罗甲的上述行为可以视为协商行为，并已尽到协商义务。因沈乙、沈甲等人未在约定期限内回复，鲁某、罗甲与传媒公司签订《著作权许可使用合同》，许可其对涉案作品进行改编使用，并认可其之前对涉案作品的改编使用行为，并不违反法律规定。沈乙、沈甲等人无正当理由不能阻止鲁某、罗甲许可他人对涉案作品的正当使用。传播公司、传媒公司在涉案作品的改编、使用过程中，依法取得合作作品部分著作权人的许可，并向著作权人支付了著作权许可使用费，已尽到合理注意义务，主观难谓过错。因此，传播公司、传媒公司、某文旅对涉案作品的改编使用行为不构成侵权。

四川省高级人民法院依照《中华人民共和国民事诉讼法》第一百七十七条第一款第一项规定，判决：

驳回上诉，维持原判。

【法官后语】

本案主要涉及共有人单独行使著作财产权利时协商的认定。著作权共有指两个或者两个以上的民事主体对同一作品共同享有著作权的法律状态。著作权共有既可以因共同创作而产生，也可以因继承、转让等继受的事由而产生。著作权共有既包括共同创作作品的合作作者对合作作品共同享有权利，也包括非合作作者对同一作品共同享有著作权。其中，不可分割使用的合作作品的著作权归所有合作作者共同共有，如果合作作者去世，其所有的继承人均可以依法继承其享有的著作财产权，这就导致多个民事主体共同共有该作品的著作财产权。《中华人民共和国著作权法》仅规定了合作作品著作权的确认及权利行使规则，但非合作作品著作权共有的确认及权利行使，缺乏可以适用的法律，出现了法律漏洞。在数个主体共同共有著作财产权利的情况下，如果要求所有共有人协商一致才能行使，必然给作品的利用带来巨大的协商成本、效率巨低的授权困局甚至滥用拒绝权利的道德风险；如果允许各共有人自主决定不可分割使用的合作作品著作权的行使，必然会给其他共有人行使该作品著作权带来额外的诸多不便。长期以来，学术界、实务界对“协商”是否系必经程序一直存在争论。从最高人民法院刊登的公报案例来看，在吴某等与某出版社侵害著作财产权纠纷案中，人民法院认为“协商”是共有著作权单独行使的前提条件；[1]在齐甲等与某某出版社侵害著作权纠纷案中，人民法院认为齐乙继承人众多且分散在全国各地，全部共有人就权利许可问题进行协商不具有现实可能性，若因未取得所有继承人同意而无法在保护期内出版，不符合著作权法促进文化传承和发展的精神，故协商并非共有人单独行使著作权的必经程序。[2] 从外国立法情况来看，巴西采取“多数决”模式（少数服从多数），意大利、法国采取“司法裁决”模式（协商不成的，由法院裁判），日本、德国采取“禁止权利滥用”模式（无正当理由不得拒绝），不尽相同。因此，在具体个案审判时，如何平衡共有著作权权利保护与促进作品利用，十分考验司法智慧和司法技艺。本案中，法院明确了共有著作权单独行使可以参照适用《中华人民共和国著作权法》及《中华人民共和国著作权法实施条例》关于合作作者行使合作作品著作权的规定；明确了在无法联系到全部合作作者或者合作作者继承人的情况下，作出授权行为的部分共有人应当如何作为才能达到著作权法中所规定的“协

① 载《最高人民法院公报》2010年第6期。
② 载《最高人民法院公报》2012年第9期。

商”要件；明确了获得授权的被许可使用人应当如何作为才能尽到合理注意义务。

随着我国文化产业繁荣发展，大量的优秀作品历经岁月的沉淀在新时代焕发新的活力，被转化为电影、电视剧、游戏等大型知识产权（IP）产品。共有著作权的单独行使、著作权共有人之间的利益平衡、使用人如何获得授权等相关矛盾纠纷将随之增加。本案裁判为著作权共有人正确行使权利、获得授权的被许可使用人积极尽到合理注意义务提供有益规则指引，从源头防范化解类似矛盾纠纷发生。

编写人：四川省高级人民法院　鲁虎

17

侵害网络游戏直播画面改编权认定标准

——上海网络公司诉信息公司等侵害著作权案

【案件基本信息】

1. 裁判书字号

广州知识产权法院（2021）粤73民终1245号民事判决书

2. 案由：侵害著作权纠纷

3. 当事人

原告（上诉人）：上海网络公司

被告（上诉人）：信息公司、科技公司

被告：广州网络公司

【基本案情】

上海网络公司系某手机游戏的著作权人及运营方。科技公司系某某电脑游戏的著作权人。2018 年 8 月，信息公司、广州网络公司对某某电脑游戏进行共同联合运营，并因不同渠道推广的需要将某电脑游戏改名为五款被诉侵权游戏，实质上均为同一款游戏。经比对，五款被诉侵权游戏的整体画面与上海网络公司的某手机游戏前 81 级整体画面构成实质性相似。

【案件焦点】

信息公司、科技公司是否侵害上海网络公司某手机游戏作品的改编权。

【法院裁判要旨】

广州互联网法院经审理认为：信息公司、科技公司侵害上海网络公司作品改编权、署名权，广州网络公司的合法来源抗辩成立，无须承担赔偿责任。

广州互联网法院依照《中华人民共和国侵权责任法》第八条、第十五条第一款第一项、第六项、第七项、第八项、第二款，《中华人民共和国著作权法》第十条第一款第十四项、第十二条、第四十七条第六项、第四十九条第一款，《最高人民法院关于审理著作权民事纠纷案件适用法律若干问题的解释》第二十五条、第二十六条规定，判决：

一、信息公司、科技公司在判决生效之日立即停止发放运营和传播某某电脑游戏；

二、信息公司、科技公司在判决生效之日起三十日内，在报纸上就涉案侵犯署名权的行为刊登致歉声明，向上海网络公司公开赔礼道歉，消除影响；

三、信息公司、科技公司于判决生效之日起十日内共同赔偿上海网络公司经济损失 1500000 元；

四、信息公司、科技公司于判决生效之日起十日内共同赔偿上海网络公司为制止侵权行为所支付的合理开支 63600 元；

五、驳回上海网络公司的其他诉讼请求。

上海网络公司、信息公司、科技公司不服一审判决，提起上诉。

广州知识产权法院经审理认为：五款被诉侵权游戏对某手机游戏实施了换皮抄袭行为，构成对某手机游戏改编权以及某手机游戏前 81 级整体画面的署名权的侵害。广州网络公司与信息公司、科技公司通过分工合作的方式共同实施侵权行为，且在联合运营被诉五款游戏过程中并非存在善意，其合法来源抗辩不能成立。考虑到信息公司、科技公司作为网络游戏市场主体，持有相关证据却不披露构成证据妨碍，其与相关平台合作期限较长、相关平台规模较大、平台数量较多，法院依据证据妨碍规则推定上海网络公司主张的赔偿金额5000000元成立。

广州知识产权法院依照《中华人民共和国著作权法》第三条第六项、第十条第一款第二项及第十四项、第十二条、第二十条、第三十五条、第四十七条第六项、第四十九条第一款，《中华人民共和国民事诉讼法》第一百七十七条第一款第二项，《最高人民法院关于民事诉讼证据的若干规定》第九十五条，《最高人民法院关于知识产权民事诉讼证据的若干规定》第二十五条第一款规定，判决：

一、维持广州互联网法院民事判决第一项、第二项；

二、撤销广州互联网法院民事判决第五项；

三、变更广州互联网法院民事判决第三项为：信息公司、科技公司于本判决生效之日起十日内共同赔偿上海网络公司经济损失5000000元，广州网络公司对其中157954.6元承担连带责任；

四、变更广州互联网法院民事判决第四项为：信息公司、科技公司于本判决生效之日起十日内共同向上海网络公司支付合理费用113600元；广州网络公司对其中3600元承担连带责任；

五、驳回上海网络公司的其他诉讼请求；

六、驳回信息公司、科技公司的全部上诉请求。

【法官后语】

从某种程度上来讲，艺术创作都需要借鉴已有作品，是对已有作品的独创性改变。这种对已有作品进行创造性改变的成果被称为改编作品。影视作品、网络游戏因侵害作品改编权而引发的诉讼为实务界和理论界所关注，作品改编权控制范围的司法认定是其中的焦点问题，笔者拟对此展开分析。

一、视听作品的权利归属

著作权法所称作品，是指文学、艺术和科学领域内具有独创性并能够以某种有形形式复制的智力成果。“独创性”是某种智力成果构成作品的必要条件，要求智力成果源于作者且具有一定程度的原创性，“能以一定形式表现”在本质上是能以一定形式表现从而被客观感知，“要求智力创造成果”是一种表达。著作权法所保护的表达不仅指文字、美术、音乐等作品的表达形式，当作品的内容足够具体、形成一个被充分描述的区分于思想的结构时也属于表达，可受到著作权法保护。著作权法只保护思想或情感的独创性表达，而不保护思想或者情感本身。由此，某一客体能否获得以作品形式进行保护取决于多重因素，独创性、可表现性和法定类型属于至关重要的三个因素，判断思想或者感情表达是否具有独创性，关键看该表达是否与现有表达存在相同或者实质性相似，是否属于公有领域的惯常表达，是否存在思想与表达的合并，以及是否属于有限的表达形式。

游戏开发者通过对创作元素和数值属性的取舍、设置、安排形成的特定对应关系以及各系统之间组合而成的整体画面具有独创性，属于著作权法所保护的客体。网络游戏开发均预设了一定的玩法规则与具体逻辑，一般情况下玩家操作游戏或者挂机状态下，游戏画面不会超出游戏研发者的预设范围。游戏玩法规则可借助于诸多条件设置，通过不同规则、不同要件之间复杂多样的游戏元素组合，形成可以被感知并区别于组合元素的具体表达，玩家通过特定的游戏规则操作游戏所形成的连续画面是游戏玩法规则以及所有游戏元素相结合后形成的有机、连续、动态的叙事性画面呈现，构成著作权法上的视听作品。

本案中，某手机游戏画面构成著作权法上的视听作品，其著作权属于游戏开发者上海网络公司。首先，从开发过程看，某手机游戏为角色扮演类电子网络游戏，具有一定的故事情节，相应的人物形象、故事发生的具体场景以及相应的台词对白，并不属于公有领域的常见表达，具备独创性，并通过一定形式表现的智力创造成果，可受到著作权法保护的前81级整体画面应当属于视听作品。其次，从表达形式看，某手机游戏前81级整体画面与视听作品的创作方式类似，前81级整体画面与视听作品播放过程相似，玩家登录进入游戏操作页面后，即使没有任何人进行操作，游戏进入到一定阶段会自动播放连续画面，这就是网络游戏挂机状态下所形成的整体画面，游戏设计出预设画面的自动播放功能与电影无明显区别。再次，从表达内容看，某手机游戏预设了游戏运行时所包含的玩法规则与游戏元素组合后所呈现出的场景的具体表达以及表达所呈现的逻辑自洽，并通过电脑按照预定程序所播放与展示的连续动态画面展示出来，构成视听作品。最后，从保护目的看，某手机游戏特定人物关系、人物形象，可进行互动性操控，终端显示出具有视听综合的整体画面，属于文学、艺术和科学等领域内具有独创性并能以一定形式表现的智力成果，属于受到著作权法保护的视听作品。

二、视听作品的侵权判断标准

著作权法所规定的专有权利赋予著作权人未经许可排除不特定人使用作品的权利，侵害著作权是对权利人专有权利的侵犯。依照法律规定，未经许可实施受到著作权专有权利控制的复制、发行、改编等行为，除非存在法律所排除的特定情形的，属于著作权侵权行为。著作权侵权判断中，实质性相似+接触是侵害著作权的判断标准，实质性相似是审理著作权侵权案件中的核心法律问题，只要在后作品与在先作品之间构成实质性相似，且在先作品能够让被诉侵权人接触，即可判定在后作品侵害在先作品的著作权。人民法院在判断是否侵害著作权时，一般从作品角度进行侵权比对，被诉侵权作品是否不当挪用了著作权人的作品，两者在表达上是否相同或者实质性相似。被诉侵权游戏与在先权利游戏整体画面之间是否存在实质性相似，是著作权侵权判断标准的一个核心要件，人民法院进行比对时，应当以一般受众或者普通玩家视角，对两者进行综合比对后才能得出。

人民法院在视听作品侵权判断时，应当重点审查以下几个方面以确定两者是否构成实质性相似。首先，网络游戏整体画面侵权比对需要考虑的保护范围。将网络游戏整体画面认定为视听作品，并非网络游戏整体画面中的每一个要素都可受到著作权保护，权利人只能就其独创性的智力成果主张著作权保护，任何处于公有领域的要素或者无独创性的内容均被排除在著作权保护范围之外。对于网络游戏中的通用设计或者在先设计应当予以排除，基于必要场景或者有限表达所形成的设计也应予以排除。是否纳入或者排除于著作权侵权比对考量范围，应当遵循著作权法保护的是作品的独创性表达这一基本法理。其次，确定侵权比对的具体方法。被诉侵权游戏与权利游戏是否构成实质性相似，并不要求注意每一个表达的细节，而是着眼于两者核心表达是否构成实质性相似。对于人物扮演类游戏（ARPG）而言，游戏核心玩法的特定呈现方式以及数值属性等属于游戏的核心表达，在侵权比对时应当予以重点关注。由于游戏整体画面是研发者通过特定开发程序设定的，具有预设性和随机性，故不同玩家操作完成的游戏整体画面不可能完全相同，每一帧画面展现也不会相同，故可通过随机选取挂机状态下游戏整体画面结合场景下玩法规则所呈现的连续画面进行比对，并对两者是否构成实质性相似进行综合判断。

本案中，某电脑游戏的开发完成时间、上线运行时间均晚于某手机游戏，而五款被诉侵权游戏是对某电脑游戏改头换面后上线运行，上线运营时间亦晚于某手机游戏，故五款被诉侵权游戏存在接触某手机游戏的可能性，可以认定被诉侵权游戏在开发前可能接触了本案权利游戏。五款被诉侵权游戏与某手机游戏的每一级内容的设置路径、主角行动和成长的脉络、主角与非玩家角色（NPC）人物之间的关系等基本一致，在部分用户界面（UI）、角色技能效果图、道具和场景上与某手机游戏相似，而且运用了和某手机游戏几近相同的游戏规则，采取了基本一致的整合和编排方式，被诉侵权游戏实质上使用了某手机游戏具体玩法规则的特定表达，某手机游戏与五款被诉侵权游戏的连续动态画面给游戏用户或者玩家带来相同或者近似的体验，两款游戏所呈现的连续画面构成实质性相似。

三、视听作品改编权的控制范围

《中华人民共和国著作权法》第十条第一款第十四项规定，著作权人享有对作品的改编权，即改变作品，创作出具有独创性的新作品的权利。改编权属于著作权人的财产权，著作权人依法享有对作品的改编权，即改变作品，创作出具有独创性的新作品的权利。依照著作权法规定，改编作品是在原作品基础上，通过改变作品的用途或形式，对原作品中独创性表达进行再创作而创作出新的作品。一般而言，改编作品应当具备以下两个要件：一是改编作品必须使用原作品中独创性的表达；二是改编作品必须对原作品进行独创性改变而创作出新的作品。改编作品的基本特点在于它既包含改编者的独创性劳动成果，又保留了原作品的基本表达。改编权所控制的是许可他人实施的，在保留原作品基本表达的基础上改变原作品创作出新作品的行为，故改编作品最重要的核心要素在于保留原作品的基本原创性表达和创作出区别于原作品的具有原创性的新表达从而形成新的作品，这是改编权所控制的两个最重要的核心环节。

改编权作为著作权人的财产权，不仅控制改编行为，而且还规制改编作品的后续财产性利用行为，被诉侵权人未经许可，对改编作品的后续使用包括复制权、发行权和信息网络传播权均被改编权所吸收而不再成为后续作品独立的权利类型。如果改编权仅仅控制改编作品的行为，而不再对改编作品的后续使用行为进行控制，则改编权的控制范围无疑受到压缩，不能实现著作权法保护专有权利的立法目的。改编权是著作权法赋予作者的财产权利，未经许可且不符合法律规定的特定情形，改变他人作品利用的，均属于改编权控制范围。改编已有作品所形成的改编作品，其著作权可由改编权人享有，但在行使改编作品著作权时，不得侵害原作品的著作权。故改编作品的利益在法律上遵循“双重利用、双重许可”规则，对于改编作品进行后续利用时，不仅要得到改编作品著作权人的许可，还要征得原作品著作权人的许可。

本案中，被诉侵权人未经许可，对某手机游戏前81级整体画面进行不当挪动，被诉侵权游戏在游戏玩法规则的特定呈现方式及其安排、选择、取舍和组合上抄袭了某手机游戏的基本表达，并在此基础上进行美术、音乐、文字等一定内容的再创作，侵害了上海网络公司对某手机游戏所享有的改编权。被诉侵权人通过抄袭某手机游戏，并将改编作品采取改头换面式地在互联网上宣传、推广和运营，分割权利游戏市场，抢占商业机会，篡夺权利游戏所应当获取经济利益的市场份额。若对改编作品的后续使用行为不加以制止，则会导致权利游戏改编权的保护难以实现，作品的财产性权利最终不能通过保护改编权来实现，难以实现改编权所保护著作财产权的立法目的。故上海网络公司主张改编权成立情况下，被诉侵权人的改编作品的后续复制、运营和传播行为均受到改编权的控制，属于著作权法中权利人财产权的保护范围。

四、著作权法保护改编权的价值

根据“专有权利控制行为”的基本原理，《中华人民共和国著作权法》对改编权的规定实际上赋予了作者控制改编行为的权利。但是，在发表改编作品或对改编作品以其他方式加以利用之前，著作权人无法阻止他人出于个人兴趣对作品加以改编。这意味着受改编权控制的并不仅是单纯的改编行为，而包括对改编作品加以后续利用的行为，如发表、发行和公开表演等。我国制定著作权法的根本目的在于推动社会文化和科学发展，促进作品的创作和传播，著作权法对专有权利的设定，必须注重实现作者个人利益与社会公众利益之间的利益平衡，作品的财产性使用是作者获取经济回报的重要途径，将改编作品的后续财产性使用行为纳入改编权的控制范围，不仅有利于保障作者的财产权益，符合改编权保护著作财产权的立法目的，也能激励作者的创作热情，为社会公众提供更多作品，提升社会整体福利。

编写人：广州知识产权法院　蒋华胜　杨博　何月影

18

不同网络平台传播同一侵权作品连带责任的认定

——北京网络公司诉北京信息公司等著作权权属、侵权案

【案件基本信息】

1. 裁判书字号

北京知识产权法院（2021）京73民终557号民事判决书

2. 案由：著作权权属、侵权纠纷

3. 当事人

原告（被上诉人）：北京网络公司

被告（上诉人）：北京信息公司、广州信息公司

被告：深圳网络公司、游戏公司

【基本案情】

北京网络公司主张其通过授权获得金某涉案11部作品的改编权。深圳网络公司使用金某作品元素研发涉案游戏，游戏公司明知该侵权行为而运营该款游戏，北京信息公司及广州信息公司应知存在侵权行为仍推广该游戏与深圳网络公司、游戏公司存在共同侵权行为。北京网络公司认为深圳网络公司是游戏开发商，游戏公司是游戏运营商，北京信息公司、广州信息公司是游戏推广渠道商，对此深圳网络公司、游戏公司、北京信息公司、广州信息公司并无异议。关于侵权行为的对象，北京网络公司明确为涉案侵权游戏中人物名称、人物关系、武功名称、装备名称、故事情节。北京网络公司明确侵权时间为和解协议签订后新增的侵权行为及未修改的侵权行为，并认为深圳网络公司、游戏公司、北京信息公司、广州信息公司应承担连带侵权责任。

【案件焦点】

北京信息公司与广州信息公司作为不同平台的经营者，对于自己实施的侵权行为，应当如何承担侵权责任，是否应当与游戏公司和深圳网络公司就北京网络公司的全部损失承担连带责任。

【法院裁判要旨】

北京市海淀区人民法院经审理认为：北京信息公司在本案立案起诉后，其应当知道该游戏存在侵权的可能性，但未能提交充足有效的证据证明其及时下架该游戏并停止推广行为，故应当与深圳网络公司及游戏公司承担连带责任。广州信息公司并没有提交其与涉案被控侵权游戏的开发方或者运营方推广涉案

游戏的相关协议，但其在本案起诉立案后，应知晓该游戏的著作权问题并未与权利人实质解决，双方仍存在争议，该游戏侵权的可能性较大，但其仍在苹果应用商店中推广该游戏，存在主观过错，应当与游戏开发方和运营方承担连带责任。综上所述，深圳网络公司、游戏公司、北京信息公司和广州信息公司开发、运营、推广的涉案游戏侵害了北京网络公司的改编权，依法应当承担停止侵权、赔偿经济损失等责任。

北京市海淀区人民法院经依照《中华人民共和国著作权法》第十条第一款第十四项、第四十七条第六项、第四十九条第一款规定，判决：

一、本判决生效之日起深圳网络公司、游戏公司、北京信息公司、广州信息公司立即停止侵权；

二、本判决生效之日起十日内，深圳网络公司、游戏公司、北京信息公司、广州信息公司共同赔偿北京网络公司经济损失 1000000 元及合理开支 170000 元；

三、驳回北京网络公司的其他诉讼请求。

北京信息公司、广州信息公司不服一审判决，提起上诉。

北京知识产权法院经审理认为：北京信息公司应当与游戏公司和深圳网络公司就侵权行为承担侵权连带责任。广州信息公司应当就存在的侵权行为与游戏公司和深圳网络公司承担连带责任。多个侵权人之间对侵权损害的发生无共同侵害的故意，且无共同过失，各自行为造成不同损害的发生，侵权人之间不应承担连带责任，应根据各方过错行为分别承担相应责任。本案中，北京信息公司与广州信息公司属于不同游戏推广方，亦经营完全独立的游戏网站，在案证据不能证明该二者之间互相就对方公司经营的游戏网站的侵权行为存在共同侵权的意思联络，所造成的损害后果亦并不相同，故一审法院关于北京信息公司与广州信息公司之间应当承担共同侵权的连带责任的认定属于适用法律错误，法院予以纠正。关于北京信息公司和广州信息公司就其各自涉案网站发生的侵权行为所造成的损失或获利所得，法院将综合考虑侵权持续时间、侵权性质和主观过错程度等因素，酌情确定北京信息公司、广州信息公司分别与深圳网络公司和游戏公司应当连带承担赔偿北京网络公司的经济损失数额。

北京知识产权法院依照《中华人民共和国民事诉讼法》第一百七十七条第一款第二项规定，判决：

一、维持北京市海淀区人民法院民事判决第一项；

二、撤销北京市海淀区人民法院民事判决第二项、第三项；

三、深圳网络公司、游戏公司于本判决生效之日起十日内共同赔偿北京网络公司经济损失 1000000 元及合理开支 170000 元；

四、北京信息公司就第三项经济损失中的 230000 元、合理开支中的 40000 元与深圳网络公司、游戏公司共同承担赔偿责任；

五、广州信息公司就第三项经济损失中的 440000 元、合理开支中的 75000 元与深圳网络公司、游戏公司共同承担赔偿责任；

六、驳回北京网络公司的其他诉讼请求；

七、驳回北京信息公司、广州信息公司的其他上诉请求。

【法官后语】

互联网的迅速发展产生了全新的作品传播途径和方式，传统的著作权保护制度面临着新的挑战，著作权保护新问题层出不穷，矛盾也不断突出。在互联网中，同一作品经常会通过不同的网络平台进行传播，若传播的作品构成侵权时，各网络平台应当如何承担侵权责任，权利人能否向各网络平台的经营者主张承担连带责任，并无明确的法律规定。本案即是该问题的典型案例，关于责任承担的问题，主要有两种观点：

第一种观点认为，各网络平台经营者应当承担连带责任。信息网络传播权是指即以有线或者无线方式向公众提供，使公众可以在其选定的时间和地点获得作品的权利。因此该项侵权行为只要实施了，不管是否有公众实际获得作品，就可认定侵权人向整个互联网进行了传播，故两个平台经营者所造成的损害后果是一样的，应当承担连带责任。

第二种观点认为，各网络平台经营者不应当承担连带责任，应根据各自过错程度承担各自独立的责任。各网络平台经营者实施的行为仅是让本平台的网络用户可以获得作品，对于他人的侵权行为其并未参与，主观上亦无过错的情况下若要求经营者承担责任，将加重经营者的负担，不利于互联网的发展亦缺乏公平性。

笔者支持第二种观点，认为在互联网中虽然很多行为或传播的方式有其自身特点，但是在判断被诉行为是否构成侵权及责任承担方式时仍应从侵权责任法的基本理论作为出发点，主要考虑以下几个问题：

第一，关于侵权行为的考量。侵权行为是指侵害他人民事权益的行为。在民事活动中，民事主体的合法权益受法律保护，任何人都负有不得侵害的义务。侵权行为是一种民事过错行为，其破坏了法律规定的某种责任。对于侵权行为的否定评价要以保护受害人为首要目的，但同时也要让侵权人在以后的行为中可以改正或避免再次发生，因此不应让侵权人承担与其侵权行为不相适应的责任。

第二，关于连带责任的考量。根据《中华人民共和国民法典》第一百七十八条规定，连带责任，由法律规定或者当事人约定。连带责任是指依照法律规定或者当事人的约定，两个或者两个以上当事人对共同产生的不履行民事义务的民事责任承担全部责任，并因此引起内部债务关系的一种民事责任。连带责任的意义在于增加责任主体的数量，加强对受损害人的保护，确保受损害人获得赔偿。

第三，关于著作权控制权项的考量。著作权法对作品的保护是通过赋予权利人专有权利的方式实现的。由于侵权行为的复杂性，权利人往往仅明确主张某项或某几项专有权利，而著作财产权本质上均属于“以特定方式利用作品”的权利，不同的财产权之间存在一定的交叉或重叠，认定被诉行为是否侵害原告主张的特定权项，必须从特定权项控制范围的角度，判断被诉行为是否落入该项专有权的控制范围。

第四，本案中，多个侵权人之间对侵权损害的发生无共同侵害的故意，且无共同过失，各自行为造成不同损害的发生，因此一审法院认定侵权人共同承担连带责任，缺乏法律依据，北京信息公司、广州信息公司的该部分抗辩意见应予采信。

编写人：北京知识产权法院　李志峰

19

商业标识的著作权保护认定标准

——科技集团诉广州科技公司、上海科技公司侵害著作权案

【案件基本信息】

1. 裁判书字号

上海知识产权法院（2022）沪 73 民终 192 号民事判决书

2. 案由：侵害著作权纠纷

3. 当事人

原告（上诉人）：科技集团

被告（被上诉人）：广州科技公司、上海科技公司

【基本案情】

科技集团成立于 2014 年 12 月，主营业务为积木、教育、动画等，在儿童编程教育领域具有一定知名度。科技集团于 2015 年创作完成系列图案（以下简称葡萄头图案），持续对外公开宣传使用，并于 2016 年将其中的涉案图案申请注册为商标，于 2018 年、2020 年将涉案图案登记为美术作品。

广州科技公司成立于 2017 年 12 月，主营业务为儿童编程教育。广州科技公司于 2018 年创作完成被诉图案（以下简称橙子图案）并将其注册为商标在帆布袋、服装、门店显著位置使用。上海科技公司作为广州科技公司的控股子公司，实际经营某编程学院，并在门店显著位置使用橙子图案。

【案件焦点】

1. 葡萄头图案是否属于《中华人民共和国著作权法》保护的美术作品；

2. 橙子图案与葡萄头图案是否构成实质性相似。

【法院裁判要旨】

上海市浦东新区人民法院经审理认为：葡萄头图案属于《中华人民共和国著作权法》保护的美术作品。科技集团自2015年起将葡萄头图案作为商标使用，在产品、广告、发布会上进行了较大规模的宣传，在行业内具有一定知名度。广州科技公司、上海科技公司作为相关行业的从业者，理应对科技集团及其产品有一定的了解，存在接触葡萄头图案的可能性。但将葡萄头图案与橙子图案进行比对，二者的相同部分即以两个圆点作为眼睛的表达，属于机器人或表情包的惯常表达，已经进入公有领域，任何人均可以此为基础创作表情形象。二者的差异部分即整体外观和颜色，恰恰体现了各自创作者的独立创作。因此，葡萄头图案与橙子图案不构成实质性相似，广州科技公司、上海科技公司使用橙子图案的行为不构成著作权侵权。

上海市浦东新区人民法院依照《中华人民共和国著作权法》第三条第四项、第十条第一款第五项、第六项、第十二项，《最高人民法院关于审理著作权民事纠纷案件适用法律若干问题的解释》第七条规定，判决：

驳回科技集团的全部诉讼请求。

科技集团不服一审判决，提起上诉。

上海知识产权法院经审理认为：广州科技公司、上海科技公司的行为侵犯科技集团著作权的前提是，科技集团主张权利的葡萄头图案属于著作权法保护的美术作品。著作权法对作品独创性的要求虽然并不高，但并不是没有要求，特别是对于商业标识是否构成著作权法中的作品，应当着重审查该标识的审美和艺术价值。过于简单、缺乏一定美感和艺术价值的表达，不应将其作为美术作品进行保护，否则将会影响公共元素在美学领域的正当使用，损害社会公共利益。本案中，科技集团主张权利的葡萄头图案是对面部形象的惯常设计元素予以简单的组合和取舍，而且主要作为商业标识使用。虽然该图案的设计具有一定的创意，但将创意表现于外的表达仍过于简单，尚无法达到著作权法保护美术作品所要求的审美意义和艺术性，并不满足美术作品最低限度的独创性要求，无法受到著作权法的保护。即使认定科技集团主张权利的葡萄头图案属于著作权法保护的美术作品，葡萄头图案与橙子图案亦不构成实质性相似。

上海知识产权法院依照《中华人民共和国民事诉讼法》第一百七十条第一款第一项规定，判决：

驳回上诉，维持原判。

【法官后语】

《中华人民共和国商标法》规定的可作为商标申请注册的客体，包括文字、图形、字母、数字、三维标志、颜色组合和声音等。《中华人民共和国著作权法》规定的可作为作品受到保护的客体，包括文字作品、美术作品、摄影作品等。根据上述法律规定，客体类型的重合导致商业标识可能同时构成商标法和著作权法的保护客体，受到双重保护。实践中，许多商标专用权人亦通过商业标识著作权保护的方式，延伸其知识产权权利边界。

诚然，商标权人有权通过双重保护模式实现商业标识的充分保护，但能否获得双重保护的关键仍在于该商业标识是否属于著作权法所保护的美术作品。因此，不能仅因商业标识具有显著性或知名度较高而当然认为其构成作品，仍应回归著作权法本质即独创性进行判断。著作权法所要求的独创性中的“独”意指作品由作者独立创作产生。因此，实用艺术品所保护的作品，其艺术设计部分应是由作者独立创作完成的，而非利用他人已有作品，仅通过改变作品载体，将其再现于实用品之上。著作权法所要求的独创性中的“创”意指艺术设计应达到一定的创作高度虽然我国著作权法对创作高度的要求不高，作品既可以指“阳春白雪”，也包括“下里巴人”，但并不意味着对创作高度没有要求，即受到著作权法保护的商业标识应当达到最低限度的创作高度。根据《中华人民共和国著作权法实施条例》第四条第八项规定，美术作品，是指绘画、书法、雕塑等以线条、色彩或者其他方式构成的有审美意义的平面或者立体的造型艺术作品。从该规定出发，其明确将具有审美意义作为美术作品的构成要件，实际上是要求美术作品必须达到一定的创作高度，因此商业标识作品化同样应以达到一定创作高度、具有审美意义作为构成要件。

需要强调的是，在认定艺术设计是否达到一定的创作高度时，还应注意以下问题：

第一，达到一定创作高度的应为艺术设计表达，而非艺术设计理念。著作权制度的立法目的在于激励文化创作、促进文化传播，因此，为了避免“公地悲剧”，《中华人民共和国著作权法》明确规定其保护的客体是能“以一定形式表现的智力成果”。

第二，商标法中的显著性并不等同于著作权法中的独创性。商业标识是否具有显著性与其是否具有独创性属于两种保护形式背后两个毫不相干的法律问题，即使认为其具有一定关联，那么此种关联实质上亦属于反向关联。标权人在设计商标时，为了提高其识别商品来源的作用，便于消费者记忆和传播，通常会选用简洁明了的图案。但美术作品的独创性往往体现于作品通过线条、色彩等元素表达的视觉艺术效果中，若商标图案过于简洁明了，反而无法体现作者的个性化表达，因而不符合独创性的基本要求，不构成作品。

第三，享有著作权登记证书并不代表其当然享有著作权。著作权登记证书不能作为商业标识构成作品的直接证据，司法实践中应采用个案认定的方法对商业标识作品化的法律属性进行最终认定。

编写人：上海知识产权法院　凌宗亮　付凡

（二）商标权权属、侵权纠纷

20

驰名商标跨类保护的适用

——奢侈品公司诉贸易公司等侵害商标权案

【案件基本信息】

1. 裁判书字号

福建省高级人民法院（2022）闽民终 1634 号民事判决书

2. 案由：侵害商标权纠纷

3. 当事人

原告（被上诉人）：奢侈品公司

被告（被上诉人）：贸易公司

被告（上诉人）：医疗公司、陈某

【基本案情】

奢侈品公司于 1985 年 2 月 18 日向国家工商行政管理局商标局申请注册涉案图形商标，并于 1986 年 1 月 15 日核准注册，核定使用类别为第 18 类。涉案图形商标也分别在第 3、8、9、12、14、16、18、20、25、28 类上获得核准注册。

奢侈品公司创始人之子乔某于 1896 年设计并推出了涉案图形标识，该图形标识由涉案图形加上风格化的花瓣、四角星等图形要素组成。1992 年至今，奢侈品公司通过销售公司在中国广泛、大量地对涉案商标进行商业性使用，使用的产品包括服装、皮具、饰物产品、旅行用品、珠宝腕表、香水、笔等各类产品。截至2018年6月，在经营活动中使用奢侈品公司系列商标的品牌实体店共有41家，覆盖中国25个城市，对涉案商标进行了宣传。奢侈品公司亦通过投放户外广告，与明星合作推广，与国际足联合作的形式使用和宣传涉案商标。2009年至2020年期间，多名案外人因侵犯涉案商标或奢侈品公司其他系列商标专用权被生效判决认定构成侵权，受到行政、刑事处罚。

2021年4月15日，贸易公司向海关申报出口一批货物，内含一次性非医用175mm×95mm防护口罩等。经查验，海关发现实际货物中包含有涉案驰名注册商标标识口罩36600个。

【案件焦点】

1. 涉案商标是否应当认定为驰名商标；2. 贸易公司、医疗公司是否构成商标侵权；3. 若侵权成立，贸易公司、医疗公司、陈某所应承担的民事责任。

【法院裁判要旨】

福建省厦门市中级人民法院经审理认为：

一、涉案商标应当认定为驰名商标

本案中，涉案商标标识使用至今已有上百年历史，奢侈品公司20世纪90年代进入中国市场，开始使用某牌销售、宣传和推广其商品，截至目前，奢侈品公司在中国开设了门店41家，销售区域广泛，使用涉案商标的某牌系列箱包等奢侈商品在中国同类市场占有较高市场份额，品牌价值高，并多次获得司法、行政保护。上述事实足以证明涉案商标在中国具有极高的知名度，为中国相关公众广泛知晓。对于奢侈品公司主张涉案商标构成驰名商标予以支持。

二、贸易公司、医疗公司构成商标侵权

根据《中华人民共和国海关出口货物报关单》《售货合同》等相关证据上体现，被诉侵权产品系由贸易公司申报并出口，在无相反证据的情况下，能够推定贸易公司实施了出口被诉侵权商品的行为。被诉侵权产品上正面明确载明了医疗公司的注册商标，背面亦载明了制造商为医疗公司以及经营地址，结合医疗公司的经营范围包含口罩生产销售，有制造被诉侵权产品的能力，根据民事诉讼高度盖然性原则，可认定医疗公司存在生产、销售被诉侵权产品的行为。

三、贸易公司、医疗公司、陈某应当承担的责任

贸易公司、医疗公司行为构成商标侵权，其应当承担停止侵害、赔偿损失等民事责任。

福建省厦门市中级人民法院依照《中华人民共和国商标法》第十三条第一款、第十四条第一款、第四十八条、第五十七条、第六十三条第一款及第三款，《中华人民共和国公司法》第六十三条，《最高人民法院关于审理商标民事纠纷案件适用法律若干问题的解释》第一条第二项、第九条、第十条、第十一条、第十二条、第十六条，《最高人民法院关于审理涉及驰名商标保护的民事纠纷案件应用法律若干问题的解释》第一条、第二条第一项、第五条第一款、第三款、第十条，《中华人民共和国民事诉讼法》第六十七条第一款、第一百四十七条规定，判决：

一、贸易公司立即停止出口侵害奢侈品公司涉案商标专用权的行为；

二、医疗公司立即停止生产、销售侵害奢侈品公司涉案商标专用权的行为；

三、贸易公司、医疗公司于判决生效之日起十日内连带赔偿奢侈品公司经济损失（含合理费用）30万元；

四、陈某对医疗公司的上述赔偿责任承担连带清偿责任；

五、驳回奢侈品公司的其他诉讼请求。

医疗公司、陈某不服一审判决，提起上诉。

福建省高级人民法院经审理同意一审法院裁判意见，依照《中华人民共和国民事诉讼法》第一百七十七条第一款第一项规定，判决：

驳回上诉，维持原判。

【法官后语】

一些不法分子试图通过“搭便车”的方式生产、销售、出口假冒驰名商标的产品牟取暴利。本案被诉侵权产品为口罩产品，关系人体健康安全。在知识产权保护过程中如何平衡公共利益和私人利益，遏制制售及出口假冒伪劣产品

的行为。本案在以下三个方面提供了有效的知识产权司法服务和保障。

一、关于驰名商标跨类保护的适用

在本案中，涉案商标核定使用的商品类别为第18类的皮制盒子、旅行包、手提包等，而被诉侵权商品为口罩，两者在功能、用途、生产部门、销售渠道及消费对象方面既不相同，也不类似，不构成相同或类似商品。本案被诉侵权行为发生时，涉案商标尚未在口罩类别上获得注册。因此，针对奢侈品公司主张贸易公司、医疗公司、陈某在口罩商品上使用被诉侵权标识的行为，有必要对涉案商标是否构成驰名商标作出认定，进而判断商标侵权是否成立。根据涉案商标使用时间长短、行业排名、市场调查报告、市场价值评估报告、是否曾被认定为著名商标等因素，认定涉案商标为驰名商标，并对其进行跨类保护，严厉制裁了假冒商标行为。

二、关于司法协同作战

在本案中，法院多次与海关、海关行政机关进行协调联动，在海关的协助下前往海关所在仓库对被诉侵权产品进行了证据保全，并向海关调取了被诉侵权产品的报关信息、行政处罚等材料，与海关进行了紧密协作。通过所调取的证据认定医疗公司、贸易公司系共同侵权，及时制止了被诉侵权产品流入市场，避免造成更大损失。

三、公共利益与私人权益的平衡

本案涉及口罩产品，关系到公共卫生与安全。通过与海关的协同作战，通过依法向海关调取的证据认定各被告系共同侵权，并综合考虑涉案商标的知名度、被告的主观过错、原告的合理费用支出等判决各被告连带承担赔偿责任，及时制止了侵权产品流入市场。

综上，本案从跨类保护、司法协同作战、公共利益与私人权益的平衡等方面展示了法院在处理知识产权纠纷中的关键作用。有助于提高知识产权司法保护效率，确保公共卫生安全得到保障，并为维护国际贸易秩序提供了有力支撑。

编写人：福建省厦门市中级人民法院 王辛

21

非善意的在先使用不能成立在先使用抗辩

——装修公司诉刘某侵害商标权案

【案件基本信息】

1. 裁判书字号

北京知识产权法院（2021）京73民终2049号民事判决书

2. 案由：侵害商标权纠纷

3. 当事人

原告（被上诉人）：装修公司

被告（上诉人）：刘某

【基本案情】

装修公司系新加坡从事室内设计的公司，于2005年4月8日在中国申请注册涉案商标，2014年8月14日获准注册，核定使用在商业建筑设计等服务上。

2003年7月23日，咨询公司在建筑制图等服务上申请注册涉案商标，于2006年1月转让至刘某。2013年12月30日，原商标评审委员会裁定，涉案商标的注册构成对代理人、代表人在先商标的抢注，不予核准注册。刘某不服提起行政诉讼。2017年7月18日，法院作出终审判决，认定该商标构成商标法所规定的禁止代理人、代表人抢注的情形。2017年5月18日，刘某就涉案商标签订许可使用声明，许可咨询公司、设计公司等公司在全国范围内使用。

经查，刘某为咨询公司、设计公司法定代表人的母亲。在先生效判决认定装修公司使用涉案商标提供相关服务的时间早于咨询公司及其关联公司。

【案件焦点】

在先使用者的商标来源具有明显的不正当性或攀附目的，能否属于先用权抗辩制度保护的先用者，能否产生对抗注册商标权利人侵权主张的效力。

【法院裁判要旨】

北京市朝阳区人民法院经审理认为：民事主体在申请注册商标时，应当对在先申请注册商标以及已获准注册的商标进行合理的避让。在后申请的商标未获准注册之前，申请人不得以此为由，未经商标权人许可在同一种或类似服务上使用与注册商标相同的商标。本案中，在涉案商标已于2014年8月14日获准注册的情况下，刘某于2017年5月18日签订商标许可使用声明三份，许可咨询公司等使用尚未被核准注册的涉案商标。该行为容易使相关公众误认为其提供的服务来源于装修公司，或与装修公司存在关联关系，从而可能造成相关公众的混淆误认，侵害了装修公司对涉案商标享有的注册商标专用权。

北京市朝阳区人民法院依照《中华人民共和国商标法》第五十七条第一项、第六十三条，《中华人民共和国民事诉讼法》第六十四条第一款规定，判决：

一、刘某于判决生效之日起立即停止在第42类室内装饰设计等服务上使用涉案商标标识；

二、刘某于判决生效之日起三十日内履行在报纸上登载声明的义务，消除因侵犯商标权行为给装修公司造成的不良影响；

三、刘某于判决生效之日起十日内赔偿装修公司经济损失2万元及合理开支1万元；

四、驳回装修公司的其他诉讼请求。

刘某不服一审判决，提起上诉。

北京知识产权法院经审理认为：《中华人民共和国商标法》第五十九条第三款规定了“在先使用抗辩权”制度，在先使用行为必须基于善意，如果在先使用者的商标来源具有明显的不正当性或攀附目的，违背诚实信用原则、缺乏合理性的使用行为当然不能获得法律的保护，更不能产生对抗注册商标权利人侵权主张的效力。

涉案商标的注册构成《中华人民共和国商标法》第十五条“代理代表人抢注”之情形。即便咨询公司在先使用了诉争商标，但其将基于代理代表关系获得的商标作为自有商标加以使用，具有明显的攀附目的，本身并非善意，违背了诚实信用原则，不属于先用权抗辩制度保护的善意先用者。因此，刘某主张咨询公司及其他关联公司使用涉案商标具备在先权基础的抗辩理由不能成立。

北京知识产权法院依照《中华人民共和国民事诉讼法》第一百七十条第一款第一项规定，判决：

驳回上诉，维持原判。

【法官后语】

《中华人民共和国商标法》第五十九条第三款规定了商标在先使用的问题，即如使用人能够证明其在商标注册权利人之前已使用了商标，且该使用已具有一定影响，可豁免商标侵权责任。本案中，刘某以被控侵权商标系其在先使用且有一定影响的商标为由进行抗辩，主张商标侵权不成立。

一、商标先用权抗辩制度的立法目的

商标的本质在于区分商品和服务的来源，商标的价值和商誉的凝聚体现在实际使用过程中。因此只有投入实际使用的商标才具备法律保护的必要和正当性。在我国施行商标“先申请”原则下的注册制度，因注册取得商标专用权。商标注册制度虽具有公示性，有利于权利的确认、交易的开展和纠纷的解决，但注册取得制忽视了未注册商标先使用人的正当利益，容易导致商标恶意抢注的现象泛滥。因此，我国在2013年修正《中华人民共和国商标法》时引入了在先使用权抗辩制度，通过对注册商标禁用权加以限制，允许在先使用并有一定影响的商标在原有范围内继续使用，以此平衡商标注册人与商标在先使用人之间的利益，以弥补单一注册制下商标权取得方式所产生的缺陷，鼓励和保证公平竞争，维护正常市场秩序。

二、商标先用权抗辩成立的条件

如前所述，商标先用权抗辩制度设计，在于保护商标在先使用人的合法权益，防止因商标恶意抢注行为导致在先使用的未注册商标权益遭到侵犯。实践中，该条款的成立一般需满足以下要件：(1) 他人具有在与注册商标相同或类似商品上在先使用相同或近似商标的客观事实；(2) 该在先使用的商标应具有一定影响；(3) 被诉行为仅在“原使用范围”内使用。

第一，关于在先使用的客观事实，应当满足“双优先”原则，即他人使用商标早于注册商标“申请日”，亦早于商标注册人对商标的使用时间，以此排除在先使用人具有恶意、攀附他人的情形。

第二，关于在先使用具有一定影响，是对使用行为“量”的考量。商标法保护未注册商标的前提是未注册商标经使用已产生需要商标保护的利益。根据体系解释的原则，《中华人民共和国商标法》第三十二条及第五十九条中“有一定影响的商标”表述含义应当一致，即并不要求在先使用的商标具有比肩驰名商标的较高知名度，或延及较大的地域范围，只需达到经过使用使得商标在使用地域内起到识别作用，为特定地域或领域内的相关公众所知悉即可。发挥了识别商品来源功能的商标即应获得商标法的保护。

第三，关于“在原有范围”内使用。应综合考虑商标所使用的商品、标识、使用方式、使用地域及使用主体等因素，以维持在先使用的原有状态和商誉所及范围为限，必要时附加区别标识。如此确保后续使用行为仍为善意且合理，避免冲击商标注册权人的利益。

三、基于善意和诚信是在先使用抗辩成立的核心考量因素

任何人不得因违法行为获益是一项基本的法理。诚实信用原则是民事主体从事活动应遵循的基本原则，也是商标法的基本原则。基于在先使用抗辩制度利益平衡的立法目的，在先使用人和注册商标权利人均需秉持诚实信用原则，不存在恶意攀附、抢注商标等不正当情形。这就要求商标注册人应为善意注册，在先使用人应基于善意合法使用商标。在先使用成立的条件中的“双优先”且产生一定影响，在“原有范围内”使用等规定，其实质均是围绕善意和诚实信用原则下的具体考量，以此约束使用者的主观状态，避免攀附涉案商标的故意，合理地延续合法拥有的在先权利，发挥商标区分来源的功能价值。只有善意的

在先使用者才可能免予承担侵害注册商标专用权的法律责任。

本案中，刘某系咨询公司、设计公司法定代表人的母亲，咨询公司、设计公司与装修公司经营领域相近似。刘某主张在先使用的涉案商标，已被生效裁判认定构成“代理代表人抢注”之情形。结合在案的证据和生效判决的结论，可以证明刘某明知装修公司商标的存在，却在相同或类似服务上使用并抢注标识完全相同的涉案商标，其行为自始具有攀附装修公司商标和企业声誉的不正当性，有违诚实信用原则。在使用商标的时间节点和使用行为的主观状态上，均不符合在先使用抗辩的成立要件。基于善意、合法的在先使用行为才能产生被保护的权益，如果使用行为是基于侵权使用则当然不能成立在先使用抗辩。本案刘某及其授权的公司使用被诉商标的行为存在明显搭便车、傍名牌的意图，具有使公众对商品来源产生混淆的故意，不构成在先使用。

编写人：北京知识产权法院　范米多

22

在先使用人在商标权人注册商标后入驻某点评网未突破“原使用范围”

——某火锅店诉某饭店、咨询公司侵害商标权及不正当竞争案

【案件基本信息】

1. 裁判书字号

江苏省镇江市中级人民法院（2022）苏11民终3707号民事判决书

2. 案由：侵害商标权及不正当竞争纠纷

3. 当事人

原告（上诉人）：某火锅店

被告（被上诉人）：某饭店、咨询公司

【基本案情】

某火锅店成立于1997年7月16日，经营范围为饮食服务等。其涉案商标1于1993年9月24日申请，并于1994年12月28日经核准注册，核定服务项目为第42类：备办宴席、餐馆、火锅馆等；涉案商标2于2012年7月7日经核准注册，核定服务项目为第43类：餐厅等，上述二商标均在有效期内。经过持续宣传和推广，某火锅店于1994年12月被认证为中华老字号，并在1994年至2014年获得“市著名商标”等多种荣誉。其于2021年10月11日发现，某饭店在某点评网开设店铺从事传统中餐服务，门头使用涉案商标字样，其中最早的评论日期为2016年4月。

【案件焦点】

某饭店的在先使用抗辩能否成立。

【法院裁判要旨】

江苏省镇江经济开发区人民法院经审理认为：某饭店系其经营者朱甲父亲朱乙因在某市经营蒸馒头而设立，在1989年首次使用涉案商标作为字号，早于涉案商标的注册时间。朱甲在接手该饭店后继续使用涉案字号注册在企业名称中，具有历史延续性和合理性，因此某饭店对涉案字号享有合法的在先权利。某饭店仅在某市开设一家，且本身并不经营火锅，餐饮消费者尤其是某市区域的消费者进入该饭店即知晓店内相应商品及服务的提供者是某饭店，不会使普通消费者误认为该商品来源于某火锅店，不构成商标侵权和不正当竞争。

江苏省镇江经济开发区人民法院依照《中华人民共和国商标法》第五十九条第三项，《中华人民共和国反不正当竞争法》第六条，《中华人民共和国民事诉讼法》第一百四十五条规定，判决：

驳回某火锅店的诉讼请求。

某火锅店不服一审判决，提起上诉。

江苏省镇江市中级人民法院经审理认为：在先使用抗辩成立一般需满足以下条件：（1）使用在先；（2）有一定影响；（3）未突破原使用范围。首先，在案证据能够证明某饭店至少自1989年开始并持续使用涉案商标从事餐饮行业，早于涉案商标申请注册时间，也早于某火锅店成立时间，系使用在先。其次，某饭店持续三四十年在同一经营地址使用其字号，可以认定其在某市这一地域具备了一定影响。最后，对原有范围的判断，应当以在先使用人使用其未注册商标所形成的商誉所及范围为主要判断依据，主要考量商标使用的地域范围和使用方式。某饭店一直在某市经营，从事饭酒菜、馒头业务，在该区域已形成一定的商誉，虽然其在某火锅店涉案商标注册后开始使用涉案字号入驻某点评网，但该网络店铺指向的仍是原来的实体店，经营范围仍是传统中餐服务，且从某火锅店提交的公证书来看，公众需要先选择“某市”才能在某点评网搜索到某饭店，可见其所辐射的消费群体未突破原有的地域范围，不应认定为突破原使用范围。

江苏省镇江市中级人民法院依照《中华人民共和国民事诉讼法》第一百七十七条第一款第一项规定，判决：

驳回上诉，维持原判。

【法官后语】

商标侵权案件中，在先使用人提出在先使用权抗辩时，被控侵权标识是否在先使用及有一定影响、有无突破“原使用范围”是案件审理的重点和难点。本案的难点有两个，一是个体工商户的经营者领取营业执照前，家庭成员曾共同经营另一相同字号的个体工商户，字号的开始使用时间如何认定；二是在先使用人在商标权人注册商标后入驻某点评网，是否突破“原使用范围”。

一、关于字号的在先使用时间认定

本案被诉侵权标识是个体工商户的字号，《中华人民共和国民法典》将个体工商户规定在自然人一章中，可见个体工商户不具有独立的法律人格，其在经营过程中产生的权利义务最终由其经营者承担，法院考虑到个体工商户的法律人格与其经营者高度重合，将经营者的父亲以家庭经营方式在相同经营范围和经营场所使用字号的行为，认定为经营者使用字号的开端，充分尊重了涉案字号的历史渊源，体现了情、理、法的有机统一。

二、关于在先使用人在商标权人注册商标后入驻某点评网，能否认定突破“原使用范围”

该问题需结合商标法的基本原理和在先使用抗辩制度的设立初衷来理解。我国商标保护制度采用商标注册制，即商标的专用权和排他权因申请注册而取得，不考虑其是否实际使用。但商标的生命在于使用，只有通过商业活动中的实际使用行为，商标才能成为区分不同商品或服务来源的标志，从而实现其价值，而基于该种使用行为而产生的商誉理应予以保护。商标在先使用抗辩制度保护的客体，即是在先使用人通过在经营活动中实际使用相关标识所累积的商誉，该制度通过赋予在先使用人在先权利，限制商标权人的部分专用权，弥补了商标注册主义不关注实际使用行为的缺陷，契合了商标法以商标使用为灵魂的宗旨。但是，对在先权利的保护应当限定在合理范围内，否则将对商标注册人的合法权益产生冲击，从而动摇商标注册制这一商标法基本制度，“原使用范围”的规定即合理限定了对在先使用人享有的在先权利的保护范围。

本案以在先使用行为实际创造的商誉所及范围作为“原使用范围”的判断依据，回归了《中华人民共和国商标法》第五十九条第三款的立法本意。

在确定“原使用范围”时，可以考量商标使用的地域范围和使用方式，应当充分考虑商标的类型及所处行业的特性。就本案而言，涉案商标系服务商标，且处于餐饮行业，流动性较弱，往往只能向某一特定区域范围内的消费者提供服务，外地消费者需选择实体店所在城市才能在某点评网等平台搜索到该店铺，在先使用人即使进行网络宣传或者从实体销售入驻某点评网等平台提供订餐、外卖等服务，其网络店铺指向的仍是原来的实体店和经营范围，商誉所辐射的地域范围有限，故该种经营方式的变化不宜认定突破原使用范围。

在先使用人在互联网浪潮冲击下，顺应时代需要，打破原有经营模式，探索新的经营方式值得鼓励，其在网络平台的使用方式仍与实体店原有的使用方式保持一致，如本案中仅作为字号使用且仅在店铺门头中使用，并未在网络店铺发现其他突出使用行为，则可以判断其主观上不具有攀附的故意，客观上亦不会造成相关公众的混淆和误认。此种情况下，认定突破原使用范围，不利于鼓励诚信经营者进行技术更新、创新经营方式、实现可持续发展。

编写人：江苏省镇江市中级人民法院　孔金燕

23

地名商标及正当使用的认定

——材料公司诉置业公司、发展公司侵害商标权案

【案件基本信息】

1. 裁判书字号

山东省高级人民法院（2021）鲁民终1582号民事判决书

2. 案由：侵害商标权纠纷

3. 当事人

原告（上诉人）：材料公司

被告（被上诉人）：置业公司、发展公司

【基本案情】

材料公司系含涉案地名的注册商标专用权人，置业公司、发展公司在其开发的楼盘突出使用涉案地名。材料公司以置业公司、发展公司侵害其商标权为由起诉两公司。材料公司提交地图、市政府相关部门的问询回复等证据证明涉案地名不属于国家行政区划的地名，认为涉案地名并非地名商标。

【案件焦点】

置业公司、发展公司的行为是否侵犯了材料公司注册商标专用权。

【法院裁判要旨】

山东省青岛市中级人民法院经审理认为：涉案地名属于地理名称。材料公司虽系涉案注册商标的专用权人，但材料公司无权禁止他人正当使用涉案地名。置业公司是房地产开发公司，置业公司在房地产广告上突出使用地名，其目的是使相关公众即商品房购买者了解商品房的地理位置及优越性，是基于说明商品房自然属性的需要，因此，置业公司在商品房销售中使用地名用于指示房地产的地理位置具有正当性、合理性。并且，涉案地名的知名度明显高于涉案商标的知名度，相关公众在购买商品房时，不会因置业公司使用涉案地名标识而误认为商品房来源于材料公司或与材料公司有关联联系。法院据此认定，材料公司主张置业公司使用涉案地名侵犯其商标权没有法律依据，材料公司也未举证证明发展公司侵犯其商标权。

山东省青岛市中级人民法院依照《中华人民共和国商标法》第四条第二款、第五十七条第二项、第五十九条第一款规定，判决：

驳回材料公司的诉讼请求。

材料公司不服一审判决，提起上诉。

山东省高级人民法院经审理同意一审法院裁判意见，依照《中华人民共和国民事诉讼法》第一百七十条第一款第一项规定，判决：

驳回上诉，维持原判。

【法官后语】

本案的核心是地名商标及正当使用的认定。

一、地名商标的认定

地名是人们赋予某一特定空间位置上自然或人文地理实体的专有名称，将地名作为商标内容进行使用或通过法定程序登记注册即为地名商标。地名商标不是法律上的单独分类，《中华人民共和国商标法》第八条规定，任何能够将自然人、法人或者其他组织的商品与他人的商品区别开的标志，包括文字、图形、字母、数字、三维标志、颜色组合和声音等，以及上述要素的组合，均可以作为商标申请注册。地名商标一般作为文字商标的一种，但因地名是一种公共资源，其作为商标使用有一定的限制。《中华人民共和国商标法》第十条第二款规定，县级以上行政区划的地名或者公众知晓的外国地名，不得作为商标。但是，地名具有其他含义或者作为集体商标、证明商标组成部分的除外；已经注册的使用地名的商标继续有效。根据上述法条可以看出，有以下几类可以作为地名商标：一是县级以下行政区划的地名或不为公众知晓的外国地名；二是虽是县级以上行政区划的地名或公众知晓的外国地名，但具有其他含义或者作为集体商标、证明商标组成部分的；三是虽是县级以上行政区划的地名或公众知晓的外国地名但已经注册的。其中关于“具有其他含义”，《最高人民法院关于审理商标授权确权行政案件若干问题的规定》第六条规定：“商标标志由县级以上行政区划的地名或者公众知晓的外国地名和其他要素组成，如果整体上具有区别于地名的含义，人民法院应当认定其不属于商标法第十条第二款所指情形。”《最高人民法院关于审理商标授权确权行政案件若干问题的意见》第四条作了进一步解释：“根据商标法的规定，县级以上行政区划的地名或者公众知晓的外国地名一般不得作为商标注册和使用。”实践中，有些商标由地名和其他要素组成，在这种情形下，如果商标因有其他要素的加入，在整体上具有显著特征，而不再具有地名含义或者不以地名为主要含义的，就不宜因其含有县级以上行政区划的地名或者公众知晓的外国地名，而认定其属于不得注册的商标。

本案材料公司认为涉案地名不属于国家行政区划的地名，并非地名商标。但地名是对某一特定空间位置的专有名称，并非只包含行政区划名称这一内容。《地名管理条例》第三条规定，地名包含自然地理实体名称，行政区划名称，村民委员会、居民委员会所在地名称，城市公园、自然保护地名称，街路巷名称，具有重要地理方位意义的名称等。涉案地名是自然地理实体名称，属于地名，且不属于《中华人民共和国商标法》规定的“县级以上行政区划的地名”

和“公众知晓的外国地名”两种禁止情形，因此，权利人注册的涉案商标属于地名商标。

二、地名商标的特性

一是显著性较弱。《中华人民共和国商标法》第八条规定，任何能够将自然人、法人或者其他组织的商品与他人的商品区别开的标志，包括文字、图形、字母、数字、三维标志、颜色组合和声音等，以及上述要素的组合，均可以作为商标申请注册。第九条第一款规定，申请注册的商标，应当有显著特征，便于识别，并不得与他人在先取得的合法权利相冲突。从上述两条可以看出，商标保护的核心要义在于“与他人的商品区别开”“显著特征，便于识别”，区别性和显著性是对商标的基本要求。一般的地名商标属于文字商标的一种，因其本身有指示地理位置的含义，当其进入公众视野后，往往首先被识别为代表特定地点的名称。当商标知名度不够时，很难发挥识别商品来源，与他人商品区分开的功能。地名商标很难真正作为商标被公众接受，更多地依赖商标后续使用中产生的显著性。因此地名商标的知名度是商标保护的重要考量因素，地名商标产生显著性与区分度需要付出更多的努力，对于知名度越高的地名商标，对其保护力度应该更大。

二是弱保护性。从权利平衡的角度看，《中华人民共和国商标法》需要平衡权利人的注册商标专用权与社会公众的正当利益。地名是一种公共资源与信息，不应被某一主体所独占，应当允许他人合理使用，来表明商品位置等信息。同时，正是由于地名商标的显著性较弱，发挥区别商品来源的作用有限，《中华人民共和国商标法》对其保护力度也相应降低，因此对地名商标常采用“弱保护”的态度，对于地名商标的正当使用限制要比其他商标更为宽松。一方面有利于维护社会公众的利益，不剥夺公众对于地名指示地理位置的自然属性的使用；另一方面也有利于规范商标权利人的注册与使用行为，引导权利人去注册显著性更强、更便于识别的商标，或更努力地进行宣传与经营，提高地名商标的知名度，从而获得更强的保护力度。

三、正当使用的认定

《中华人民共和国商标法》第五十九条第一款规定，注册商标中含有的本商品的通用名称、图形、型号，或者直接表示商品的质量、主要原料、功能、用途、重量、数量及其他特点，或者含有的地名，注册商标专用权人无权禁止他人正当使用。在确定是否是正当使用主要从以下几个方面考量：

一是使用地名的目的。如使用人是出于攀附权利人地名商标知名度的目的，使相关公众误认为商品来源于权利人或与权利人有关联的商标性使用，商标权人有权禁止其使用；如是为表示产地或地理位置的叙述性描述，则属于正当使用。本案中，使用者是房产商，地理位置是房产价值的重要衡量因素，标注房产所属位置是必要的、正当的；且在商标权人提起诉讼前，使用者曾登报声明，澄清涉案项目与涉案注册商标无关。使用者已经采取的澄清措施能够证明，其使用涉案地名并非出于攀附权利人商标、使相关公众混淆的目的，属于正当使用。

二是使用地名的方式。主观目的往往需要通过客观使用形式来判断。如是否使用与地名商标相同的特殊字体、在显著位置使用、采用特殊排版、使用更大字体、使用不同颜色等，使地名商标与其他信息形成明显对比；是否在标明地理位置时使用地名商标，如使用者在宣传中就地名商标进行宣传，但在介绍具体位置时未标明，说明标明地理位置可能并非使用此地名的目的，可能有攀附意图。

三是地名商标和地名的知名度。在地名商标知名度较高的情况下，使用地名可能造成混淆的可能性更大；在商标知名度较弱，地名知名度较高的情况下，使用地名造成混淆的可能性较小。在本案中，涉案地名作为地理位置的知名度明显高于作为商标的知名度，因此相关房产购买者不会认为其来源于商标权人或与其有关联关系。但在某酒类商标中，其作为商标的知名度高于其作为地理位置的知名度，如在相同类别中使用该地名很容易造成混淆。

四是是否会造成相关公众混淆。某些特定类别对产地、位置、来源等信息要求更高，相关公众关注度也有所侧重。在房地产领域，地理位置优越对房屋价值影响较大，注明地理位置是必要的内容，因此地理位置是购房者需要重点关注的因素，在看到宣传信息中的地名时，更不容易与商标构成混淆。

需要注意的是，四个因素需要综合考量判断。如在“某庄”① 案件中，商标权人经核准注册了“某庄”商标，核定使用商品为第33类酒（饮料）、黄酒、果酒，其认为被诉侵权人在酒水商品上突出使用“某莊”构成商标侵权。但被诉侵权人已经举证证明涉案地名古称“某庄”，且被诉侵权人是当地企业。法院补充查明涉案地区企业在其产品或者包装上普遍使用“御笔”及“某莊”字样，主要系借用皇帝御笔，以御笔题写的“某莊”指代地名，因此涉案地区相关企业使用该御笔书写文字，意在指明其所在地曾被皇帝御笔封为“某庄”。被诉侵权人在产品上使用“某莊”亦属此性质，故在其相关产品上使用“某莊”系作为地名的别称，发挥地名标识的作用。本案中，虽然被诉侵权商品中的“某莊”字体明显比其他字体大，且作为装潢用于包装等显著位置，但被诉侵权人使用的是不同于权利人商标的繁体字，且涉案地区企业在其产品或包装上普遍使用皇帝御笔“某莊”代指地名，说明在当地“某莊”作为地名的知名度高于“某庄”商标的知名度，即使“某庄”已经注册为商标，其商标权人也不能禁止当地企业为表明其产品产地正当使用该文字。

在本案中，涉案地名作为地理区域名称属于当地社会公众共同拥有的一种公共资源，如果被垄断使用，显然违反公共利益，有悖于商标法的立法宗旨和公平竞争原则。因此，需要明确地名商标的使用和维权边界，规范地名商标权利人合法行使权利，来平衡权利人与社会公众之间的利益。

编写人：山东省青岛市中级人民法院　王蕾

---

① 参见最高人民法院（2019）最高法民再210号民事判决书，除单独说明外，本书所引案例均来自中国裁判文书网，以下不再标注。

24

侵害地理标志证明商标行为的认定

——陶瓷协会诉投资公司、某超市侵害商标权案

【案件基本信息】

1. 裁判书字号

广州知识产权法院（2021）粤73民终2051号民事判决书

2. 案由：侵害商标权纠纷

3. 当事人

原告（上诉人）：陶瓷协会

被告（被上诉人）：投资公司、某超市

【基本案情】

陶瓷协会是涉案注册商标的注册人，上述商标核定使用商品为第21类日用瓷器、瓷制艺术品、瓷制茶具、咖啡具等，注册有效期限自1999年7月28日至2009年7月27日。续展注册有效期至2029年，涉案商标在2002年被认定为驰名商标，2012年涉案商标被认定为某省著名商标，经陶瓷协会多年持续推广和维护，涉案商标已经具有非常高的知名度。

陶瓷协会代理人来到某超市店内。店内悬挂某超市的营业执照，代理人以普通消费者的名义花费47.8元购得茶壶两个、茶漏一个，取得小票一张，该过程由公证处全程进行公证。茶壶底部均标有红色的涉案商标字样，但茶壶底部贴有标签，标签上显示“名称：某茶壶制造商：陶瓷公司”等信息。陶瓷协会表示涉案商品不是其授权、许可的厂商生产、销售的商品，故成诉。

【案件焦点】

1. 投资公司、某超市的行为是否构成商标侵权；2. 被诉侵权商品上使用涉案商标是否系对地名的正当使用。

【法院裁判要旨】

广州市荔湾区人民法院认为：本案被诉侵权标识虽然与陶瓷协会注册商标中文字内容相同，但涉案商标是地名，注册商标专用权人无权禁止他人正当使用，其使用只会给相关公众产生产品来自涉案地名的联想，不会让相关公众认为产品来源与陶瓷协会注册商标的商品有特定的联系，被诉侵权产品仅有攀附涉案地名之嫌，并没有攀附陶瓷协会注册商标的主观故意。因此，被诉侵权产品不构成商标法意义上的近似，不会导致相关公众对商品来源发生误认或混淆。陶瓷协会主张被告侵犯其注册商标专用权缺乏法律依据，法院不予支持。

广东省广州市荔湾区人民法院依照《中华人民共和国商标法》第五十七条、第五十九条第一款，《最高人民法院关于审理商标民事纠纷案件适用法律若干问题的解释》第九条规定，判决：

驳回陶瓷协会的全部诉讼请求。

陶瓷协会不服一审判决，提起上诉。

广州知识产权法院经审理认为：涉案的地理标志证明商标用于证明陶瓷产品的原产地为涉案地区以及该地区的陶瓷产品具有特定的品质，其中最能体现地理标志原产地的为文字部分。涉案地理标志证明商标曾被认定为驰名商标，在全国范围内具有较高的知名度。本案被诉侵权商品系在相同商品上使用包含涉案地名字样的标识，鉴于在产品底部标注品牌、产地等信息系陶瓷行业的通常做法，被诉侵权商品在商品底部使用上述标识，足以起到识别商品来源的作用，属于商标意义上的使用。该标识与涉案地理标志证明商标具有显著识别部分构成近似，足以使相关公众误认为被诉侵权商品的原产地为涉案地区且具有该产区特有的品质，或者误认为其与涉案地理标志证明商标具有关联性，其行为构成商标侵权。以地理标志作为证明商标注册的，其商品符合使用该地理标志条件的自然人、法人或者其他组织可以要求使用该证明商标，控制该证明商标的组织应当允许。陶瓷协会作为地理标志证明商标的注册人对于其商品并非产于涉案地区的个人或企业在商品上标注该商标的，陶瓷协会则有权禁止，并依法追究其侵犯证明商标权利的责任。

广州知识产权法院依照《中华人民共和国商标法》第三条、第十六条第二款、第四十九条、第六十三条、第六十四条第二款，《中华人民共和国商标法实施条例》第四条，《中华人民共和国公司法》第十四条第一款，《最高人民法院关于适用〈中华人民共和国民法典〉时间效力的若干规定》第一条第二款，《中华人民共和国民事诉讼法》第六十四条、第一百四十四条、第一百六十八条、第一百七十条第一款第二项，《最高人民法院关于适用〈中华人民共和国民事诉讼法〉的解释》第三百二十三条规定，判决：

一、撤销广东省广州市荔湾区人民法院民事判决；

二、某超市于本判决发生法律效力之日起停止销售侵害涉案注册商标商品的行为；

三、投资公司、某超市于本判决发生法律效力之日起十日内赔偿陶瓷协会经济损失（包含合理开支）4000 元；

四、驳回陶瓷协会的其他诉讼请求。

【法官后语】

地理标志证明商标是我国地理标志保护的一种重要形式，一般以地名加商品名称命名，既包含商品的特定品质又蕴含商品产地的人文地理，其较普通商标有诸多差异性和特殊性。如何在审判中准确把握侵害地理标志证明商标行为的相关认定标准，是本案中值得研究探讨的重点问题。

一、地理标志证明商标侵权判断标准

商标作为一种识别性标志，其基本功能在于识别商品或服务的来源，让相关公众区分不同商标所代表的商品或服务的提供者。商标专用权也是一种识别商品或服务来源的权利。在认定是否侵犯商标专用权时，应综合考虑注册商标及被诉侵权标识的整体结构和主要部分、被诉侵权标识的使用方式、被诉侵权行为人的主观恶意以及注册商标的知名度等因素，重点判断被诉侵权标识的使用是否会造成相关公众的混淆误认或认为其来源与原告注册商标的商品有特定的联系。地理标志证明商标同样具有识别商品来源的特征，但与普通注册商标识别作用的内涵不同，地理标志证明商标识别的是商品的产区以及该产区特定的品质。因此，在地理标志证明商标侵权认定时，应当在结合普通商标侵权行为特征的基础上，以相关公众对诉争商品的产地来源及产品品质产生混淆误认作为侵权判断的主要标准。

具体到本案而言，被诉侵权商品系在相同商品上使用包含涉案地名字样的标识，涉案商标作为全国知名的陶瓷产品品牌，其使用足以使相关公众误认为被诉侵权商品的原产地为涉案地区且具有该产区特有的品质或者误认为其与涉案地理标志证明商标具有关联性，其行为构成商标侵权。

二、地理标志证明商标正当使用判断标准

在判断是否成立商标的正当使用，一般从商品或服务是否类似、商标是否近似、混淆的可能性等方面考量。而确实需要使用注册商标的，一般应与注册商标权人签订许可合同，获得授权后方可使用该商标。而地理标志证明商标的正当使用是指正当使用该地理标志中的地名；换而言之，对于以地理标志作为证明商标注册的，自然人、法人或者其他组织的商品符合使用该地理标志条件的可以要求使用该证明商标，而无需预先获得许可。

以本案中的地理标志证明商标为例，若某超市能够证明其产品产于涉案地区，那么即使某超市没有向陶瓷协会提出使用该证明商标的要求，其也有正当使用该证明商标中地名的权利。但某超市并未举证证实其销售的商品具有合法来源，也无法证实上述商品产自涉案地区，其销售的商品上使用涉案地名明显缺乏依据，故陶瓷协会追究其侵犯证明商标权利的责任具有事实和法律依据。

三、严格认定侵害地理标志证明商标行为的社会意义

地理标志证明商标的独创性是指这一地理标志对商品来源、材料、特定品质等特征的证明，而非特定的字体、结构。以本案中的涉案商标为例，若仅从文字图形组合来考察是否构成侵权，这将会导致不符合涉案地区陶瓷产品品质的劣质商品冒名在市场上大量流通，严重损害涉案地区瓷器的艺术美誉，不符

合商标法设立证明商标专用权的立法目的。现在出现了滥用涉案地名这一标识的现象，各种劣质商品冒充涉案地区陶瓷在市场上流通，使得民众对于市场上流通的涉案地区瓷器缺乏信任感。因此，加大力度保护中国传统文化艺术品，司法机构也应正视、规制并约束。

本案中，二审法院在认定涉案商标是地理标志证明商标的基础上，以相关公众对诉争商品的产地来源及产品品质产生混淆误认作为侵权判断的标准，从而认定投资公司、某超市构成侵权，并判令停止销售侵害注册商标商品的行为及赔偿经济损失。

编写人：广东省广州市荔湾区人民法院　陈隽

25

侵害商标权纠纷中合法来源制度的适用问题

——法国某公司诉北京某公司侵害商标权案

【案件基本信息】

1. 裁判书字号

北京知识产权法院（2022）京 73 民终 2403 号民事判决书

2. 案由：侵害商标权纠纷

3. 当事人

原告（被上诉人）：法国某公司

被告（上诉人）：北京某公司

【基本案情】

法国某公司为涉案商标一至三的所有人，上述老花及图案商标经过法国某公司长期宣传和使用，在包类产品上具有极高知名度。经法国某公司公证取证以及时间戳取证，北京某公司开设的网络店铺大量销售多款由其生产的与涉案商标一至三近似标识的女包产品。

法国某公司认为北京某公司未经许可，在相同商品上使用与法国某公司涉案商标近似标识且容易导致混淆的行为，严重侵犯了法国某公司的注册商标专用权，北京某公司侵权持续时间长、影响力大，情节严重，应立即停止生产、销售被诉侵权商品并且赔偿法国某公司经济损失及合理开支。

【案件焦点】

北京某公司关于合法来源的抗辩是否成立。

【法院裁判要旨】

北京市石景山区人民法院经审理认为：被诉侵权商品系女式包，法国某公司享有权利的注册商标使用范围包括背包、手提包、（肩）挎包、钱包、钱袋等商品，法国某公司亦将涉案商标使用于其生产的包类商品上；经比对被诉侵权女式包外表面通体覆盖着的被诉侵权标识与原告注册商标构成高度近似，且明显为商标性使用，属于在同一种商品上使用与他人注册商标近似的商标，足以引起相关公众的混淆误认，因此北京某公司销售的涉案女式包为侵权商品。

关于北京某公司提出合理来源的抗辩主张能否得到支持的问题，本案中，北京某公司主张被控侵权商品系从案外人马某某处购买并从仓库发货，具有合法来源，但无法提供合同、发票、收据等证明交易双方真实信息的证据以及马某某的个人身份信息，被控侵权商品亦未有吊牌或标签，无法显示生产厂家，系三无产品，因此法院认为北京某公司关于合理来源的相关举证并不充分、完整。综上，法院认定北京某公司实施了销售侵犯法国某公司涉案注册商标专用权商品的行为，应承担相应的法律责任。

北京市石景山区人民法院依照《中华人民共和国商标法》第五十七条第二项、第三项、第六十三条第一款、第三款、第四款、第六十四条第二款，《中华人民共和国商标法实施条例》第七十九条，《中华人民共和国民事诉讼法》第六十七条第一款规定，判决：

一、北京某公司于本判决生效后立即销毁侵犯法国某公司涉案商标一至三的库存商品或待销售的侵权商品；

二、北京某公司于本判决生效后十日内赔偿法国某公司经济损失150000元及合理支出费用61343元，两项共计211343元；

三、驳回法国某公司其他诉讼请求。

北京某公司不服一审判决，提起上诉。

北京知识产权法院经审理认为：经比对，被诉侵权产品为包袋类商品，与法国某公司的涉案商标一至三核定使用商品构成同一种商品或者类似商品。被诉侵权产品在包外表面通体覆盖着与法国某公司前述注册商标高度近似的标识，客观上能够起到识别商品来源的作用，属于商标性使用。因此，北京某公司未经许可，销售的被诉侵权产品上使用与法国某公司的涉案商标一至三近似的标识，误导相关公众，侵害了法国某公司享有的注册商标专用权，应承担停止侵权、赔偿损失的法律责任。一审法院对此认定正确，法院予以确认。

关于北京某公司主张的合法来源。被诉侵权产品无吊牌或标签，无法显示生产厂家，系三无产品。北京某公司在一审中主张被诉侵权产品系从案外人马某某处购买，但其并未提供进货合同、销售发票、付款收据等证据，亦未提交马某某的个人身份信息，不足以证明双方发生了真实交易。二审中，北京某公司提交证明的主体并非本案当事人，与本案缺乏关联性，且即使结合该证明，北京某公司提交的在案证据亦不能证明涉案商品具有合法来源。综上，北京某公司提交的在案证据不足以证明涉案商品具有合法来源。根据《中华人民共和国商标法》规定，北京某公司应当销毁库存或待销售侵权商品。关于赔偿数额，法国某公司未提供证据证明其因侵权行为受到的损失，在案亦无证据证明北京某公司因侵权行为获得的利益，一审法院综合考虑涉案商标知名度及商业价值、北京某公司经营规模较大、主观过错较明显且侵权持续时间较长、被诉侵权商品的售价、销售数量以及涉案六件小包袋为赠品等因素，对具体数额予以确定，数额合理，法院予以确认。

北京知识产权法院依照《中华人民共和国民事诉讼法》第一百七十七条第

一款第一项规定，判决：

驳回上诉，维持原判。

【法官后语】

侵害商标权纠纷案件中，作为被控侵权商品销售者的被告往往以其不知道涉案商品为侵害他人商标权的商品，且涉案商品由其通过正规合法渠道购买而来为抗辩理由，主张其不应承担赔偿责任。销售者主张被诉侵权商品具有合理来源而不应承担赔偿责任的，应当提供票据、合同等能够证明被诉侵权商品系合法取得的证据。合法来源制度对于维护市场交易秩序以及平衡商标权利人与善意销售者之间的利益具有重要意义。

《中华人民共和国商标法》第六十四条第二款对合法来源制度作出了规定："销售不知道是侵犯注册商标专用权的商品，能证明该商品是自己合法取得并说明提供者的，不承担赔偿责任。"《中华人民共和国商标法实施条例》第七十九条对上述条款的"合法取得"作出了进一步明确："(一) 有供货单位合法签章的供货清单和货款收据且经查证属实或者供货单位认可的；(二) 有供销双方签订的进货合同且经查证已真实履行的；(三) 有合法进货发票且发票记载事项与涉案商品对应的；(四) 其他能够证明合法取得涉案商品的情形。"

合法来源抗辩，是指侵害商标专用权民事案件中被诉侵权产品善意销售者的一项抗辩权，以免除其因侵害商标专用权的损害赔偿责任。合法来源抗辩成立需被控侵权人已经尽到合理审慎的审查义务，即主观上没有过错，这要求侵权行为人举证证明其在进货时已经对被诉侵权商品的来源主体、权利状态等尽到合理审慎的注意和审查义务。司法实践中，如果被控侵权人能够提交真实且完整的进货票据、合同等相应证据，证明其按照市场标准和流程从他人处合法购买了被控侵权产品，一般情况下可以认定其履行了提供合法来源的法律责任。本案中，北京某公司主张被控侵权商品系从案外人处购买并从保定白沟仓库发货，具有合法来源，不应承担赔偿责任，但北京某公司无法提供合同、发票、收据等证明交易双方真实信息的证据以及该案外人的个人身份信息，被控侵权商品亦未有吊牌或标签，无法显示生产厂家，系三无产品，因此法院认为北京某公司关于合理来源的相关举证并不充分、完整，北京某公司仍应承担赔偿损失的法律责任。

抗辩权是权利主体对抗相对人的请求权或其他权利，永久或暂时阻止其效力发生的权利。抗辩权的作用不在于否认相对人权利的存在，也不在于变更或消灭相对人的权利，而在于阻止相对人的权利发生效力。侵害商标权纠纷中，被控侵权人主张合法来源抗辩的前提便是其确实存在销售被控侵权商品的行为。故合法来源抗辩是在商标侵权行为成立的条件下，当被控侵权人满足法律规定要件时所能主张的一项抗辩权。合法来源抗辩只是一种部分抗辩权，是因为被控侵权人援引合法来源抗辩仅能对抗商标权人基于商标专用权的损害赔偿请求权，而不能对抗商标权人基于商标专用权的其他请求权，如停止侵害请求权。故在商标侵权案件中即使被控侵权人主张合法来源抗辩成立，因其行为已侵害了他人的商标权，故其仍需停止侵权，不能继续销售被诉侵权商品。

合法来源抗辩的立法精神来源于《中华人民共和国民法典》中的保护善意第三人原则，维护交易安全。在实际交易活动中，有些商品销售者尤其是小商户通过合法渠道获得某商品，但限于自身不具有相关专业知识，不知道该商品为侵犯注册商标专用权的商品，而进行了销售。在这种情况下，如果销售者已尽到对销售产品基础的合理注意义务，如果还要求销售者承担因产品侵犯商标权产生的赔偿责任，则不符合民法典保护善意第三人的原则精神，亦不利于正常的市场交易活动顺利开展。显然，注册商标专用权作为一种国家授予的权利，在加强知识产权保护，维护市场公平竞争，培育品牌发展的背景下，应对商标专用权进行严格保护，但仍应当基于利益平衡原则，考量权利保护与商品自由流通、善意相对人信赖利益保护等法益之间的关系。合法来源抗辩便是立法者平衡商标专用权人与善意商品销售者之间利益的产物。

编写人：北京市石景山区人民法院　易珍春　高璇

26

使用与具有公共性特征的注册商标相同的文字能否构成商标侵权的抗辩

——甘某诉某火锅店商标权侵权案

【案件基本信息】

1. 裁判书字号

广东省清远市中级人民法院（2022）粤18民终5548号民事判决书

2. 案由：商标权侵权纠纷

3. 当事人

原告（被上诉人）：甘某

被告（上诉人）：某火锅店

【基本案情】

2017年12月21日，甘某经国家工商行政管理总局商标局核准注册了涉案商标，核定使用商品为第43类，包含餐厅、自助餐厅、酒吧服务、快餐馆等，有效期限为2017年12月21日至2027年12月20日。甘某是饮食公司的法定代表人。该公司于2011年6月17日成立，于2017年10月31日核准登记，并经营招牌突出使用含涉案商标字样的粥店，经营范围为餐饮服务。

某火锅店于2020年9月4日成立，经营一家招牌含涉案商标字样店铺，并且突出使用了涉案商标。另外，某火锅店的菜单、餐牌、预结单、账单、餐具上也使用了涉案商标。

甘某主张涉案注册商标是三个文字，某火锅店使用了涉案商标文字，因此构成侵权。

【案件焦点】

某火锅店使用与涉案注册商标相同文字是否构成商标侵权及其应承担的民事责任。

【法院裁判要旨】

广东省清远市清城区人民法院经审理认为：甘某作为涉案注册商标的权利人，在核定使用商品范围内对上述注册商标享有专用权。但是涉案商标三个字的意思，尤其是在当地作为俚语是对商品或者服务质量的一种描述，缺乏商标的显著性特征。按照《中华人民共和国商标法实施条例》第四十九条规定，注册商标中含有的本商品的通用名称、图形、型号，或者直接表示商品的质量、主要原料、功能、用途、重量、数量及其他特点，或者含有地名、注册商标专用权人无权禁止他人正当使用。本案中，某火锅店出于说明或者客观描述商品特点的目的，以善意方式根据商业惯例在餐牌等必要的范围内予以标注，不会导致相关公众将其视为商标而导致来源混淆的，可以认定为正当使用。但某火锅店除上述使用外，亦在招牌处显著位置突出标明涉案商标三个字，该标识明显大于标识三个字以及其他标注，所采用的字体与甘某注册商标相近似。根据一般的商业习惯，商标是区分商品或服务来源的标志，而招牌的作用主要也是对商铺进行标识，使公众对其消费的商铺有明确认知，可见在商铺招牌上突出使用涉案商标已经超出了说明或客观描述商品的正当使用界限。而甘某亦经营招牌突出使用涉案商标字样的餐饮服务店铺，客观上易造成公众的混淆。因此，法院对某火锅店抗辩其使用是正当使用的主张不予采纳，某火锅店的行为构成对注册商标专用权的侵犯。

根据《中华人民共和国侵权责任法》第十五条的规定，法院综合涉诉商标的知名度和影响力，某火锅店侵权行为的性质、后果、经营规模以及甘某为制止侵权行为所支付的合理开支等因素判决某火锅店停止侵犯涉案注册商标专用权的行为，赔偿甘某的经济损失及维权合理开支费用。

广东省清远市清城区人民法院依照《最高人民法院关于适用〈中华人民共和国民法典〉时间效力的若干规定》第一条第二款，《中华人民共和国商标法》

第五十七条、第六十三条，《最高人民法院关于审理商标民事纠纷案件适用法律若干问题的解释》第九条、第十条、第十六条、第十七条，《最高人民法院关于适用〈中华人民共和国民事诉讼法〉的解释》第九十条规定，判决：

一、某火锅店于本判决发生法律效力之日起立即停止侵犯涉案注册商标专用权的行为；

二、某火锅店于本判决发生法律效力之日起七日内向甘某赔偿经济损失（含合理费用）15000元；

三、驳回甘某的其他诉讼请求。

某火锅店不服一审判决，提起上诉。

广东省清远市中级人民法院经审理同意一审法院裁判意见，依照《中华人民共和国民事诉讼法》第一百七十条第一款第一项规定，判决：

驳回上诉，维持原判。

【法官后语】

商标侵权的抗辩是指对于表面上看来符合商标侵权要件的行为，实质上具有阻却违法的事由，从而不成立商标侵权的例外情形。虽然《中华人民共和国商标法》没有关于商标合理使用制度的完整规定，但在有关法规中有涉及相关内容。《中华人民共和国商标法实施条例》第四十九条对商标合理使用的几种情况进行了列举式梳理。该条规定："注册商标中含有的本商品的通用名称、图形、型号，或者直接表示商品的质量、主要原料、功能、用途、重量、数量及其他特点，或者含有地名，注册商标专用权人无权禁止他人正当使用。"由此可见，具有公共性特征的商标使用并不能为商标权人所垄断，可以构成商标侵权的抗辩。

实践中，商标侵权抗辩最常见的方式是对商标中属于公共领域信息或者商品的描述性、说明性使用，而非作为商标使用，即对于具有公共性特征的商标侵权的抗辩。对于判断此类抗辩是否成立的难点在于分辨表面非法但实质合法的使用行为，因此人民法院在审查时应当注意注册商标是否具有公共性特征，并将他人使用限定在善意、正常的范围，并结合是否"容易导致相关公众混淆”的标准，用以排除对商标非合理使用。

本案中，涉诉注册商标为当地俚语，是用来形容商品或者服务便宜、质量好的词汇，具有公共性特征。某火锅店使用与注册商标相同的文字是否侵犯了该商标专用权，应当分情况认定。某火锅店出于说明或者客观描述商品特点的目的，以善意方式根据商业惯例在餐牌等必要的范围内予以标注，不会导致相关公众将其视为商标而导致来源混淆的，可以认定为正当、合理使用。但某火锅店在招牌处显著位置突出标明涉案商标三个字，并明显大于招牌上其他文字，不能认定为正当使用。因为根据一般的商业习惯，招牌的作用主要是对商铺进行标识，使公众在主观上对其消费的商铺有明确认知，可见在商铺招牌上突出使用涉案商标已经超出了说明或客观描述商品的正当使用界限。另外，甘某亦经营招牌突出使用涉案商标字样的餐饮服务店铺，客观上也易造成公众的混淆。因此，某火锅店在招牌处显著位置突出使用与甘某注册商标相同的文字不能构成对商标侵权的抗辩。

显然，对于注册商标权利人而言，商标专用权应受到法律保护。但是对于含有的本商品的通用名称、图形、型号，或者直接表示商品的质量、主要原料、功能、用途、重量、数量及其他特点，或者含有地名等具有公共性特征的注册商标，并不能排除他人正当使用。因此，商标权利人以外的他人在使用具有公共性特征的商标时应当限定在善意、正常的范围，亦不是为了搭注册商标的“便车”，而是为了说明其商品或者服务的特点等非商标意义上的使用。人民法院在审理该类案件时应综合考虑，厘清商标侵权抗辩的认定规则，精准把握司法政策，营造公平竞争、规范有序的市场环境。

编写人：广东省清远市清城区人民法院　黄敏

27

颜色组合商标权利边界的界定

——农机公司诉制造公司等侵害商标权案

【案件基本信息】

1. 裁判书字号

山东省高级人民法院（2021）鲁民终932号民事判决书

2. 案由：侵害商标权纠纷

3. 当事人

原告（上诉人）：农机公司

被告（被上诉人）：制造公司、松原机械公司、吉林机械公司、重工公司

【基本案情】

农机公司经核准注册取得涉案商标专用权，核定使用商品为第7类，商标注册证载明涉案“指定颜色”。农机公司商标申请“商标说明”栏载明，“颜色组合商标，颜色应用方式：绿色机身、黄色条带”。国家商标局对涉案商标发布公告，在绿黄色的商标图形下标注“指定颜色”。

农机公司认为，制造公司等四公司共同生产销售的被控侵权玉米收获机“绿色车身、黄色车轮”“绿色车身、黄色条带”的使用方式侵害了其涉案商标权，特提起诉讼。

【案件焦点】

1. 制造公司等四公司是否侵害农机公司的涉案商标权；2. 如果构成侵权，责任如何承担。

【法院裁判要旨】

山东省威海市中级人民法院经审理认为：颜色组合商标是与图形商标并列的一种商标类型，其商标标志的构成要素仅为颜色的组合，申请注册颜色组合商标的构成要素及具体使用方式，由商标申请人自行选择并经商标局审查通过后确定的。但颜色组合商标受制于商标标志在《商标注册申请书》中的具体表现形式，在客观上以一定的图形方式呈现，但不能据此而限定该颜色组合商标的构成方式，将原本由颜色组合一种构成要素构成的颜色商标认定为由颜色组合和图形两种构成要素构成的图形商标。通常情况下，一种标志被作为商标保护的前提之一是获得了核准注册而非进行了申请或注册的公告，商标公告仅是起到了一种公示效果，即该商标已被申请注册或该商标已被核准注册，但保护的范围一般仍应通过商标注册证确定。作为特殊商标的颜色组合商标，其属性和使用方式可以依据商标申请书来确定或根据商标权人实际使用方式确定，不能仅以商标注册证上或商标公告上标注的商标图样机械地认定颜色组合商标为图形商标，商标权人只能以商标注册证上标注的形式使用其商标。

山东省威海市中级人民法院依据《中华人民共和国商标法》第三条第一款、第三十八条、第四十八条、第五十六条、第五十七条、第五十九条第三款规定，判决：

驳回农机公司诉讼请求。

农机公司不服一审判决，提起上诉。

山东省高级人民法院经审理认为：作为特殊商标的颜色组合商标，其属性和使用方式可以依据商标申请书来确定或根据商标权人实际使用方式确定，不能仅以商标注册证上或商标公告上标注的商标图样机械地认定颜色组合商标为图形商标，商标权人只能以商标注册证上标注的形式使用其商标。涉案注册商标经过农机公司持续使用宣传具有了较高的知名度和显著性，农机公司实际使用和维权行为能够将该颜色组合商标与农机公司建立稳定的联系，应该给予保护。制造公司等四公司在共同生产销售的被控侵权商品上使用“绿色车身、黄色条带”，构成商标性使用，系在与涉案商标核准注册相同商品上使用相同商标，构成商标侵权。本案中，制造公司、松原机械公司虽然在被控侵权商品上于涉案颜色组合商标申请注册前使用了“绿色车身、黄色条带”，但制造公司、松原机械公司没有证据证明先于农机公司使用，亦没有证据证明其使用该颜色组合在农机公司申请该商标注册前已经具有了一定的影响等事实，因此，制造公司、松原机械公司不享有在先使用权。此外，吉林机械公司、重工公司成立时间均晚于涉案商标申请注册时间，并不享有在先使用权，两公司参与生产销售的行为应认定为超出了原有的范围，故一审法院认定制造公司等四公司仍有继续使用的权利也不当。

山东省高级人民法院依照《中华人民共和国商标法》第三条、第八条、第十一条、第四十八条、第五十六条、第五十七条、第五十九条第三款、第六十三条，《中华人民共和国商标法实施条例》第十三条第四款、第六十三条，《最高人民法院关于审理商标民事纠纷案件适用法律若干问题的解释》第九条、第十条，《中华人民共和国民事诉讼法》第一百七十条第一款第二项规定，判决：

一、撤销山东省威海市中级人民法院民事判决；

二、制造公司、松原机械公司、吉林机械公司、重工公司立即停止生产、销售侵犯农机公司涉案注册商标专用权的被控侵权商品的行为；

三、制造公司、松原机械公司立即停止在网站上推广宣传被控侵权商品的行为；

四、制造公司、松原机械公司于本判决生效之日起十日内赔偿农机公司经济损失及合理开支人民币300万元，吉林机械公司、重工公司在上述人民币150万元范围内与制造公司、松原机械公司承担共同赔偿责任；

五、驳回农机公司的其他诉讼请求。

【法官后语】

对颜色组合商标的保护是商标权在市场经济环境下不断扩张的必然要求。颜色组合商标自身的特殊性，导致目前在相关案件的审理上存在论理上的灰色区域。颜色组合商标侵权案件中，被控侵权方往往会主张其对某种颜色组合形式的使用仅仅是一种装饰性的，属于商标法意义上合理的正当使用。但是考虑到颜色组合商标的使用方式，如果对这种抗辩理由不加以甄别一概接受，在事实上有可能使得对颜色组合商标的必要保护难以实现。

一、商标权利的保护边界并非以商标公告为限

根据《中华人民共和国商标法》第八条的规定，颜色组合商标是与图形商标并列的一种商标类型，其商标标志的构成要素仅为颜色的组合，但商标法并未对颜色组合商标中颜色的具体使用方式作出限定。《中华人民共和国商标法实施条例》第十三条第四款规定，以颜色组合申请商标注册的，应当在申请书中予以声明，说明商标的使用方式。因此，申请注册颜色组合商标的构成要素及具体使用方式，由商标申请人自行选择并经商标局审查通过后确定的。但颜色组合商标受制于商标标志在《商标注册申请书》中的具体表现形式，在客观上以一定的图形方式呈现，但不能据此而限定该颜色组合商标的构成方式，将原本由颜色组合一种构成要素构成的颜色商标认定为由颜色组合和图形两种构成要素构成的图形商标。根据制造公司等四公司一审提供的商标公告证据，也能够看出我国商标公告一般无法给出商标类型、商标样态、商标核准注册商品种类、商标使用方式、保护期间等属性及状态的全部信息。故此，通常情况下，一种标志被作为商标保护的前提之一是获得了核准注册而非进行了申请或注册的公告，商标公告仅是起到了一种公示效果，即该商标已被申请注册或该商标已被核准注册，但保护的范围一般仍应通过商标注册证确定。作为特殊商标的颜色组合商标，如上所述，其属性和使用方式可以依据商标申请书来确定或根据商标权人实际使用方式确定，不能仅以商标注册证上或商标公告上标注的商标图样机械地认定颜色组合商标为图形商标，商标权人只能以商标注册证上标注的形式使用其商标。而且，农机公司对涉案颜色组合商标的实际使用方式与其在申请文件中声明的使用方式一致，农机公司并没有超出授权范围和授权使用方式使用其获得授权的商标，故相关公众通过农机公司的实际使用获知的涉案商标使用方式与申请文件确定的使用方式相同，依据申请文件确定涉案商标的保护范围，与公众的认知并不存在矛盾，并不会损害社会公众利益。

二、商标的生命在于使用

相关权利人申请注册商标是为了使用该商标，以使自己的商品或服务区别于其他主体的商品或服务。因此，通过实际使用商标的行为，相关公众也可以获知该商标，并将使用该商标的商品与该商标及商标权人建立稳定的联系，从而与其他商品或服务提供者作出区分。同时，《中华人民共和国商标法》第十三条第二款对未注册驰名商标的保护、第三十二条对在先使用有一定影响的未注册商标的保护也说明，虽未经注册、公告的商标标志，通过实际使用获取了知名度与市场声誉，能够区别商品或服务的来源，也可以获得商标法的保护。而这些未注册商标并未申请注册并进行公告，不会有商标公告和商标注册证，故其获得保护的前提并非公众通过商标公告和商标注册证获知了商标，而是通过权利人的持续使用宣传使得该商标符合了保护的条件。

三、商标的权利边界有使用边界和保护边界

根据《中华人民共和国商标法》第五十六条“注册商标的专用权，以核准注册的商标和核定使用的商品为限”的规定，商标权人仅能在商标核准注册商品范围内使用核准注册的商标样态，不得超出商标注册证的范围使用注册商标，这是注册商标的使用边界。但是注册商标的保护边界要等于或大于使用边界。根据《中华人民共和国商标法》第十三条、第五十七条的规定，商标权人可以禁止他人在类似商品上使用相同或近似商标，如果构成驰名商标的情况下，还可以获得跨类保护。当然，上述保护情形均需要根据商标的知名度进行具体判断，而商标的知名度依然来自于商标的实际使用而非商标公告。由此，更可以说明商标公告仅是起到了一种商标被申请注册或被核准注册的公示效果，关于“商标专用权权利的边界以商标公告的内容为限”的认定缺乏法律依据。

编写人：山东省高级人民法院　张金柱　陈兆顺

28

商标专用权人权利滥用的认定要件

——马某诉传媒公司、电商公司侵害商标权案

【案件基本信息】

1. 裁判书字号

北京知识产权法院（2021）京73民终4108号民事判决书

2. 案由：侵害商标权纠纷

3. 当事人

原告（上诉人）：马某

被告（被上诉人）：传媒公司

被告：电商公司

【基本案情】

马某于2008年5月6日在第14类珠宝首饰上申请注册涉案商标，2010年3月28日核准注册，马某称已将该商标用于生产销售某牌系列钻石。马某发现传媒公司在电商公司平台店铺销售涉案商标系列戒指、项链，该行为侵害了马某的商标权。

【案件焦点】

马某的行为是否构成商标专用权的滥用。

【法院裁判要旨】

北京市西城区人民法院经审理认为：马某系涉案商标专用权人，有权提起诉讼。传媒公司的行为并未侵害马某的商标权。

一、涉案产品上使用涉案商标具有正当性

首先，从主体关系来看，传媒公司销售的被控侵权商品来源于珠宝集团旗下公司，其作为关联主体对涉案商标系列钻饰的宣传和使用具有关联主体身份依据。其次，传媒公司销售的产品上使用涉案商标具有正当性。结合时尚期刊杂志等可知，在马某申请注册之前，珠宝集团涉案商标系列钻饰就已经具有一定知名度，而传媒公司销售的产品系钻饰，互联网经济时代商品具有较强的流通性，故应当认为，传媒公司因流转来源于在先使用人的商品，而具有援引在先使用抗辩的资格，其销售的商品仍属于珠宝集团涉案商标系列钻饰的原有使用范围。此前生效判决亦能够印证其具有在先权利基础。此外，从使用方式来看，传媒公司均系将涉案商标与珠宝集团商标结合使用，此种使用不会造成公众误认。

二、马某取得商标权利基础难谓正当

首先，珠宝集团涉案商标系列钻饰图片中使用了涉案标识进行宣传，该标识由字母和汉字组成，字母和汉字的排布具有一定特色，具有较高显著性，而马某注册的商标，与珠宝集团涉案商标系列所使用商标相比，均使用了类似的字母、汉字元素组合方式，并采用了相同的排布方式，此种情况难谓巧合。其次，马某理应知晓珠宝集团涉案商标系列钻饰产品及其所使用标识的知名度，仍申请注册了涉案商标，其主观上难谓善意。再次，马某并不能证明其注册商标系以实际使用为目的。最后，马某注册了多枚类别跨度较大，分属不同行业的商标，其并不能证明其注册具有真实的使用意图或者使用的需求，作为个人，应当认为其具有明显的囤积商标行为。

三、马某的行为构成权利滥用

马某取得权利具有恶意。在其并未具备真实使用意图和使用事实的情况下，仍然向正当使用的既有权利主体提起诉讼，要求赔偿，违反了诚实信用原则，构成权利滥用。

北京市西城区人民法院依照《中华人民共和国民法典》第七条，《中华人民共和国商标法》第四条第一款、第四十六条、第五十七条第一款第二项、第三项、第五十九条第三款，《中华人民共和国民事诉讼法》第六十四条第一款规定，判决：

驳回原告马某的全部诉讼请求。

马某不服一审判决，提起上诉。

北京知识产权法院经审理同意一审法院裁判意见，依照《中华人民共和国民事诉讼法》第一百七十七条第一款第一项规定。判决：

驳回上诉，维持原判。

【法官后语】

一、民事诉讼中商标权利滥用的审查依据

在2017年之前，审查商标是否存在恶意注册和使用，主要是商标行政案件中审查的范围，在民事诉讼中尚处于空白状态。随着此前恶意注册的商标进入市场和民事诉讼领域，民事诉讼中审查商标注册和使用的主观状态，进而确认是否构成权利滥用具有现实迫切需求。

2017年施行的《中华人民共和国民法总则》第一百三十二条规定，民事主体不得滥用民事权利损害国家利益、社会公共利益或者他人合法权益。这一规定在2021年施行的《中华人民共和国民法典》中得以保留。2022年施行的《最高人民法院关于适用〈中华人民共和国民法典〉总则编若干问题的解释》第三条规定，人民法院可以根据权利行使的对象、目的、时间、方式、造成当事人之间利益失衡的程度等因素就滥用民事权利作出认定。行为人以损害国家利益、社会公共利益、他人合法权益为主要目的行使民事权利的，人民法院应当认定构成滥用民事权利。构成滥用民事权利的，人民法院应当认定该滥用行为不发生相应的法律效力。然而，这些因素放置于侵害商标权诉讼中，如何予以细化和统一仍有深究必要，权利滥用需要考量的具体因素仍有待体系化梳理。

二、商标权人权利滥用的认定要件

依据《最高人民法院关于适用〈中华人民共和国民法典〉总则编若干问题的解释》中关于商标权利滥用要件的规定和案例，可知商标权人权利滥用的认定要件如下：

第一，权利行使的对象为商标正当使用人。即商标使用人具有善意、在先使用的事实。在这一要件中，商标显著性是应当纳入考量范围的依据。显著性越高，商标使用人善意的可能性越大。此外，无论被诉主体为直接的商标使用人还是商标使用人所生产商品的销售方，均应当认定为正当使用的主体。

第二，权利人以追诉正当使用人获取不当利益为目的。这一要件具体表现为：权利人在注册或受让商标时明知商标正当使用人在其注册商标申请日之前经过使用取得一定的知名度，仍然注册、受让商标，在注册或受让商标后，缺乏使用意图和事实，并向特定的商标正当使用人提起民事诉讼主张权利。

第三，权利人行使权利的时间和方式体现出明显恶意。如权利人向商标正当使用人主张权利的时间为正当使用人上市、并购等时间节点，或者通过反复投诉、针对下游经销商大面积提起诉讼等方式，则应当认为权利行使方式、目的体现出明显恶意。

第四，认定侵权会造成当事人之间利益严重失衡。就缺乏真实使用意图和善意的商标权人，其仅因恶意的注册行为而取得商标权，并非因真实使用行为而已经在相关公众中与商标建立特定关联，取得商标商誉。而对商标正当使用人则恰恰相反，其基于已经建立起来的商誉诚信经营，不仅商誉不保，还面临被恶意主体追诉的风险。因此，如认定侵权则会造成双方利益严重失衡，有违诚实信用和公平。

综合以上因素，在认定权利滥用的情况下，具体案件诉讼中，商标权人关于停止侵权、赔偿损失等主张应当予以一并驳回。当然这种考量应仅是个案考量，并不存在类案类推适用的情形。

编写人：北京市西城区人民法院　黄秋平　高天

29

擅自将散装正品商品装入标注有权利人注册商标的仿制礼盒中进行销售构成商标侵权

——实业公司诉副食经营部侵害商标权案

【案件基本信息】

1. 裁判书字号

四川省高级人民法院（2021）川民再385号民事判决书

2. 案由：侵害商标权纠纷

3. 当事人

原告（上诉人、再审申请人）：实业公司

被告（被上诉人、再审被申请人）：副食经营部

【基本案情】

实业公司系涉案注册商标权利人。2004年6月，涉案商标被国家工商行政管理总局商标局认定为驰名商标。2011年5月，实业公司粽子制作技艺被文化部授予“国家级非物质文化遗产”。2015年12月22日，涉案商标被市市场监督管理局延续确认为某市著名商标，有效期三年。2016年1月，涉案商标被省工商行政管理局延续确认为某省著名商标，有效期为2016年1月1日至2018年12月31日。商务部曾将涉案商标认定为中华老字号。

2019年5月24日，实业公司的代理人徐某在副食经营部公证购买了四袋包装标识为涉案商标的粽子和一盒标识为涉案商标的咸鸭蛋，经营人员将上述粽子和咸鸭蛋装入标识有涉案商标字样的包装盒交给徐某，但该包装盒并非来源于实业公司或经其授权制造、使用。实业公司遂以副食经营部侵害其注册商

标专用权为由，向法院提起诉讼。

【案件焦点】

副食经营部被诉行为是否侵犯实业公司的注册商标专用权。

【法院裁判要旨】

四川省成都市郫都区人民法院经审理认为：实业公司未提供证据证明副食经营部销售的标识为涉案商标的咸鸭蛋系假冒产品，且副食经营部销售的标识为涉案商标的粽子系实业公司所生产，故副食经营部把四袋标识为涉案商标的粽子及一盒标识为涉案商标的咸鸭蛋装入带有涉案商标标识包装盒的行为不会使涉案商标品牌粽子与其商品的提供者之间产生错误的指示，即相关公众不会因此产生商品提供者来源的混淆。副食经营部的行为不属于《中华人民共和国商标法》第五十七条规定的情形。

四川省成都市郫都区人民法院依照《中华人民共和国商标法》第十四条、第四十八条、第五十七条，《最高人民法院关于审理商标民事纠纷案件适用法律若干问题的解释》第一条，《中华人民共和国民事诉讼法》第一百四十八条第一款、第二款、第三款规定，判决：

驳回实业公司的全部诉讼请求。

实业公司不服一审判决，提起上诉。

四川省成都市中级人民法院经审理同意一审法院裁判意见，依照《中华人民共和国民事诉讼法》第一百七十条第一款第一项规定，判决：

驳回上诉，维持原判。

实业公司不服二审判决，申请再审。

四川省高级人民法院再审认为：副食经营部提供的涉案包装盒上带有涉案商标字样的标识，具有识别商品来源的作用，属于商标性使用。商标的基本功能是识别功能，即识别商品和指示服务来源。侵犯商标权本质上就是损害商标的识别功能，使得消费者对商品来源或服务产生混淆、误认。与此同时，商标也具有保障商品或服务质量，维护商品信誉等衍生功能，商标的功能是商标赖以存在的基础，对商品而言，包装不仅具有保护商品，方便使用、携带、存放的功能，而且作为商品与消费者的纽带，特定的包装也承载着区分商品来源、品质的作用，也是商标功能的体现和延伸。一般情况下，特定的包装往往与商品的品质相联系。由于涉案侵权包装盒上使用了与实业公司商标相同或近似的标识，即使销售的商品是实业公司生产，其未经许可擅自在销售过程中使用涉案包装盒包装散装实业公司商品，容易导致相关消费者误认为是实业公司的特定礼盒商品，从而对商品来源的价格、系列、质量等产生混淆，损害注册商标的信誉承载功能，其行为属于侵犯商标权的行为。副食经营部没有提交证据证明其已停止使用涉案侵权包装盒，故其应当立即停止侵权并赔偿损失。

四川省高级人民法院依照《中华人民共和国商标法》第四十八条、第五十七条第一项、第二项、第七项，《中华人民共和国民事诉讼法》第二百零七条第一款、第一百七十条第一款第二项规定，判决：

一、撤销四川省成都市中级人民法院民事判决；

二、撤销四川省成都市郫都区人民法院民事判决；

三、副食经营部自本判决生效之日起立即停止侵犯实业公司注册商标专用权的行为；

四、副食经营部自本判决生效之日起十日内赔偿实业公司经济损失及合理开支共计5000元；

五、驳回实业公司的其他诉讼请求。

【法官后语】

本案系侵害商标权纠纷，其引申出的法律适用问题具有较强的典型性和普遍性。将散装正品商品装入标注有权利人注册商标的仿制礼盒中进行销售，是否属于商标侵权行为，需要司法予以明确。

品质保证功能系商标的功能之一，并非指使用该商标的商品具有非常高的品质，事实上指的是“品质同一性保证功能”，即商标权人借由努力提升商品品质管理而凝聚商誉的过程中，使得消费者对同一商标标识下的商品品质存在同一性的期待。通常情况下，同一商标权人在同类商品上分别或结合标注其拥有的不同商标往往意味着在商品质量、生产和销售来源、商品提供者等方面可能存有差异，即商标权人可以根据自己的市场策略和经营需要细分商品或市场。商标权人将某商标标注于商品并将其投入市场后，该商品与该商标、商品包装等多种要素发生紧密联系，并与商标权人的商誉形成了专属的对应关系，意味着标注该商标的商品有着值得信赖的相同的产品质量。改变商标或商品的某一要素都可能导致商品的差异，并且当这种差异达到一定程度时，就可能造成消费者认识上的误差、选购上的误导、事实上的混淆，导致商标所表彰商标权人的主体身份、商品同一质量特征的功能受到损害。未经商标权人授权的商标使用行为，即使未损害该商标的来源识别功能，但如果损害了商标权人对商品品质同一性控制的话，也需要承担侵权责任。无独有偶，本案中，副食经营部明知散装涉案商标品牌粽子、咸鸭蛋与涉案包装盒并不是配套的，却在销售过程中将散装正品与涉案包装盒组合后提供给消费者。虽然该消费者心知肚明其以低廉的价格买到是散装正品商品，而不是礼盒装正品商品，但因为散装正品商品为商标权人的正品商品，包装盒与商标权人的正品商品礼盒高度近似，且该仿制礼盒上标注了商标权人的注册商标，易导致在后期使用过程中让其他人误认为组合后的商品系实业公司的正品礼盒装商品或者新上市的商品，即发生售后混淆。如果对这种行为不加以制止，将导致仿冒知名品牌的假货满天飞，那些花大价钱购得正品的人便无法通过对正品品牌的使用和展示获得其原本期望的尊重和喝彩。这将导致原先愿意出高价购买这一知名品牌商品的消费者放弃购买。因此，这种行为需要司法予以否定、打击和制裁，商标权人的权益需要尊重、维护和保护，再审法院认定副食经营部将散装正品商品装入标注有权利人注册商标的仿制礼盒进行销售构成侵犯注册商标专用权。

近年来，随着经济社会的高质量发展，人民群众的消费观已经从有没有向好不好转变，不仅追求商品的实惠性，还注重商品的档次性。个别商家为吸引消费者，通过二次分装、重新包装等方式，将散装等低层次的商品伪装为礼盒装等高档次商品，类似本案情形的案件可能仍会发生。因此，有必要对该类案件进行探讨，准确界定将散装正品商品装入标注有权利人注册商标的仿制礼盒进行销售行为的性质，引导市场主体诚信经营、公平竞争。

编写人：四川省高级人民法院　鲁虎

30

单位犯罪中的自然人罪犯不构成商标侵权的认定

——管材公司诉管道公司等侵害商标权案

【案件基本信息】

1. 裁判书字号

江苏省高级人民法院（2021）苏民终1680号民事判决书

2. 案由：侵害商标权纠纷

3. 当事人

原告（被上诉人）：管材公司

被告（上诉人）：管道公司、戴某

被告：黄甲

【基本案情】

管材公司系涉案商标的注册人，该商标自1997年2月28日获得授权并公告，经续展保护期限至2027年2月28日，核定使用于第17类商品，包括塑料管、板、杆条、管子接头。

管道公司成立于2009年6月11日，经营范围包括管件生产、销售等。其法定代表人为黄乙，股东为黄乙、戴某，该二人系夫妻关系。黄甲系该二人儿子。

生效的（2018）苏0106刑初576号（以下简称576号案件）刑事判决认定：管材公司系涉案商标权人；在管道公司厂房及仓库现场有大量假冒涉案商

标等品牌的管材、配件；管道公司在2014年至2018年期间，销售仿冒涉案商标品牌管材金额为10165817.38元；黄乙系管道公司法定代表人，负责公司经营和管理，戴某负责公司财务工作及部分发货工作，黄甲负责联系采购假冒品牌包装、防伪标签及部分记账、发货工作；管道公司实施了假冒注册商标的犯罪行为，构成假冒注册商标罪，单处罚金800万元，收缴非法经营所得；戴某、黄甲系其他直接责任人员，均构成假冒注册商标罪，分别判处有期徒刑，宣告缓刑，并处罚金20万元。

戴某在576号案件中供述，管道公司钱款进入其个人账户，付款亦由其账户支出。管道公司认定其侵害了管材公司涉案注册商标专用权。576号案件涉及的涉案商标即是管材公司涉案注册商标。

管材公司认为，576号案件已认定管道公司、黄乙、戴某、黄甲犯假冒注册商标罪，前述单位及自然人应当向管材公司承担赔偿损失的民事责任。一审中，管材公司撤回对黄乙的起诉，法院已裁定予以准许。

【案件焦点】

管材公司主张管道公司、戴某、黄甲连带赔偿其经济损失500万元、合理费用10万元的主张能否成立。

【法院裁判要旨】

江苏省南京市中级人民法院经审理认为：管道公司侵害管材公司涉案注册商标专用权的行为已由576号判决予以确认，在管道公司、戴某、黄甲未提交足以推翻该事实的相反证据的情况下，法院对该事实予以确认。

管道公司涉案行为已被追究刑事责任，管材公司提出赔偿损失的主张，有事实与法律依据，应予支持。综合考虑涉案注册商标情况、管道公司侵权规模及可能获利、管材公司的合理费用等因素，酌情确定赔偿数额。

戴某、黄甲在管道公司的地位与作用不同，该二人对侵权行为的责任承担亦应有所不同。戴某系管道公司两股东之一，其与另一股东黄乙系夫妻关系，该二人对管道公司侵权行为起支配作用，戴某还通过个人账户收取管道公司应得款项，且未提交证据证明其已将收取的公司款项归还管道公司，其行为损害了公司债权人的利益，应当对管道公司的债务承担连带责任。黄甲系管道公司实施侵害管材公司注册商标专用权行为的其他直接责任人员，管材公司提交的证据不足以证明黄甲对管道公司的涉案侵权行为具有支配作用，黄甲被追究刑事责任是基于刑法对单位犯罪中具有特定身份的责任人所作出的特别规定，在民事诉讼程序中，黄甲的行为系执行管道公司工作任务的行为，不应与管道公司承担连带赔偿责任。

江苏省南京市中级人民法院依照《中华人民共和国侵权责任法》第三十四条第一款，《中华人民共和国商标法》第五十六条、第五十七条第一项、第六十三条第一款及第三款，《中华人民共和国公司法》第二十条第三款，《最高人民法院关于适用〈中华人民共和国民事诉讼法〉的解释》第九十三条规定，判决：

一、管道公司、戴某自判决生效之日起十五日内连带赔偿管材公司经济损失及合理费用共计 130 万元；

二、驳回管材公司的其他诉讼请求。

管道公司、戴某不服，提起上诉。

江苏省高级人民法院经审理同意一审法院裁判意见，依照《中华人民共和国民事诉讼法》第一百七十七条第一款第一项之规定，判决：

驳回上诉，维持原判。

【法官后语】

知识产权犯罪行为属于知识产权侵权行为，相应地，商标权犯罪行为亦属于商标权侵权行为。在自然人针对商标权的犯罪行为中，构成刑事犯罪即构成民事商标侵权。这也是很多商标权人在获得于己有利的商标犯罪刑事判决后，便以刑事判决作为依据主张犯罪行为人侵害了其注册商标专用权，从而要求犯罪行为人向其承担民事侵权责任的基本逻辑。本案中，管材公司即是按照该逻辑，以生效的刑事判决作为依据，主张犯罪单位管道公司、犯罪行为人戴某、黄甲向其承担侵害商标权的民事赔偿责任。

通常而言，在自然人独立犯罪或共同犯罪行为中，犯罪行为人的刑事责任成立则民事责任必然成立。但在单位实施侵害他人商标权的犯罪行为时，该行为系由单位决策机构或者负责人决定后实施，行为主体是单位而非某个直接负责的主管人员或其他直接参与人员。单位的行为一旦构成犯罪，则该单位必然构成民事法律关系上的商标侵权。但单位犯罪中的自然人罪犯不能简单地适用前述“犯罪即侵权”的判定规则。

单位作为法律拟制的行为主体与责任主体，其犯罪行为的决策与实施都离不开自然人的参与，所以打击单位犯罪除了对单位处以罚金外，还会对单位直接负责的主管人员和其他直接责任人员科以刑罚责任，从而使得单位犯罪的行为主体与责任主体并不严格对应。这种责任主体的扩张系因单位犯罪的特殊性所决定。其一方面通过对单位处以罚金降低单位对犯罪获利的预期、削弱单位继续犯罪的经济能力；另一方面通过惩处单位的相关责任人震慑其他潜在的行为人不再实施类似犯罪行为。

单位实施侵害他人商标权的犯罪行为系符合特定构成要件的民事侵权行为：即明知侵权而实施、在相同商品上使用与他人注册商标相同的商标、相关犯罪数额达到一定标准。在单位犯罪中追究相关责任人的刑事责任通常也以该责任人具有侵权故意作为前提条件。然而，商标民事侵权系以行为、结果及两者之间的因素关系作为判定依据，行为人的主观过错并非侵权与否的判定标准。在一般的单位商标侵权行为中，通常认定相关主管人员及直接参与人员系履职行为，不构成独立的民事商标侵权行为，不承担相应的民事责任。基于前述商标侵权判定依据的分析，相关主管人员及直接参与人员不应随着单位侵权主观过错程度的增加及其个人对单位侵权行为认知的改变，而由单位侵权行为的参与人演变为独立侵权行为的实施人。所以，单位犯罪中行为主体与责任主体的不严格对应性，以及责任主体的扩张不能当然由刑事犯罪领域延伸到民事侵权领域。

当然，在单位犯罪同时构成民事侵权的法律关系中，部分自然人罪犯可能会承担相应的民事责任。例如，本案中的戴某即承担了相应的民事责任。但该责任的承担并非基于其直接实施了侵害商标权的行为，而是基于其与管道公司之间特定的民事法律关系。

本案判决进一步厘清了单位犯罪中，自然人罪犯刑事责任与民事责任的差异，避免了基于“举重以明轻”的简单逻辑认定“犯罪即侵权”，对类似纠纷的化解具有一定的参考价值。

编写人：江苏省南京市中级人民法院　臧文刚

31

同一侵权产品生产商再次被起诉时侵权责任的认定

——欧某诉日用品公司等侵害商标权案

【案件基本信息】

1. 裁判书字号

广西壮族自治区高级人民法院（2022）桂民终 1155 号民事判决书

2. 案由：侵害商标权纠纷

3. 当事人

原告（上诉人）：欧某

被告（被上诉人）：日用品公司、百货公司、百货公司鲁班分店

【基本案情】

欧某是“竹骨”注册商标专用权人，两商标核定使用在牙签等商品上。2021 年 6 月 3 日，欧某的委托代理人与公证处人员一同来到百货公司超市，购买了 6 件牙签商品。商品的正面均以明显较大的字体显示“竹骨牙签”字样，背面均注明有日用品公司的名称。欧某以日用品公司生产侵权产品、百货公司超市销售侵权产品侵犯注册商标权为由诉至法院。

此前，欧某曾以日用品公司生产侵权产品、商业公司王家湾分公司等销售侵权产品为由，向法院提起诉讼，案号为（2021）湘 0104 民初 20536 号（以下简称 20536 号案件），法院生效判决认定商业公司合法来源抗辩成立，由日用品公司赔偿欧某经济损失 15000 元。

【案件焦点】

日用品公司的侵权责任如何认定。

【法院裁判要旨】

广西壮族自治区南宁市中级人民法院经审理认为：首先，20536 号案件与本案的被诉侵权产品均包括竹骨牙签，属于同款侵权产品。其次，欧某在 20536 号案件中的诉状及庭审中均未明确其主张的赔偿范围限于该案取证的销售途径，应视为在 20536 号案件中已对日用品公司所有生产、销售竹骨牙签的行为提出了停止侵权及赔偿损失的主张。20536 号案件判决停止侵权及赔偿损失的范围必然对应欧某的主张。再次，20536 号案件取证时间为 2021 年 5 月 26 日，立案时间为 2021 年 10 月 20 日，庭审时间为 2021 年 12 月 1 日。本案取证时间为 2021 年 6 月 3 日，立案时间为 2021 年 8 月 23 日。因此，本案所涉侵权事实的发现时间与 20536 号案件侵权事实发现时间应属于同一时期。最后，涉案牙签生产日期为 2020 年 11 月 22 日、2020 年 9 月 23 日，均早于 20536 号案件判决时间 2021 年 12 月 23 日。故，日用品公司生产、销售竹骨牙签的行为在 20536 号案件中已做处理，本案不再就其生产、销售该两款竹骨牙签的行为再作出判决。

而本案涉及的竹骨牙签在 20536 号案件中并未涉及，对欧某要求日用品公司停止该部分侵害涉案商标专用权的行为以及赔偿相应损失的请求，予以支持。百货公司鲁班分店、百货公司销售本案所有侵权产品的行为未在他案中处理，对欧某要求百货公司鲁班分店、百货公司停止侵权的诉讼请求予以支持。

本案中，欧某明确其主张的日用品公司的赔偿范围为百货公司鲁班分店、百货公司销售的侵权产品所对应的生产、销售行为造成的损失。法院酌定日用品公司赔偿欧某经济损失及为制止侵权行为所支付的合理开支数额为5000元。百货公司鲁班分店、百货公司销售本案侵权产品具有合法来源，欧某要求承担赔偿责任，不予支持。

广西壮族自治区南宁市中级人民法院依照《中华人民共和国民法典》第一百七十九条，《中华人民共和国商标法》第五十七条、第六十三条，《中华人民共和国民事诉讼法》第六十七条第一款、第一百四十七条规定，判决：

一、日用品公司立即停止侵害欧某涉案注册商标专用权的行为；

二、百货公司、百货公司鲁班分店立即停止侵害欧某涉案注册商标专用权的行为；

三、日用品公司赔偿欧某经济损失及为制止侵权行为所支付的合理开支合计5000元；

四、驳回欧某的其他诉讼请求。

欧某不服一审判决，提起上诉。

广西壮族自治区高级人民法院经审理同意一审法院裁判意见，依照《中华人民共和国民事诉讼法》第一百七十七条第一款第一项规定，判决：

驳回上诉，维持原判。

【法官后语】

商标侵权责任认定是商标侵权纠纷案件审理的重要环节，而因知识产权客体的“无形性”导致对侵权责任的重复认定问题，则是该环节中较为复杂且需被重视的部分。知识产权侵权责任的重复认定是指权利人的起诉虽然不构成重复起诉，但由于部分当事人相同，可能导致部分侵权行为已经在前案中被处理过，后案则需避免再次就该行为进行判决。本案与20536号案件，为欧某针对相同的生产商、不同的销售者分别起诉的案件。本案中，为防止重复判决停止侵权、重复计算赔偿数额，应综合多案事实确定侵权人的责任承担。

审理同一权利人针对同一生产商被多次起诉的案件，在责任承担的认定方面，可以遵循以下三个步骤：

1. 定位侵权产品。在商标侵权纠纷案件中，原告诉请停止侵权、法院判决停止侵权，要求停止的实际上是针对该案的侵权产品所为的侵权行为，通常体现为停止生产、销售该案侵权产品。所以，在后案的审理中，为了避免重复判决，首先需要查明前案中权利人主张的侵权产品与后案中的侵权产品是否相同。如并非相同侵权产品，则无须考虑重复判决的问题；但如果属于相同侵权产品，则还需要进行下一步的审查。判断侵权产品是否相同，可以参考各案中公证取证的产品外观、型号及产品条码等信息。

2. 区分侵权行为。该步骤目的是判断是否需针对该生产商再次判决承担停止侵权的责任。通过前一步的查明，如后案中权利人起诉的侵权产品与前案确实相同，则此时应查明权利人指控的侵权行为发生时间，以区分后案中被指控的行为是否属于新的侵权行为。就同一侵权产品的生产行为，如果该行为是在前案判决之后新作出的，则对新作出的行为，原告仍然享有诉权，不构成重复；但如果该行为在前案判决前已作出，则在后案的被诉生产行为实际上已经包含在前案审理的范围中，则后案不宜再重复判令该生产商承担停止侵权的责任。

3. 界定赔偿损失范围。对于发生在前案判决前的、就相同侵权产品的生产行为，虽不应重复判决停止侵权，但在赔偿损失范围的确定上，则还应结合前案中权利人的主张进行综合判断。这是因为，针对“停止生产行为”这一诉请的判决及执行，无法限定于个案的范围之内，而只能是指停止对该侵权产品的全部生产行为。但在损失赔偿上，权利人则可以明确其要求生产商承担赔偿责任是仅针对在该案中与销售商的销售范围相对应的生产行为，还是针对该生产商就所有同款侵权产品的生产行为。不过实践中常出现的问题是，前案中权利人往往未能明确其主张生产商赔偿损失的行为范围，前案法院在判决时也直接认定停止侵权并根据法定赔偿酌定赔偿数额。这将对后案的责任认定带来一定困难。对此，如原告在前案中未明确其主张的赔偿范围限于该案取证的销售途径，则应视为在前案中已对该生产商所有生产、销售同款侵权产品的行为提出了赔偿损失的主张，后案不再重复判决赔偿。但是，在权利人能够证明其在前案中主张的赔偿范围的情况下，则还需分两种情况讨论：（1）前案已明确要求针对所有生产行为主张赔偿，则后案中不应再判决赔偿；(2) 前案仅主张与该案中发现的销售行为相对应的生产行为的赔偿，则在后案中，应要求权利人明确后案中主张的赔偿范围。如权利人明确其在后案中针对全部生产行为提出赔偿，则后案应扣减前案中已经判决过的赔偿范围；如权利人在后案中也明确仅针对个案取证的销售途径所涉的生产、销售行为提出请求，则判决赔偿数额需要与该个案中查明的事实相适应。对于第二、第三步骤中需查明的事实，可以通过要求当事人举证、参考前案判决及取证公证书、调阅前案庭审笔录及证物等方式实现。

本案通过上述三个步骤，对生产商的责任进行了准确认定。首先，查明了前后案中被诉侵权产品条码，认定前案与本案的被诉侵权产品均包括竹骨牙签，属于同款侵权产品。其次，查明了两个案件中侵权产品的生产日期、取证时间、立案时间、判决时间，认定日用品公司生产、销售后案侵权产品的时间均早于前案判决时间，该生产商在后案中的生产行为已包含在前案判决中，后案不再对该行为重复判决停止侵权。最后，欧某在前案中的诉状及庭审中均未明确其主张的赔偿范围限于该案取证的销售途径，因此，应视为其在20536号案件中已对日用品公司所有生产、销售竹骨牙签的行为提出了赔偿损失的主张，故本案不再就其生产、销售前述条码的竹骨牙签的行为再作出判决。

在商标侵权责任认定上，既应保证对权利人充分救济，又不能对侵权行为进行重复评价，使维权成为获利手段，扰乱商业秩序。本案准确把握了商标侵权责任承担方式的本质及认定标准，有效平衡了各方利益，对类案有一定的指导作用。

编写人：广西壮族自治区南宁市中级人民法院　韦丛君

32

弱显著性商标的审查与司法保护

——陶瓷研究所诉电商公司侵害商标权案

【案件基本信息】

1. 裁判书字号

福建省高级人民法院（2022）闽民终 1915 号民事判决书

2. 案由：侵害商标权纠纷

3. 当事人

原告（被上诉人）：陶瓷研究所

被告（上诉人）：电商公司

【基本案情】

“七彩曜变”商标注册日期 2017 年 1 月 28 日，有效期至 2027 年 1 月 27 日。2017 年 12 月 9 日，商标注册人将商标排他使用许可权转让给陶瓷研究所，期限 10 年，并约定如发现侵权行为，陶瓷研究所可以以自己名义提起诉讼。陶瓷研究所发现电商公司未经其许可，在其开设的店铺中使用涉案商标字样作为产品链接，在其销售产品的收藏证书中亦使用了该注册商标，其行为已构成了对陶瓷研究所涉案商标专用权的侵害。陶瓷研究所通过证据保全方式，向法院提供了被公证封存的侵权产品。建盏底部有“周某制”字样，并附收藏证书，手工书写品名：七彩曜变，作者：周某。

【案件焦点】

1. “七彩曜变”商标是否属于通用名称；2. “七彩曜变”商标是否具有识

别商品来源之功能，应如何给予其司法保护。

【法院裁判要旨】

福建省南平市中级人民法院经审理认为：认定商标是否属于商品通用名称，应当从商标标志整体上进行审查，且应当考察通用名称指向的具体商品。本案电商公司所举证据不足以推翻“七彩曜变”系注册商标的事实，亦不足以证明“七彩曜变”已经是瓷器类商品上的通用名称。故陶瓷研究所的注册商标“七彩曜变”不应认定为通用名称。电商公司未经商标注册人许可，擅自在同一种商品（建盏）上使用与注册商标相同的商标，侵犯了“七彩曜变”注册商标专用权，依法应承担停止侵害、赔偿损失等法律责任。但本案查明，建盏行业有其特殊性。建盏的斑纹是“窑变”天成，非人力可以左右，每只建盏都是独一无二的孤品。而经窑变形成的建盏釉色是衡量建盏价值的重要标准。建盏釉色主要有“兔毫”“油滴”“曜变”三类，曜变是建盏釉色中最为珍贵的品种，曜而且变，曜者为日月、星辰之光，变者则意为光色的变异，经过特殊技艺烧制，其外观特征能完美呈现天虹七色的神采。故“七彩曜变”虽是注册商标，有其专有性，但只要釉面呈现七彩，区分度不明显则又有其一般性。结合建盏行业在相同釉面花色的情况下，通常使用底款加收藏证书以识别商品来源的行业惯例，可以认为该侵权行为带来的商品混淆程度较小。综合考虑涉案商标的知名度、侵权行为的性质、侵权人的主观过错程度、对商标声誉的影响及制止侵权行为的合理开支等因素，酌情确定赔偿数额为 10000 元。

福建省南平市中级人民法院依照《中华人民共和国商标法》第五十七条第一项及第三项、第六十条第一款、第六十三条第三款及第四款，《最高人民法院关于审理商标民事纠纷案件适用法律若干问题的解释》第四条、第十六条第一款及第二款、第二十一条，《中华人民共和国民事诉讼法》第六十四条第一款规定，判决：

一、电商公司立即停止侵害涉案注册商标专用权的行为（即停止在宣传、销售同类的商品上使用与涉案注册商标相同的文字、标识）；

二、电商公司应于本判决生效之日起十日内赔偿陶瓷研究所经济损失及为制止侵权行为支付的合理开支，共计10000元；

三、驳回陶瓷研究所的其他诉讼请求。

电商公司不服一审判决，提起上诉。

福建省高级人民法院经审理认为：“七彩曜变”不属于约定俗成的商品通用名称，从相关公众的通常认识和相关市场的地域范围、涉案商标的显著性和电商公司涉案被诉行为可能造成混淆的程度等方面审查，亦可以认定电商公司的被诉行为已构成商标侵权，应承担停止侵权、赔偿损失的法律责任。

福建省高级人民法院依照《中华人民共和国民事诉讼法》第一百七十七条第一款第一项规定，判决：

驳回上诉，维持原判。

【法官后语】

涉案商标“七彩曜变”经依法注册登记，享有商标专用权。但经审查，涉案商标显著性极弱，识别商品或服务来源的作用较低，侵权行为带来的商品混淆程度较小。鉴于此，谈谈该如何把握弱显著性商标的审查标准，给予其与市场相匹配之司法保护，实现优胜劣汰。

注册商标享有商标专用权，受法律保护。商标侵权纠纷通常是侵权行为人未经商标权利人许可，在同一种商品或者类似商品上使用与注册商标相同或近似商标等行为。但《中华人民共和国商标法》第五十九条第一款规定：“注册商标中含有的本商品的通用名称、图形、型号，或者直接表示商品的质量、主要原料、功能、用途、重量、数量及其他特点，或者含有的地名，注册商标专用权人无权禁止他人正当使用。”本案注册商标“七彩曜变”之“七彩”属于对色彩的描述性词汇，“曜变”属于建盏制作工艺中釉色的通用词汇，“七彩曜变”商标的固有显著性不强。本案争议焦点在于“七彩曜变”注册商标是否属于通用名称，其商标名称固有显著性不强情况下，商标侵权行为应如何认定。

一、商标通用名称的法律判断

《最高人民法院关于审理商标授权确权行政案件若干问题的规定》第十条第一款、第二款规定：“诉争商标属于法定的商品名称或者约定俗成的商品名称的，人民法院应当认定其属于商标法第十一条第一款第（一）项所指的通用名称。依据法律规定或者国家标准、行业标准属于商品通用名称的，应当认定为通用名称。相关公众普遍认为某一名称能够指代一类商品的，应当认定为约定俗成的通用名称。被专业工具书、辞典等列为商品名称的，可以作为认定约定俗成的通用名称的参考。约定俗成的通用名称一般以全国范围内相关公众的通常认识为判断标准。对于由于历史传统、风土人情、地理环境等原因形成的相关市场固定的商品，在该相关市场内通用的称谓，人民法院可以认定为通用名称。”故商标是否属于通用名称，应从法定和约定俗成两方面进行判断。

以本案为例。从法定方面分析，电商公司提交书籍及期刊，拟证明“七彩曜变”已载入相关书籍及期刊，属于通用名称。经查，以上书籍并非司法解释所规定的专业工具书或辞典，且经查阅后发现，相关资料中并未明确记载“七彩曜变”为建盏的一类通用名称，仅记载了“曜变”为建盏制作工艺中区分釉色的一种类型，“七彩”则用来指代“曜变”建盏呈现的一种斑纹外观。另外，从商标的注册时间与书籍的出版时间上分析，涉案“七彩曜变”文字商标于2015年申请，2017年1月28日核准注册，而书籍出版于2019年，期刊出版时间为2021年，均晚于涉案商标的申请和核准日期。故以上书籍及期刊并不能证明“七彩曜变”已属于通用名称。

从约定俗成方面分析，电商公司提交了包括新闻报道、网络搜索“七彩曜变”结果、“七彩曜变”获奖证书、“七彩曜变”制作师傅名称、建盏师傅联名说明等证据，以证明“七彩曜变”已为商品通用名称。但约定俗成的通用名称一般以全国范围内相关公众的通常认知为判断标准。只有基于历史传统、风土人情、地理环境等原因，某些商品所对应的相关市场相对固定时，才能以特定地域范围内相关公众的通常认知作为判断依据。由于建盏行业并不存在较为固定的相关市场，被诉侵权产品亦销往全国各地，故应以全国范围内相关公众的通常认识为判断标准。电商公司提供的某地区建盏制作师傅的联名说明仅是某地区建盏师傅的认知，这一群体并不能代表法定意义上的“相关公众”。电商公司提供的建阳新闻报道等相关证据，在受众和影响力上也都相当有限，亦不能得出“七彩曜变”商标在全国范围内已获得相关公众普遍认可，已是通用名称的结论。

故从法定和约定俗成两方面分析，“七彩曜变”商标并不属于通用名称。

二、商标通用名称的事实判断

“七彩曜变”商标文字中的“七彩”，包括赤、橙、黄、绿、青、蓝、紫，意为五颜六色、色彩缤纷，色彩斑斓。“七彩”一词，亦收入于字典。故可以认定“七彩”一词，是色彩词汇的通用名称。

“七彩曜变”商标文字中的“曜变”，是建盏制作工艺中的一种釉色类型。经窑变形成的建盏釉色是衡量建盏价值的重要标准。建盏釉色主要有“兔毫”“油滴”“曜变”三类，曜变是建盏釉色中最为珍贵的品种，曜而且变，曜者为日月、星辰之光，变者则意为光色的变异，经过特殊技艺烧制，其外观特征能完美呈现天虹七色的神采。故“曜变”指代建盏烧制过程中呈现的一种斑纹外观，在建盏文化的发展过程中已成为一类建盏的通用名称。

但“七彩”和“曜变”组合而成的“七彩曜变”商标，经商标管理机构依法核准并注册登记，取得“七彩曜变”商标，核定使用商品为第21类，包括瓷器、陶器、瓷、陶瓷等。且本案查明，经权利人的推广和使用，“七彩曜变”注册商标已在建盏商品市场上具有了一定的知名度，具有了区分商品来源的识别性作用。因此，即使“七彩”和“曜变”分别为一类通用名称，但其组合后的“七彩曜变”已通过商标注册登记，经核准在市场上流通，依法享有商标专用权，应受法律保护。故本案陶瓷研究所主张电商公司承担商标侵权责任，可以成立。

三、弱显著性商标的司法保护

但本案“七彩曜变”商标有其特殊性。建盏基于制作工艺的特性，个性化突出是产品的特点。每一个建盏的釉色纹理都是烧制过程中自然产生，“窑变”天成，非人力可以左右，每只建盏都独一无二，绝无仅有。建盏行业亦结合制作师傅的落款来判断工艺风格、商品质量高低。而“曜变”又是建盏制作工艺中外观呈现五颜六色的一种釉色类型。“七彩曜变”商标虽已为建盏商品的注册商标，但不排除该商标信息有公共元素、公共资源与个人属性、企业特色品牌的竞合，故该商标的固有显著性不强，识别商品的作用较低。结合建盏行业在相同釉面花色的情况下，通常还有使用底款加收藏证书以识别商品来源的行业惯例，本案应认为该侵权行为带来的商品混淆程度较小。本案合议庭走访了某地区建盏市场及某地区建盏协会等社会群体及组织，了解了涉案商标纷争始末等情况，综合在案证据及涉案商标的知名度、侵权行为的性质、侵权人的主观过错程度、对商标声誉的影响等因素，判决电商公司在停止侵权的基础上，赔偿陶瓷研究所经济损失及为制止侵权行为支付的合理开支 1 万元，同时驳回陶瓷研究所的其他诉讼请求。该判决衡平各方利益，对市场主体不当使用注册商标的行为给予法律上的否定性评价，并让其承担与之过错相适应的法律责任。在应有的法律框架内，给予弱显著性商标与市场相匹配的司法弱保护。

编写人：福建省南平市中级人民法院　朱文如　江琳清

（三）专利权权属、侵权纠纷

33

药链案件相关专利权被宣告无效后可先行裁驳

——制药株式会社诉药业公司确认是否落入专利权保护范围案

【案件基本信息】

1. 裁判书字号

最高人民法院（2022）最高法知民终 2177 号民事裁定书

2. 案由：确认是否落入专利权保护范围纠纷

3. 当事人

原告（上诉人）：制药株式会社

被告（被上诉人）：药业公司

【基本案情】

制药株式会社系涉案专利的专利权人，涉案专利被国家知识产权局所作出的无效宣告请求审查决定宣告专利权全部无效，目前该决定处于行政诉讼阶段。专利权无效宣告请求审查决定并非一经作出即发生确定的法律效力，在其产生确定的法律效力之前，专利权仍属有效。制药株式会社仍可依法提起确认是否落入专利权保护范围纠纷的诉讼。相关法律法规以及司法解释均未规定相关专利被宣告无效，专利权人或相关利害关系人不能提起诉讼，关于“先行裁驳、另行起诉”的司法解释并不适用于本案的情形。确认是否落入专利权保护范围的专利链接制度的设立旨在消除申请注册的药品可能侵害专利权的可能性，更类似于确认不侵害专利权之诉，而非专利权人提起的侵权之诉。对于确认不侵害专利权之诉，涉案专利被国家知识产权局宣告无效并不会影响对该案进行实体审理。故制药株式会社提起本案诉讼具有事实与法律依据，应被受理，不应被裁定驳回起诉。

涉案专利系名称为“药物组合物”的发明专利，其申请日为2006年5月26日，优先权日为2005年5月26日，授权公告日为2011年1月19日，专利权人为制药株式会社。国家知识产权局于2020年11月20日作出无效宣告请求审查决定，宣告涉案专利权全部无效。制药株式会社不服上述审查决定，提起行政诉讼。法院于2022年4月28日作出（2021）京73行初9078号行政判决，判决驳回制药株式会社的诉讼请求。

【案件焦点】

在中国上市药品专利信息登记平台登记的专利已被国家知识产权局宣告全部无效，专利权人就仿制药申请人所作出的四类声明提起的确认是否落入专利权保护范围之诉能否被裁定驳回起诉。

【法院裁判要旨】

北京知识产权法院经审理认为：本案为确认是否落入专利权保护范围纠纷案件，因药品专利纠纷早期解决机制的作用主要在于，将原研药专利权人或利害关系人与仿制药申请人在药品上市之后可能发生的侵犯专利权等纠纷提前到药品上市审评审批过程中解决，故与专利侵权诉讼相比，二者在权利基础、是否落入专利权保护范围、现有技术抗辩、先用权抗辩等问题的审理规则上必然存在共性。而本案所涉专利被宣告无效的情形即涉及针对权利基础的审理规则，故基于两类诉讼之间存在的明显内在联系，法院在审理确认是否落入专利权保护范围之诉时参照适用《最高人民法院关于审理侵犯专利权纠纷案件应用法律若干问题的解释（二）》第二条之规定并不存在障碍。此外，专利权人或利害关系人在确认是否落入专利权保护范围案件中主张的权利要求被国家知识产权局宣告无效的，裁定驳回起诉的处理方式有利于平衡双方当事人的利益，也符合药品专利纠纷早期解决机制的制度定位。

在侵权诉讼中，当事人主张的权利要求被国家知识产权局宣告无效的，法院裁定驳回权利人基于该无效权利要求的起诉，并不以该无效宣告请求决定必须经生效判决确认为前提条件。结合前述分析，该规则在专利权人或利害关系人提起的确认是否落入专利权保护范围案件中同样适用。

本案为由专利权人提出的确认“落入”专利权保护范围之诉，其与被警告人提出的确认“不侵害”专利权之诉的区别在于，后者的目的主要在于消除被警告人因专利权人发出的侵权警告而所处的不安状态。即使相关权利要求被国家知识产权局宣告无效，只要被警告人的不安状态仍然存在，则法院有必要对该不安状态是否有应消除进行实体判断。药品上市许可申请人请求确认申请注册药品未落入相关专利权保护范围的案件与被警告人请求确认不构成侵权的案件更为相似。对于专利权人或利害关系人提出的确认落入专利权保护范围之诉，其实质目的与侵权诉讼并无不同，均在于为专利权人或利害关系人提供救济，而与确认不侵权之诉存在明显区别。

北京知识产权法院依照《中华人民共和国专利法》第七十六条规定，

裁定：

驳回制药株式会社的起诉。

制药株式会社不服一审判决，提起上诉。

最高人民法院经审理同意一审法院裁判意见，依照《中华人民共和国民事诉讼法》第一百二十二条第一项、第一百七十七条第一款第一项、第一百七十八条规定，裁定：

驳回上诉，维持原裁定。

【法官后语】

明确确认是否落入专利权保护范围之诉的设置目的须溯源至2020年修正的《中华人民共和国专利法》第七十六条，该条规定了药品在上市审评审批过程中产生的与申请注册的药品相关的专利权纠纷的情形，药品上市许可申请人与有关专利权人或利害关系人可以向人民法院就申请注册的药品相关技术方案是否落入专利权保护范围提起民事诉讼。此类诉讼旨在将药品相关专利的专利权人或利害关系人与药品上市许可申请人在药品获批上市后可能发生的相关专利侵权诉讼前置到药品审评审批阶段进行早期解决，双方仅可就申请注册的药品相关技术方案是否落入专利权保护范围诉至法院请求作出裁判。确认是否落入专利权保护范围诉讼与专利侵权诉讼在针对权利基础、是否落入保护范围的判断、现有技术抗辩、先用权抗辩等问题的审理规则上必然存在共性。基于两类诉讼之间存在的明显内在联系，人民法院在审理确认是否落入专利权保护范围之诉时可参照适用审理专利侵权的相关法律规定和司法解释。

此类诉讼应与确认不侵犯专利权之诉进行区分，虽都是确认之诉，但二者的诉讼目的差异明显。本案为由专利权人提出的确认“落入”专利权保护范围之诉，其与被警告人提出的确认“不侵害”专利权之诉的区别在于，后者的目的主要在于消除被警告人因专利权人发出的侵权警告而所处的不安状态。即使相关权利要求被国家知识产权局宣告无效，只要被警告人的不安状态仍然存在，则人民法院有必要对该不安状态是否有应消除进行实体判断。就此延伸分析，药品上市许可申请人请求确认申请注册药品未落入相关专利权保护范围的案件与被警告人请求确认不构成侵权的案件在诉讼目的上更为相似，即使相关专利权被宣告全部无效，若药品上市许可申请人的不安状态仍然存在，则人民法院也有必要对该不安状态是否有应消除进行实体判断。

此类诉讼适用先行裁驳的裁判规则亦符合药品专利纠纷早期解决机制的制度价值。药品专利纠纷早期解决机制设立的目的既在于保护药品专利权人的合法权益降低仿制药上市后专利侵权风险，亦在于保护仿制药企业的利益，保证符合要求的仿制药的审批程序不会受到不合理影响。尤其需要指出的是，该机制并不排斥后续可能出现的侵权之诉。从这一制度目的出发分析，若以被国家知识产权局宣告无效的专利权为基础认定被诉技术方案落入涉案专利权的保护范围，由此会产生仿制药审批暂停、延迟上市的后果。而如果该无效决定最终被生效判决所维持，则既造成了仿制药企业损失，也不利于提高药品可及性。尽管在此类案件中裁定驳回起诉会使得仿制药可进入正常的审评审批程序，但若有证据证明宣告上述权利要求无效的决定被生效的行政判决撤销，对于仿制药企业实施的制造、销售等行为，专利权人可以另行提起侵权之诉，其合法权益仍会被有效维护。总体而言，裁定驳回起诉的处理方式有利于平衡双方当事人的利益，也符合药品专利纠纷早期解决机制的制度定位。

编写人：北京知识产权法院　邓文轩

34

员工离职后作出的发明构成职务发明的认定

——甲卫浴公司诉郭某、李某专利权权属案

【案件基本信息】

1. 裁判书字号

最高人民法院（2022）最高法民知终 2954 号民事裁定书

2. 案由：专利权权属纠纷

3. 当事人

原告（被上诉人）：甲卫浴公司

被告（上诉人）：郭某、李某

【基本案情】

2014 年至 2020 年，甲卫浴公司作为专利权人向国家知识产权局申请了 76 项专利，包括 16 项发明专利、34 项实用新型专利和 26 项外观设计专利，专利的技术领域主要分布在起泡器、出水控制装置、流量控制器、导水体、止回阀等卫浴组件上。2015 年 8 月 1 日，郭某入职甲卫浴公司。乙卫浴公司成立于 2020 年 6 月 24 日，公司注册资本为 100 万元，公司成立时法定代表人为艾某，股东为艾某和李某两人，其中艾某持有 80%法人股权，李某持有 20%的股权。2021 年 3 月 4 日，艾某与郭某签订《乙卫浴公司股权转让协议》，艾某以转让费 0.01 万元将其名下 80%的股权转让给郭某，郭某担任乙卫浴公司法定代表人。李某于 2020 年 3 月至 7 月，向国家知识产权局申请了 23 项专利。李某在庭审中自认其并非涉案专利的实际发明人，不具备相关研发的知识背景和专业背景。另查明，与乙卫浴公司相关的人员中，郭某与李某系表兄弟关系，艾某是郭某母亲的养子。

李某于 2020 年 5 月 19 日向国家知识产权局提出名称为“一种可切换水花的水路引流装置和起泡器”的案涉实用新型专利申请，专利权人为李某，发明人为李某，案涉专利于 2021 年 2 月 2 日获得授权公告。涉案专利涉及起泡器领域，具体涉及可切换水花的水路引流装置和起泡器，包含 10 项权利要求。

包括案涉专利申请在内，李某作为发明人，向国家知识产权局先后提出 10 项专利申请，其中 8 项为实用新型专利，1 项为发明专利，1 项为外观设计专利。甲卫浴公司以上述专利权或专利申请权归其所有为由分别向法院提起 9 件专利权权属纠纷之诉，1 件专利申请权权属纠纷之诉。

一审庭审中，李某确认其并非案涉专利的实际发明人，并陈述案涉专利的实际发明人为郑某。

【案件焦点】

1. 涉案专利的实际发明人；2. 涉案专利权属。

【法院裁判要旨】

福建省厦门市中级人民法院经审理认为：第一，李某和郑某不是涉案专利的实际发明人。案涉专利记载的发明人李某当庭陈述其并非涉案专利的实际发明人，其陈述案涉专利的实际发明人为郑某，并申请证人郑某出庭作证，郑某自认其为案涉专利的发明人，法院认为，郑某的证言不应予以采信。理由如下：首先，郑某本人身份为乙卫浴公司的合伙人，与作为乙卫浴公司的法定代表人郭某及监事李某均具有利益关联关系，甲卫浴公司与乙卫浴公司亦为同业竞争关系，郑某作为证人出庭作证，证明力明显不高；其次，郑某主张其任职科技公司期间的工作经历对涉案专利技术的研发产生了实质性的帮助，但郑某在科技公司是否从事卫浴产品研发及是否具备相关的卫浴产品研发经验无法确认；最后，在郑某自认为其是实际发明人的情形下，应证明其对涉案专利作出的创造性贡献。郑某未提供其对涉案专利进行实质性研发的证据，也未提交证据证明其在研发过程中存在研发性投入等以对其研发过程予以佐证。

第二，涉案专利系职务发明，案涉专利权属应归属于甲卫浴公司。首先，甲卫浴公司提交的证据能够证明其于 2014 年至 2020 年在起泡器、出水控制装置、流量控制器、导水体、止回阀等卫浴组件领域内获得了多项专利授权，而涉案专利申请所要解决的技术问题以及相关的技术方案均与甲卫浴公司在卫浴配件领域的研发技术、已取得的专利权具有较强的相关性。其次，甲卫浴公司提供的《劳动合同》及《离职申请单》可以相互印证，郭某在甲卫浴公司的岗位为工程师，任职部门为研发部，其在甲卫浴公司任职期间承担的本职工作或分配的任务包括卫浴配件产品的研发，郭某事实上也深度参与了甲卫浴公司在该技术领域的产品研发。最后，涉案专利权经流转最终归属于郭某控制的公司。乙卫浴公司的实际控制人包括郭某，其将涉案专利申请利益输送给与甲卫浴公司构成同业竞争的乙卫浴公司。

福建省厦门市中级人民法院依照《中华人民共和国专利法》第六条第一

款，《中华人民共和国专利法实施细则》第十二条，《中华人民共和国民事诉讼法》第六十四条第一款规定，判决：

一、确认名称为“一种可切换水花的水路引流装置和起泡器”的实用新型专利权归属甲卫浴公司所有；

二、驳回甲卫浴公司的其他诉讼请求。

李某、郭某不服一审判决，提起上诉。

在审理过程中，李某、郭某申请撤回上诉。最高人民法院依照《中华人民共和国民事诉讼法》第一百八十条规定，裁定：

准许郭某、李某撤回上诉。一审判决自本裁定书送达之日起发生法律效力。

【法官后语】

在大众创业万众创新的改革浪潮下，企业的物质投入与员工的治理创造共同推动了企业的技术创新，但对于企业来说，核心技术人员掌握了大量的企业核心研发技术，这些企业员工的离职对于企业持续研发的创新能力及市场竞争力均是致命的打击，伴随着社会知识产权意识的提高及核心技术人员流动频率的加快，涌现出越来越多围绕离职员工职务发明的专利权权属纠纷案件。本案即系企业研发部员工离职引发的专利申请权权属纠纷，在此类案件的审理中，既要维护原单位对确属职务发明创造的科学技术成果享有的合法权利，鼓励和支持创新驱动发展，也要激励离职企业技术人员技术创新的积极性，并在二者之间取得平衡点，实现专利法鼓励发明创造的立法宗旨。

根据《中华人民共和国专利法》第六条规定，“执行本单位的任务或者主要是利用本单位的物质技术条件所完成的发明创造为职务发明创造。职务发明创造申请专利的权利属于该单位，申请被批准后，该单位为专利权人……”《中华人民共和国专利法实施细则》第十三条第一款规定，“专利法第六条所称执行本单位的任务所完成的职务发明创造，是指：（一）在本职工作中作出的发明创造；（二）履行本单位交付的本职工作之外的任务所作出的发明创造；（三）退休、调离原单位后或者劳动、人事关系终止后1年内作出的，与其在原单位承担的本职工作或者原单位分配的任务有关的发明创造”。在判断涉案发明创造是否属于《中华人民共和国专利法实施细则》第十三条第一款第三项规定的“有关的发明创造”时，应注重维护原单位、离职员工以及离职员工新任职单位之间的利益平衡，应综合考虑以下因素：一是离职员工在原单位承担的本职工作或原单位分配的任务的具体内容，包括工作职责、权限、具体从事的工作内容，能够接触、控制、获取的与涉案专利有关的技术信息等。二是涉案专利的具体情况，包括其技术领域，解决的技术问题，发明目的和技术效果，权利要求限定的保护范围，涉案专利相对于现有技术的创造性贡献，以及涉案专利与本职工作或原单位分配任务的相互关系。三是原单位是否开展了与涉案专利有关的技术研发活动，或者是否对有关技术具有合法的来源。四是涉案专利（申请）的权利人、发明人能否对于涉案专利的研发过程或者技术来源作出合理解释，相关因素包括涉案专利技术方案的复杂程度，需要的研发投入，以及权利人、发明人是否具有相应的知识、经验、技能或物质技术条件，是否有证据证明其开展了有关研发活动等。

具体到本案，甲卫浴公司核心技术人员通过将与甲卫浴公司不具有劳动关系的人登记为发明人、以其间接控制的乙卫浴公司名义提出专利申请等方式，将甲卫浴公司多项技术成果予以占有。通过审理，最终认定涉案专利为职务发明创造，相关专利权属应归属于甲卫浴公司。首先，甲卫浴公司提交的证据能够证明其于2014年至2020年在起泡器、出水控制装置、流量控制器、导水体、止回阀等卫浴组件领域内获得了多项专利授权，在卫浴组件产品上具备一定研发能力及技术储备，亦积累了一定的研发生产经验，产品得到市场认可。而涉案专利申请所要解决的技术问题以及相关的技术方案均与甲卫浴公司在卫浴配件领域的研发技术、已取得的专利权具有较强的相关性。其次，甲卫浴公司提供的《劳动合同》及《离职申请单》可以相互印证，郭某在甲卫浴公司的岗位为工程师，任职部门为研发部，其在甲卫浴公司任职期间承担的本职工作或分配的任务包括卫浴配件产品的研发，郭某事实上也深度参与了甲卫浴公司在该技术领域的产品研发，甲卫浴公司在卫浴领域申请的2项发明专利和5项实用新型专利中也以郭某作为发明人予以署名。郭某在甲卫浴公司的工作性质决定了其能知悉甲卫浴公司不对外公开的技术资料，利用甲卫浴公司的物质技术条件。经比对，涉案专利技术方案涉及一种可切换水花的水路引流装置和起泡器，与郭某在甲卫浴公司工作期间的本职工作密切相关。再次，涉案专利权经流转最终归属于郭某控制的公司。乙卫浴公司的发起人艾某和李某，其中艾某系郭某母亲的养子，李某与郭某系表兄弟关系，在郭某离职后不足一年的时间，艾某即将其持有的乙卫浴公司的全部股份均转让给郭某，郭某代替艾某亦成为乙卫浴公司的法定代表人。乙卫浴公司的实际控制人包括郭某，其将涉案专利申请利益输送给与甲卫浴公司构成同业竞争的乙卫浴公司。最后，在证人郑某自认为其是实际发明人的情形下，应证明其对涉案专利作出的创造性贡献。郑某所称涉案专利研发并不需要投入大量的人力、物力，其在科技公司现有技术的基础上与公知技术进行简单结合就可得到涉案专利技术的说法与常理不符，郑某未提供其对涉案专利进行实质性研发的证据，也未提交证据证明其在研发过程中存在研发性投入等以对其研发过程予以佐证。因此，本案证据不足以证明郑某具备涉案专利研发的工作条件、知识储备和研发能力，李某主张郑某为涉案专利的实际发明人。综上，涉案专利的申请时间为2020年5月19日，涉案专利系郭某与甲卫浴公司劳动人事关系终止后1年内作出的、与其任职甲卫浴公司本职工作有关的发明创造，属于职务发明创造，相关权益应当归属甲卫浴公司。

对于企业来说，在日常运营过程中，可以结合自身实际情况和对知识产权保护工作的目标和定位，培养、选用专业技术能力、法律能力兼备的综合人才，提高企业员工的知识产权保护意识，在企业产品研发、产品上市等环节及时做好知识产权风险排查，预防和规避可能产生的侵权风险，并可提前在劳动合同中对职工的本职工作作出明确的规定，同时注意收集并妥善保存与单位有关的技术资料，在面临核心技术人员离职时妥善通过竞业限制协议等手段对纠纷进行预警。对于劳动者来说，也要遵守职业道德以及诚实信用原则，在新的工作实践中，在时间界限与技术信息界限上与原单位合理划清界限，不损害原单位的合法权益。

编写人：福建省厦门市中级人民法院　王辛

35

单位与发明人或设计人约定申请专利权和专利权归属应当根据条款约定、行为性质、目的、习惯及诚信原则确定意思表示含义

——吴某诉医疗公司专利权权属案

【案件基本信息】

1. 裁判书字号

山东省高级人民法院（2022）鲁民终1237号民事判决书

2. 案由：专利权权属纠纷

3. 当事人

原告（上诉人）：吴某

被告（被上诉人）：医疗公司

【基本案情】

吴某2007年到2008年在医疗公司工作一年，后离职。2013年10月，吴某再次入职医疗公司，从事技术工作。双方通过邮件约定，“未来以吴某的技术申请的专利，公司和吴某共有”。2016年1月25日，医疗公司向国家知识产权局申请了名称为“制氧机”的外观设计专利，并于2016年8月10日授权公告，该专利如期缴纳年费，目前处于有效状态，权利人为医疗公司，设计人依次为冯某、吴某。吴某认为其入职时医疗公司约定的专利权的归属，故以吴某技术申请的涉案专利，吴某享有共有权，请求法院确认上述外观设计专利属于吴某所有，或者由吴某和医疗公司共有。

【案件焦点】

1. 涉案专利是否属于吴某执行本单位任务所完成的发明创造；2. 涉案外观设计专利权的权属如何确定。

【法院裁判要旨】

山东省济南市中级人民法院经审理认为：判断涉案发明创造是否为职务发明创造，主要是判断涉案发明创造是否与吴某在医疗公司从事的工作任务相关，可以是与职工在职时所具体从事的科学研究项目或技术开发课题直接相关或者是其合理的延续。首先，吴某是否履职于医疗公司应结合在案证据予以综合判定。其次，关于诉争专利技术与吴某在医疗公司所任职工作的相关性。因此，涉案专利属于吴某在履行本职工作中作出的发明创造，为职务发明创造。

关于吴某的职务发明创造是否属于双方共有。法院认为，吴某、医疗公司双方明确约定“以吴某的技术申请的专利，双方共有”，在吴某没有其他证据佐证的前提下，上述约定不能明确表示为“吴某的职务发明创造归吴某、医疗公司双方共有”，应理解为“以吴某自有的技术申请的专利归双方共有”，故涉案专利权不属于吴某与医疗公司共有。

山东省济南市中级人民法院依照《中华人民共和国专利法》第六条第一款，《中华人民共和国专利法实施细则》第十二条，《中华人民共和国民事诉讼法》第六十七条规定，判决：

驳回吴某的诉讼请求。

吴某不服一审判决，提起上诉。

山东省高级人民法院经审理认为：吴某与医疗公司对涉案专利属于职务发明创造并没有争议，因此，一审法院争议焦点定性错误。根据当事人诉辩主张，本案的焦点问题是：涉案外观设计专利权的权属如何确定。职务发明创造申请专利的权利属于单位，但是单位可以依法处置其职务发明创造申请专利的权利和专利权，即单位可以与发明人或者设计人约定申请专利的权利和专利权的归属。本案中，吴某、医疗公司双方对“以吴某的技术申请的专利，双方共有”约定的解释产生分歧。参照《中华人民共和国民法典》第一百四十二条规定，法院对当事人有争议的约定，按照所使用的词句，结合相关条款、行为的性质和目的、习惯以及诚信原则，确定意思表示的含义。按照双方约定所使用的词句，结合相关条款、约定的目的、习惯以及诚信原则，“未来以我的技术申请的专利，公司和我共有”应理解为“以吴某提供的技术完成的职务发明创造申请的专利，由医疗公司与吴某共有”。根据《中华人民共和国专利法》第六条第三款规定，发明人与单位可以就职务发明创造的权利归属进行约定，故吴某与医疗公司关于职务发明创造专利权属的约定不违反法律规定，应认定有效。一审法院在当事人对约定内容存在争议的情况下，忽视双方往来邮件的内容，亦未对该争议条款作出详细解读，而直接认定双方约定的是“以吴某自有的技术申请的专利归双方共有”不当。

山东省高级人民法院依照《中华人民共和国民法典》第一百四十二条，《中华人民共和国专利法》第六条第一款、第三款，《中华人民共和国民事诉讼法》第一百七十七条第一款第二项规定，判决：

一、撤销山东省济南市中级人民法院民事判决；

二、确认专利名称为“制氧机”的外观设计专利权由吴某与医疗公司共有。

【法官后语】

在当事人对职务发明创造的权属约定发生分歧的情况下，对当事人约定进行了正确的解读，能够有效保障职务发明创造员工的科技成果归属，对于健全职务科技成果产权制度具有积极作用。参照《中华人民共和国民法典》第一百四十二条规定，法院对当事人有争议的约定，按照所使用的词句，结合相关条款、行为的性质和目的、习惯以及诚信原则，确定意思表示的含义。仅依据双方约定使用的词句看不出双方表示的是对哪一种含义达成的一致。需要结合相关条款、约定的目的等来确定。

1. 结合相关条款来看。首先，如果是“以吴某自己的技术自行完成的创造”与医疗公司共享专利权，那么专利发明人仅为吴某，其仅需要提出“专利所有人”的署名顺序即可，无须再提出“专利发明人”的署名，并且在其作为技术人员，具有合同选择优势的情况下，亦没有必要将自己放在“专利所有人”署名的第二位。其次，结合相关邮件全部条款整体来看，吴某在提出专利共有之前，提出了“产品设计阶段我希望在家工作，是装机和调试，我会根据需要连续在公司工作……”而医疗公司也向吴某介绍了设计部、实验组、服务部等能够帮助配合吴某工作。医疗公司提供的“装机和调试”“做实验”“反馈机器使用数据”已经超出了吴某自有技术的范畴，属于医疗公司提供的主要物质技术条件，由此完成的发明创造显然已不属于“以吴某自己的技术自行完成的创造”。结合相关条款内容可以看出，双方协商的是在吴某提供相应技术、医疗公司提供相应的物质技术条件的情况下，由此完成的发明创造也即吴某完成的职务发明创造归谁所有的问题。

2. 结合双方约定的目的来看。吴某加入医疗公司，为医疗公司提供制氧机方面的技术资源，是为了将自己享有的技术资源获得相应的物质对价（工资）和其他对价（专利共享等），医疗公司聘用吴某的目的是使用吴某的技术研发生产制氧机，获得经济利益。由此可以看出，吴某作为技术持有人，在双方协商过程中应处于优势地位，其会为自己争取最大的利益。而根据协商来看，吴某也确实争取了很大利益，如较高工资、弹性办公条件、专利共享以及公司其他部门的帮助和配合。如果按照医疗公司“以吴某自有的技术申请的专利归双方共有”的主张，医疗公司不仅获得了吴某的技术，职务发明创造完成的专利权属于医疗公司，吴某自行完成的发明创造也由医疗公司与吴某共同享有，而吴某仅获得了工资对价和弹性工作条件。这种理解下，吴某作为技术持有人，向医疗公司让渡的利益远远超过其获得的工资和弹性工作条件，显然与吴某作为技术持有人进入医疗公司工作的目的不符。因为，吴某作为技术持有人，完全没有必要将自己完成的发明创造与公司共享，故将“未来以我的技术申请的专利，公司和我共有”理解为“吴某提供的技术完成的职务发明创造归双方共有”更符合双方约定的目的。

3. 从双方邮件往来使用词句习惯来看。2013年10月13日，吴某在“工作条件和资源”邮件中提出“未来以我的技术申请的专利，公司和我共有”，薛某对吴某邮件回复中也载明“只要是员工自己的发明都可以放名字上去申请专利”，2016 年 1 月 12 日，吴某向薛某回复邮件的邮件，也是使用的“我的发明专利”。通过吴某与医疗公司之间的邮件沟通习惯，可以看出，双方在谈到发明专利时均没有使用“公司的职务发明创造”的专业术语，而是使用“员工自己”“我”等称谓，但交谈内容又暗含着“职务发明创造”的前提和内涵。因为，“员工自己的发明”在申请专利时，“员工自己”作为专利发明人及专利权人署名是应有之义，与公司没有关系，根本不存在薛某邮件中提到的“排名的问题”，也不存在“可以放名字上去”的问题。因此，从双方邮件往来也可以佐证，双方协商的应是员工个人执行公司的工作任务或者利用公司的物质技术条件完成的发明创造申请专利时的权属及署名问题。

4. 根据诚信原则来看。2016 年 1 月 6 日薛某向张某发送电子邮件表明，不管是外观设计专利还是发明专利，发明人都要署吴某的名字，2016 年 8 月 25 日，冯某在邮件里也表达了没有吴某公司也就没有今天的发展、对于设计问题不会否定吴某的设计中心思想等观点。且根据医疗公司二审自认，吴某在 2006 年至 2007 年曾在医疗公司工作一年时间。医疗公司对吴某个人技术能力有无及水平高低应是了解的。如果吴某不是制氧方面专家，医疗公司显然不可能提供那么优越的条件聘用吴某，并将公司股份让吴某部分持有。此外，本案中，医疗公司二审提交的证据目录上显示日期为 2022 年 5 月 25 日，表明该日期就收集完了证据，但其并未向法院提交，直到开庭当天即 7 月 6 日才提交，医疗公司对此并未作出合理解释，其具有证据突袭的不诚信诉讼行为。结合医疗公司的上述主张及行为，表明医疗公司在吴某提供了自己的技术资源在医疗公司完成职务发明创造并申请专利后，不想依据双方约定与吴某共享专利成果，该行为明显违反诚实信用原则。

编写人：山东省泗水县人民法院　毕德强

山东省高级人民法院　张金柱

36

禁止反悔原则适用范围的确定

——电器公司诉机电公司侵害发明专利权案

【案件基本信息】

1. 裁判书字号

最高人民法院（2022）最高法知民终223号民事判决书

2. 案由：侵害发明专利权纠纷

3. 当事人

原告（上诉人）：电器公司

被告（被上诉人）：机电公司

【基本案情】

电器公司是名称为一种环保空调专用排水泵发明专利的专利权人。电器公司主张机电公司生产、销售、许诺销售的被诉侵权产品侵犯其权利要求1、3、4、5、6，请求判令停止侵权，赔偿经济损失。

已查明，案涉专利在授权及无效审查阶段，电器公司均明确涉案专利权利要求1中的“内部水道”必须仅具有一条水流流动路径，水泵回路和冷却回路必须为同一回路，且水流必须能够包覆定子容置室和转子容置室，使水流充斥于壳体与上盖之间形成的空间，以直接利用排出的同一路水流对电机进行冷却。经过庭审对比，被诉侵权产品除了不具备“内部水道”这一技术特征外，包含有案涉专利权利要求1、3、4、5、6中对应的技术特征。

另查明。2016年6月11日、2016年8月7日、2017年5月17日，电器公司在涉案专利实质审查过程中的意见陈述书中针对内部水道有陈述。

【案件焦点】

被诉侵权产品是否具有“内部水道”“进气孔”的技术特征。

【法院裁判要旨】

福建省厦门市中级人民法院经审理认为：关于“内部水道”问题。根据《最高人民法院关于审理侵犯专利权纠纷案件应用法律若干问题的解释》第六条，及《最高人民法院关于审理侵犯专利权纠纷案件应用法律若干问题的解释（二）》第十三条规定，权利人在侵犯专利权纠纷案件中又将其在专利授权程序中放弃的技术方案重新纳入专利权保护范围的，不应得到支持。经查，案涉专利在申请授权过程中，针对权利要求1不具有创造性问题，电器公司在回复的意见陈述书中多次强调“本专利水泵回路和冷却回路是相贯通的，相当于串联。本申请通过合理设置水流通道，一方面利用流水对电机进行冷却，另一方面，水流通道长度较长，在确保水压的情况下能够将水流通道的面积做到最大”。电器公司还增加权利要求1的技术特征，将内部水道的相关描述合并至权利要求1。对前述修改和陈述，授权行政机关未予明确否定。根据前述司法解释，对“内部通道”技术特征的解释应接受禁止反悔原则的约束。通过上述修改及陈述可知，电器公司对“内部水道”特征的字面含义作了限制，即主张解释为一条水流流动路径，直接利用排出的同一路水流对电机进行冷却，明确放弃对前述所涉两种独立回路方案（即除了一路直接从出水口排出的水流流动路径外，还增设一路水流路径用于对电机进行冷却方案）主张等同。

经现场勘验，水流从被诉侵权产品贯穿孔泵入壳体内腔后，呈T字形两路分流，一路水流直接从T字形一侧通道直接引向出水口排出，另一路水流从另一侧进入并蓄于定子容置室后端的凹槽空腔。此技术方案与案涉专利所述设置一条水流流动路径，直接利用排出的同一路水流对电机进行冷却不同，而是电器公司所放弃的两种独立回路方案的具体实施方式。现电器公司的主张违反了禁止反悔原则，法院不予支持。

关于“进气孔”问题。结合权利要求1所述“壳体的上端安装有上盖”，本领域技术人员可以清楚地明白案涉专利“所述上盖设有进气孔”是在上盖设有与壳体内部连通的进气通道。经查，案涉专利在申请授权过程中，电器公司针对国家知识产权局《第三次审查意见通知书》提及的权利要求1不具有创造性问题曾提交意见陈述书称："由于出水端的水位低于进水口的水位，如果壳体密闭，则在电机停止转动后，水盘内的水依然能够从出水端流出，所述上盖设置有进气孔，在电机停止转动后，空气从进气孔进入壳体内，使壳体内的水位下降，水盘内的水就不会从出水端排出，将进气孔设置在壳体的上端也同样能够起到进气作用""（本发明）通过设置进气口有效解决了水道中由于液体压强和大气压强差而产生的虹吸现象，从而避免了出水端在物理作用下出现的漏水问题"。对前述陈述，授权行政机关未予明确否定。可见，电器公司已经通过上述陈述，对所争议的"进气孔"的功能、效果作了进一步的明确，主张是解决内部水道虹吸现象，该解释依法应接受禁止反悔原则的约束。

经现场勘验，被诉侵权产品上盖中电线所在的孔，除了容纳电线外，还有明显的缝隙可以进气。经现场试验，启动被诉侵权产品电机，出水端开始出水，断开电源后，出水端立马停止出水。将电线所在的孔、上盖和壳体之间缝隙、侧面的溢水孔密封下，启动电机后出水端开始大量出水，关闭电机后出水端仍会出水，但水量明显变小。从上述试验操作可知，封闭前述三处构造会形成虹吸效应。可见，被诉侵权产品上盖中电线所在的孔会破坏虹吸效应。因此，被诉侵权产品上盖中电线所在的孔与案涉专利所述"上盖的进气孔"相比，系以基本相同的手段，实现相同的功能和效果，并且本领域技术人员在被诉侵权行为发生时无需经过创造性劳动就能够联想到的构造特征，两者构成等同，机电公司此处异议不能成立。至于被诉侵权产品是否增设另外两处构造作为进气孔，不影响前述认定。

被诉侵权产品因不具有内部水道而未落入案涉专利保护范围，故不侵权。

福建省厦门市中级人民法院依照《中华人民共和国专利法》第十一条第一款、第二十二条第五款、第五十九条第一款、第六十二条，《最高人民法院关于审理侵犯专利权纠纷案件应用法律若干问题的解释》第一条、第二条、第三条、第六条、第七条、第十四条，《最高人民法院关于审理侵犯专利权纠纷案件应用法律若干问题的解释（二）》第八条、第十三条，《最高人民法院关于审理专利纠纷案件适用法律问题的若干规定》第十三条，《中华人民共和国民事诉讼法》第六十四条第一款规定，判决：

驳回电器公司的诉讼请求。

电器公司不服一审判决，提起上诉。

最高人民法院经审理认为：根据涉案专利说明书和附图3以及电器公司在涉案专利实质审查过程中的陈述意见，涉案专利权利要求1中的“壳体与上盖之间的空间形成使连通孔和出水端连通的内部水道”必须仅具有一条水流流动路径，水泵回路和冷却回路必须为同一回路，且水流必须能够包覆定子容置室和转子容置室，使水流充斥于壳体与上盖之间形成的空间，以直接利用排出的同一路水流对电机进行冷却。经一审和二审比对，被诉侵权产品的内部水流通道是水流流经连通孔进入壳体内腔后呈T字形分流，绝大部分水流从右边通道直接从出水端排出，极少部分渗入左侧容置室但形不成水流通道，这与权利要求1中“壳体与上盖之间的空间形成使连通孔和出水端连通的内部水道”是水泵回路与冷却回路为同一水路、利用该水路覆盖定子容置室、转子容置室并对电机进行冷却的技术特征，既不相同也不等同。因此，电器公司关于被诉侵权产品具有涉案专利权利要求1中“内部水道”的技术特征的上诉意见不予采纳。

最高人民法院依照《中华人民共和国民事诉讼法》第一百七十条第一款第一项规定，判决：

驳回上诉，维持原判。

【法官后语】

本案涉及“禁止反悔”原则的适用范围问题。审判实践中，容易出现以下两种误区。例如，原权利文书的权利要求记载了A、B、C三个技术特征，修改后的权利要求记载了A、B、C、D四个技术特征，该次修改未被有关职权部门明确否认。一种误区是认为放弃的技术方案就是由A、B、C这三个技术特征限定的技术方案本身，但未考虑本领域普通技术人员在文本修改发生时无需经过创造性劳动就能够联想到的等同特征也在放弃之类。权利人在专利侵权纠纷案件的审理过程中不能再将其纳入专利权保护范围。另外一种误区是认为，由于在权利要求中增加了技术特征D，导致权利要求的保护范围限缩了，权利人不得再就增加的技术特征D主张适用等同原则保护。这种观点实质上是认为经过修改后的权利要求一下子变得完美无缺了，以至于不再需要等同原则保护。显然这种观点不符合客观情况，因为即便如本案那样经过四次修改，权利要求的文字仍然是不够完备的，没有理由认为限制性修改应当被视为放弃了在作出修改时尚无法预见的那些等同技术方案，否则又将陷入另外一种制度谬论。

本文认为，根据《最高人民法院关于审理侵犯专利权纠纷案件应用法律若干问题的解释》第六条，及《最高人民法院关于审理侵犯专利权纠纷案件应用法律若干问题的解释（二）》第十三条的规定，“禁止反悔”原则应当理解为：(1) 专利申请人（专利权人）在专利授权或无效宣告程序中，通过权利要求、说明书的修改或者意见陈述对权利要求进行了缩限性修改或陈述；(2) 若该修改和陈述未被有关职权部门明确否认的，则通过修改或者意见陈述而缩小其原权利文本保护范围所导致的变化部分，应当被认定为“放弃的技术方案群”；(3) 权利人在侵犯专利权纠纷案件中又将“放弃的技术方案群”纳入专利权保护范围的，不应得到支持，但对于增加的技术特征仍然可以主张等同保护。

简而言之，作为与等同原则相伴而生的一种规则，禁止反悔原则适用的范围是专利申请人（专利权人）在专利授权或无效宣告程序中放弃的特定技术方案本身及其等同对象，既不应局限于被放弃的技术方案本身，也不应扩大到修改后的技术方案不能获得等同原则保护。比如本案电器公司虽然对“进气孔”“内部水道”特征都进行了缩限性修改或陈述，但是被诉侵权产品采取的“进气孔”特征就构成等同侵权，而“内部水道”就不构成相同或者等同侵权。

编写人：福建省厦门市中级人民法院　叶鑫欣

37

外观设计专利的侵权判断基本方法运用

——商贸公司诉布艺公司侵害外观设计专利权案

【案件基本信息】

1. 裁判书字号

北京市高级人民法院（2022）京民终556号民事判决书

2. 案由：侵害外观设计专利权纠纷

3. 当事人

原告（被上诉人）：商贸公司

被告（上诉人）：布艺公司

【基本案情】

商贸公司以受让方式取得名称为“墙纸（丛林深处）”的外观设计专利，该专利产品用于室内墙面装饰，设计要点在于产品的图案。

商贸公司主张，布艺公司未经商贸公司许可，在“国际墙纸/墙布/窗帘暨家居软装饰展览会”上，销售、许诺销售涉案被控侵权产品。会后，商贸公司从布艺公司处购买了涉案被控侵权产品，并进行证据保全公证。

【案件焦点】

涉案被控侵权产品未落入涉案专利的保护范围。

【法院裁判要旨】

北京知识产权法院经审理认为：涉案被控侵权产品为窗帘，与涉案专利所使用的墙纸均为室内装饰用品，二者在功能、用途、生产部门、销售渠道及消费对象等方面基本相同，属于相近种类产品。被诉侵权设计与涉案专利整体上均为树枝、树叶等元素交错构成的复杂图案，在设计题材、构图方法方面较为相近。二设计中树枝的走势和树叶的纹样较为接近，特别是被诉侵权设计与涉案专利中均有若干处枝叶交错较为密集的部分，相关部分中树枝与枝叶的位置关系、叶片的数量、大小及延展方向均较为接近。二者的区别主要在于被诉侵权设计中没有豹子图案，但树枝和枝叶对产品的整体视觉效果影响较大，被诉侵权设计在涉案专利的基础上仅仅主要减少豹子这一设计要素，未对侵权判断产生实质性影响。因此，被诉侵权设计与涉案专利构成相近似的外观设计，被诉侵权设计落入涉案专利权的保护范围。

北京知识产权法院依照《中华人民共和国民法典》第一百七十九条，《中华人民共和国专利法》第十一条第二款、第六十四条第二款、第七十一条，《最高人民法院关于适用〈中华人民共和国民法典〉时间效力的若干规定》第一条第三款，《最高人民法院关于审理侵犯专利权纠纷案件应用法律若干问题的解释》第八条、第九条、第十一条规定，判决：

一、布艺公司立即停止销售侵害商贸公司涉案专利权的涉案行为，相关行为包括制造、许诺销售、销售；

二、布艺公司赔偿商贸公司经济损失3万元；

三、布艺公司赔偿商贸公司合理支出1万元。

布艺公司不服一审判决，提起上诉。

北京市高级人民法院经审理认为：涉案被控侵权产品为窗帘，涉案专利为墙纸，二者均为室内装潢产品，故二者属于相近种类产品。与涉案专利进行比对时，应从涉案被控侵权产品的图案中提取最小单元作为比对对象。涉案被控侵权产品与涉案专利存在以下主要区别点：（1）涉案被控侵权产品没有豹子的图案，涉案专利有豹子图案；（2）涉案被控侵权产品由蓝色树叶、棕色树叶及棕色树枝构成，涉案专利由绿色树叶、灰白色树枝构成；（3）涉案被控侵权产品的树叶数量较少。虽然涉案被控侵权产品与涉案专利在树枝的走势、部分树叶的纹样、树枝与树叶的位置关系存在相似的方面，但是，涉案被诉侵权产品与涉案专利的上述区别点对产品外观设计的整体视觉效果具有显著影响，因此，涉案被诉侵权产品与涉案专利不属于相同或近似外观设计，涉案被诉侵权产品未落入涉案专利的保护范围。故法院认定涉案被控侵权产品未侵犯涉案专利权。

北京市高级人民法院依照《中华人民共和国专利法》第十一条第二款，《中华人民共和国民事诉讼法》第一百七十七条第一款第二项规定，判决：

一、撤销北京知识产权法院判决；

二、驳回商贸公司的诉讼请求。

【法官后语】

《最高人民法院关于审理侵犯专利权纠纷案件应用法律若干问题的解释》第十一条规定，人民法院在认定外观设计是否相同或近似时，应当根据授权外观设计、被诉侵权设计的设计特征，以外观设计的整体视觉效果进行综合判断。被诉侵权设计与授权外观设计在整体视觉效果上无差异的，人民法院应当认定两者相同；在整体视觉效果上无实质性差异的，应当认定两者近似。“整体观察、综合判断”是外观设计专利确权以及侵权判断的基本方法。人民法院应当以外观设计专利产品的一般消费者的知识水平和认知能力来判断外观设计是否相同或者近似。审理侵犯外观设计专利纠纷案件，应当首先确定专利权的保护范围。外观设计专利权的保护范围以表示在图片或者照片中的该专利产品的外观设计为准，外观设计的简要说明及其设计要点、专利权人在无效程序及诉讼程序中的意见陈述等，可以用于理解外观设计专利权的保护范围。在确定外观设计保护范围时，应当综合考虑授权公告中表示该外观设计的图片或者照片所显示的形状、图案、色彩等全部设计要素所构成的完整的设计内容，图片或者照片中每个视图所显示的所有设计特征均应予以考虑。裁判者的判断过程存在一个逻辑顺序或者说排序过程，即首先应当对授权外观设计、被诉侵权设计的全部设计特征进行逐个分析比对，然后再判断哪些因素能够影响产品外观设计整体视觉效果。也就是说，要从全部设计特征中找出哪些是构成要素的主要部分，哪些是次要部分，这是比较的重点。例如，产品容易被直接观察到的部位、设计要点通常被认为对外观设计的整体视觉效果更具有影响。本案中，二审法院对能够影响整体视觉效果的所有因素进行综合考量，在考察各设计特征对外观设计整体视觉效果影响程度的基础上，基于室内装潢产品一般消费者的知识水平和认知能力，比较涉案专利和被控侵权产品的外观设计异同对整体视觉效果产生的影响，进行综合判断，最终认定涉案专利与被控侵权产品的外观设计之间的区别点对整体视觉效果具有显著影响，涉案侵权产品未落入涉案专利的保护范围。本案对于室内装潢产品外观设计专利权侵权案件的判定规则进行了具体细化，通过在众多设计要素中寻找并确定比较的重点，即专利权人独创的富有美感的主要设计部分，与被控侵权产品的对应部分进行对比，进而做出认定。本案结论的做出是在认定哪些设计要素构成主要部分的基础上，将专利产品的外观设计与被控侵权产品进行比对，从而整体观察、综合判断的过程，对同类案件具有借鉴意义。

编写人：北京市高级人民法院　杨绍煜

38

平行进口构成商标侵权与否的判定标准

——工具公司诉设备公司等侵害商标权及不正当竞争案

【案件基本信息】

1. 裁判书字号

江苏省高级人民法院（2021）苏民终2587号民事判决书

2. 案由：侵害商标权及不正当竞争纠纷

3. 当事人

原告（被上诉人）：工具公司

被告（上诉人）：设备公司、彭某

被告：工具经营部、高某

【基本案情】

工具公司是世界知名的链锯制造商，其链锯系国际知名品牌，在中国及国际市场均具有极高的知名度。工具公司在国内注册有多个商标，其中涉案商标于2014年3月被国家工商行政管理局商标评审委员会认定为驰名商标。设备公司向越南供应商进口了涉案油锯，后工具经营部进行了销售。庭审中，工具公司陈述其国外授权经销商并未向越南供应商提供过相关产品，即便设备公司进口产品确系工具公司生产，但设备公司对产品进行了拆卸，磨除了汽缸等处的序列号后重新组装，上述行为侵犯了工具公司的商标专用权。工具公司自2016年即停止在中国市场销售涉案油锯，设备公司在中国销售涉案油锯，亦侵犯了工具公司的商标专用权。工具公司提交了太仓工具公司于2020年10月29日出具的《关于中国市场涉案油锯的情况说明》，载明：工具公司生产的涉案油锯不能满足根据《中华人民共和国环境保护法》和《中华人民共和国大气污染防治法》防治非道路移动机械用小型点燃式发动机排气对环境的污染制定的第二阶段排放标准，工具公司自2016年1月1日开始已停止在中国市场销售涉案油锯，改为销售其他油锯。工具公司主张设备公司构成商标侵权及不正当竞争，工具经营部、高某构成商标侵权，要求设备公司等停止侵权，赔偿经济损失。

【案件焦点】

设备公司进口、销售涉案油锯的行为是否构成商标侵权。

【法院裁判要旨】

江苏省南通市中级人民法院经审理认为：工具公司是涉案注册商标的权利人，其享有的商标专用权受法律保护，他人未经许可，不得擅自使用上述商标。

商标既具有识别商品或服务来源的基本功能，也具有品质保障等衍生功能，其中识别来源功能是商标的主要功能，而品质保障功能是指商标权人具有控制商品或服务品质的权利，商标权人对降低商品或服务品质、减损或损害其商标所负载商誉的商标使用行为有权制止。

本案中，涉案油锯虽系工具公司生产，但因不符合我国有关排放标准，工具公司已不在国内销售该型号油锯。对工具公司执行我国排放标准，并以此对产品质量进行控制的行为应予鼓励。设备公司进口、销售涉案油锯的行为妨碍工具公司执行我国排放标准，破坏了工具公司控制产品质量的权利，导致工具公司商标的品质保障功能受损，侵害了工具公司涉案注册商标专用权。

江苏省南通市中级人民法院依照《中华人民共和国反不正当竞争法》第二条、第六条第四项、第十七条，《中华人民共和国商标法》第五十七条第三项及第七项、第五十八条、第六十三条第一款及第三款，《中华人民共和国公司法》第六十三条规定，判决：

一、设备公司自本判决生效之日起立即停止使用带有涉案文字的企业名称，并于本判决生效之日起三十日内在行政机关办理企业名称变更手续；

二、设备公司于本判决生效之日起十日内赔偿工具公司经济损失及为制止侵权行为支出的合理费用共计 40 万元；

三、彭某对设备公司前述第二判项债务承担连带责任；

四、工具经营部于本判决生效之日起立即停止销售侵犯工具公司涉案注册商标专用权的商品；

五、工具经营部、高某于本判决生效之日起十日内共同赔偿工具公司经济损失及为制止侵权行为支出的合理费用共计 3 万元；

六、驳回工具公司的其他诉讼请求。

设备公司、彭某不服一审判决，提起上诉。

江苏省高级人民法院经审理同意江苏省南通市中级人民法院裁判意见，依照《中华人民共和国民事诉讼法》第一百七十七条第一款第一项规定，判决：

驳回上诉，维持原判。

【法官后语】

平行进口商品上使用的商标是否侵害权利人的商标权，理论和司法实践中均存在不同的观点和判断标准。笔者认为，商标的价值通过其功能实现，如果商标功能受损，则其价值无法有效发挥，商标权亦受到损害。平行进口是否侵犯商标权，应当回归商标制度的本源，立足于是否对商标的功能造成实际损害。

如果平行进口行为损害了商标的功能，则应当认定其侵犯了商标权。如果平行进口行为未对商标权人利益造成损害，或者虽然损害了某种利益，但并未损害商标的功能，则不应当认定对商标权构成侵害，不能适用商标法进行调整。

一、平行进口与商标权利国际用尽

平行进口，是指在国外生产的带有本国商标的商品未经商标所有人的许可而输入本国。讨论平行进口的合法性，无法回避商标权利用尽理论。商品经商标权人和被许可人在内的商标权主体以合法的方式投放市场后，就无权禁止他人在市场上对该商品再行销售或以其他方式提供该商品。就商标权利国内用尽而言，世界各国均持肯定态度，允许已出售商品在本国自由流通，是商标制度应有之义。但商标具有地域性，在一国注册的商标不能自动在他国取得商标权，即便在多国以相同标识注册商标，商标权也系依各国的法律分别产生，彼此相互独立，因此，商标权利在一国用尽后，并不必然在他国用尽。

对于商标权利国际用尽，各国的态度不尽相同。欧共体《欧共体商标一号指令》第七条规定了欧共体内的“商标权用尽原则”。即带有商标的商品一旦经过商标人许可进入任何一个欧共体国家流通，商标权人就不能再阻止他人将该商品转卖到其他欧共体国家。欧共体旨在实现各成员间商品、劳动力、服务、资本的无障碍互通，最终发展为全欧洲的单一共同市场，因此，其要求商品在共同市场内部自由流通，承认商标权利区域内用尽。对于欧共体外投放市场的商品是否可不经成员国商标权人同意在欧共体内销售，《欧共体商标一号指令》并未涉及。但欧共体法院在1998年Silhouette诉Hartlauer案中持否定意见，其判决认为，相对于规定商标权利范围的《欧共体商标一号指令》第五条而言，第七条只是一种例外规定，而第五条第三款尤其赋予了商标所有人制止任何第三人未经同意使用其商标进口商品的权利，第七条只就首先投放共同体市场的产品进一步流通问题，排除了第五条的适用；因此，根据“明示其一即是排斥其他”的原则，首先投放共同体市场之外的产品进口问题必须仍然受第五条的制约。而且只有这种解释才能确保欧共体内部市场的正常运行。[①] 法院在电子

---

① 黄晖：《商标法》，法律出版社2016年版，第181页。

公司诉Circuit Abco等系列案件中确立的裁判理念则是，如果平行进口不导致消费者对商品来源产生混淆误认的，则应当允许，如果平行进口的商品与商标权人在市场上销售的商品之间存在实质性差异或者导致消费者的混淆，对商标权人声誉造成损害的，则应禁止。[①] 判例法并未直接回答是否承认商标权利国际用尽，而是从是否造成混淆误认或对商标权人商誉造成损害的角度评判其合法性。《TRIPs协定》亦回避了商标权利国际用尽，而将问题交由各国自行解决，其第六条明确规定："为依据本协定解决争端的目的，在符合国民待遇和最惠国待遇的规定下本协定的任何规定不得用于处理知识产权的穷竭问题。"

从世界各国的法律实践看，大多数国家或地区未明确承认商标权利国际用尽，即便承认也是附条件有限承认。笔者认为，平行进口与商标权利国际用尽作为一个硬币的两个方面，并不能一概而论，正如法院在NEC电子公司诉Circuit Abco等案件中所持态度，并未绝对地承认或否认平行进口，而是从混淆误认或对损害商誉等角度评判其合法性。平行进口是否侵犯商标权，应当回归商标制度的本源，立足于是否对商标权造成实际损害，即以是否损害商标功能为实质判断标准。

二、以是否损害商标功能为实质判断标准

通说认为，商标具有指示（识别）来源、品质保障以及广告宣传三项功能，识别功能是基础，品质保障以及广告宣传是延伸，三者有机统一。商标的价值通过其功能实现，如果商标功能受损，则其价值无法有效发挥，商标权亦受到损害。从商标法的立法本意考察，商标权的边界是由其功能设定和界定的，商标功能是确定侵权行为的标准或者划定侵权界限的重要基础。如果平行进口行为损害了商标的功能，则应当认定其侵犯了商标权。如果平行进口行为未对商标权人的利益造成损害，或者虽然损害了某种利益，但并未损害商标的功能，则不应当认定对商标权构成侵害，不能适用商标法进行调整。

三、对品质保障功能的保护规则

品质保障功能系保障商品品质的同一性而非保证品质优良。不同的商标承

---

① 王迁：《知识产权法》，中国人民大学出版社2009年版，第476页。

载不同的商誉，劣质商品上亦会使用商标，消费者也并非皆希望所购商品为高品质商品，而是期待同一商标的商品具备相同品质。商标权人生产的商品种类繁多，不同品种的产品在质量等级、风格上各有差异，投放到不同国家和地区的商品亦是千差万别，因此，商标的品质保障功能并非保证商品品质优良，而系保障商品有着统一的质量，满足消费者对同一商标下商品品质的同一性期待。同一性既包括商品整体上品质的同一，如商标权人在某国销售的商品均符合某行业标准或国家标准，也包括商品细分下品质的同一，如各类别商品分别具备不同的品质标准，破坏了这种同一性，即损害了商标的品质保障功能。

具体到本案，进口不符国标已在国内停售的涉案油锯，是否会损害工具公司商标的品质保障功能？笔者认为，在平行进口中，因不同国家商品对应不同国家的消费者，国内外消费者对商品品质的期待不同，无论是进口高品质商品还是低品质商品，通常不会损害消费者对国内商品的品质期待，但如果进口商品与国内商品存在整体上的品质差异，则可能损坏国内商品品质的同一性。本案中，工具公司曾在国内销售涉案油锯，后因执行新的排放标准，已停售该产品。工具公司现在国内销售的油锯均符合排放标准，其涉案商标亦发挥着保障商品品质符合我国排放标准的功能。设备公司进口涉案油锯进行销售，导致市场上重新出现工具公司已停售且不符合我国排放标准的商品，破坏了工具公司在国内所售商品品质的同一性，损害了商标的品质保障功能，亦损害了商标所负载的商誉，故应认定侵害了工具公司商标权。

编写人：江苏省南通市中级人民法院　姜安安

三、不正当竞争纠纷

39

搬运短视频和去除商标行为的合法性认定

——甲科技公司诉乙科技公司等侵害商标权及不正当竞争案

【案件基本信息】

1. 裁判书字号

湖南省长沙市中级人民法院（2021）湘01民终8394号民事判决书

2. 案由：侵害商标及不正当竞争纠纷

3. 当事人

原告（上诉人）：甲科技公司

被告（上诉人）：乙科技公司

被告（被上诉人）：丙科技公司

被告：网络公司

【基本案情】

甲科技公司系甲网站的主办单位及甲APP的开发者、运营者，同时还经授权获得了文字商标以及图形商标的使用权。甲科技公司为增加收看其视频节目的用户数量和次数，投入资金、人力、物力等成本激励创业者制作短视频，并在提供播放该类视频的服务过程中标注了文字和图形商标。

涉案短视频大量出现在乙网站中，且不同地域搜索到的视频不同，不同网络环境下，显示的商标信息有去存的不同。上述视频中未显示上传者信息，部分视频播放前有广告出现。

甲科技公司认为，丙科技公司和乙科技公司均为乙网站的实际运营者，二者作为同业竞争者，实施的搬运涉案视频及去除商标的行为构成对甲科技公司的不正当竞争以及商标权的侵犯；网络公司提供乙软件的下载服务亦构成侵权。故诉至法院。

【案件焦点】

乙科技公司作为乙网站实际经营者实施的搬运涉案视频及去除商标的行为是否构成对甲科技公司的不正当竞争以及商标权的侵犯。

【法院裁判要旨】

湖南省长沙县人民法院经审理认为：关于乙科技公司与丙科技公司是否共同运营乙 APP 的问题。根据丙科技公司提交的《过渡期内部系统支持协议》，丙科技公司作为乙 APP 的开发者，在签订 2016 年《过渡期内部系统支持协议》后，仅为乙科技公司运营乙 APP 在过渡期间提供大数据及系统支持，乙 APP 由乙科技公司独立运营，多家网站业已于 2016 年公开发布“乙 APP 业务独立运营”等新闻消息，甲科技公司取证过程也显示，网络用户在下载乙 APP 后是与乙科技公司签署电子版用户协议，且在庭审中，乙科技公司也明确表示乙 APP 由其独立运营，故法院有理由相信乙 APP 由乙科技公司独立运营，由乙 APP 引发的纠纷均应由乙科技公司负责，故对甲科技公司要求丙科技公司承担责任的诉讼请求，法院不予支持。

关于涉案商标被处理是否构成侵害商标权的问题。乙 APP 中虽然存在部分短视频的右上角涉案商标被处理后的痕迹，但该情形并非构成商标性使用，不属于《中华人民共和国商标法》第五十七条规定的侵犯商标专用权的行为，不构成商标权侵权。

关于乙 APP 是否构成不正当竞争的问题。根据《中华人民共和国反不正当竞争法》第二条第三款规定,“本法所称的经营者,是指从事商品生产、经营或者提供服务(以下所称商品包括服务)的自然人、法人和非法人组织”。在互联网环境下,甲科技公司与乙科技公司作为国内视频业务行业经营者,其经营对象的范围存在较大的重叠,双方存在明显的竞争关系。甲科技公司作为视频软件甲 APP 的运营者,为全国各地的广大用户提供视频分享平台,来分享生活,其收入主要来源之一在于收看其视频节目的用户数量和次数。而乙科技公司运营的乙 APP 在未征得甲科技公司同意的情况下,存在大量显示有涉案图标且内容与甲 APP 中完全相同的短视频,而乙科技公司辩称该涉案视频由第三方用户上传,但乙科技公司仅提供其中10个涉案视频由两个用户上传的证据,其所占取证短视频的数量比例过低,剩余的大部分短视频由乙科技公司直接上传至乙软件的可能性极大,同时,甲科技公司与乙科技公司经营视频软件的核心利益都在于网络用户的数量及市场占有率,当其中一方以使用不正当手段来增加自身网络用户数量时,该行为必然会使另一方的网络用户数量减少,从而直接影响双方经营者的利益,故乙科技公司属于《中华人民共和国反不正当竞争法》第十二条规定的不正当竞争行为。

湖南省长沙县人民法院依照《中华人民共和国反不正当竞争法》第二条、第十二条、第十七条,《中华人民共和国民事诉讼法》第一百四十四条规定,判决:

一、限乙科技公司于本判决生效后十日内赔偿甲科技公司经济损失及合理维权费用共计500000元;

二、驳回甲科技公司的其他诉讼请求。

甲科技公司、乙科技公司不服一审判决,提起上诉。

湖南省长沙市中级人民法院经审理认为:根据丙科技公司提交的《过渡期内部系统支持协议》和相关网站的报道,现有证据不足以证明丙科技公司实际参与了乙网站的运营,乙科技公司是乙网站的实际经营者。

关于乙科技公司是否实施了被诉行为。根据现有证据显示,首先,普通个人用户在乙 APP 中无法注册账号,在“专业生产内容(PGC)自媒体平台”

登录后也没有使用 PGC 自媒体平台的权限。其次，在乙 APP 中播放涉案短视频时，界面上仅显示视频标题、热力值，未显示任何可以体现是用户上传的标识信息，如用户昵称、账户名（ID）、头像或个人简介等，这与由用户上传视频的通常表现形式不同。虽然乙科技公司提交了后台信息拟证明涉案视频系用户上传，但该信息仅显示视频标题、上传时间和时长，乙科技公司并未点击播放相应视频以证明该视频与被诉视频内容的一致性，且涉案视频数量达三千多条，乙科技公司未举证证明所有视频均由 9 名普通用户上传。最后，在同一地点，在手机移动 4G 流量环境下，用乙 APP 播放涉案短视频，右上角显示完整的文字和图形标识，而在 Wi-Fi 环境下播放涉案短视频，右上角有明显的标识被去除的痕迹。在不同的网络环境下，涉案标识有去存的不同，这明显不是普通网络用户上传不同的视频所能实现的，而是与网站的技术控制有关。综上，乙科技公司作为乙 APP 的运营者，在其未对此作出合理解释且其提交的证据不充分的情况下，法院认为其实施了利用技术手段从甲 APP 中搬运被诉视频以及去除视频中原有的文字和图形标识的行为。

关于乙科技公司的行为是否构成商标侵权和不正当竞争。法院认为，乙科技公司在播放涉案视频的过程中，去除视频中原有的文字和图形商标的行为，割裂了甲科技公司和相关公众之间的联系，相关公众无法知晓原始提供视频播放服务的主体，甲科技公司亦丧失了扩大其商标知名度的机会，终结了其视频播放服务所具有的市场扩张属性，损害了甲科技公司的经济利益，故乙科技公司去除涉案视频中文字和图形商标的行为侵犯了甲科技公司涉案注册商标专用权。乙科技公司未经授权，将来源于甲 APP 中的涉案短视频直接“搬运”至乙 APP，破坏了甲科技公司通过甲 APP 平台提供涉案短视频在线播放和下载的服务，窃取了甲科技公司长期经营所形成的经营成果，抢夺了甲科技公司本可以通过涉案短视频获取到的用户、平台流量以及由此带来的经济利益，该行为构成不正当竞争。

网络公司经营的下载站仅提供乙软件的下载服务，乙 APP 本身并非侵权软件，故网络公司的行为不构成侵权。

关于责任的承担。乙科技公司去除商标的行为给涉案两枚服务商标的识别功能造成阻碍；其搬运视频的行为给用户认知和行为产生错误引导，因此，乙科技公司应以适当方式消除影响。最后，法院根据全案证据，判决乙科技公司承担停止侵权、赔偿损失（含合理费用）、消除影响的责任。

湖南省长沙市中级人民法院依照《中华人民共和国商标法》第四十八条、第五十七条第七项、第六十三条第三款，《中华人民共和国反不正当竞争法》第十二条第一款及第二款第四项、第十七条，《中华人民共和国侵权责任法》第十五条第一款第一项、第六项、第八项、第二款，《中华人民共和国民事诉讼法》第一百七十条第一款第二项规定，判决：

一、撤销湖南省长沙县人民法院民事判决；

二、乙科技公司立即停止侵犯甲科技公司涉案注册商标专用权的行为；

三、乙科技公司立即停止对甲科技公司的不正当竞争行为；

四、乙科技公司于本判决生效之日起连续三十日在乙网站手机客户端首页显著位置就涉案商标侵权及不正当竞争行为刊登声明，消除影响；

五、乙科技公司于本判决生效之日起十日内赔偿甲科技公司经济损失及合理维权费用共计1200000元；

六、驳回甲科技公司的其他诉讼请求。

【法官后语】

短视频的快速兴起使得短视频领域正成为互联网知识产权侵权的高发地带。由于短视频的海量存在和丰富内涵，使得侵权行为具有一定的隐蔽性和多样性。本案涉及的是“搬运”短视频且去除视频中原有商标的行为。对于该行为的实施主体以及所侵犯的法益应当如何认定，笔者试从以下几个方面一一进行阐述：

一、短视频的提供主体

视频网站中通常存在大量的视频，包括电视剧、电影、综艺节目、短视频等。一般情况下，完整的电视剧、电影、综艺节目通常是由网站经营者在取得著作权人的许可下，由网站经营者自行提供。而对于短视频，因其制作的便利性，则存在由用户创作后直接上传的情形。那么在侵权纠纷发生时，如何区分被诉作品到底是由网站经营者提供，还是由用户直接上传，笔者认为可以从以下几方面来考量：(1) 网站中是否有用户上传视频的通道。若网站中没有用户上传的通道，那么该视频由网站竞争者提供的可能性较高。而对于有用户上传通道的，笔者认为，为了规范视频行业的发展，在用户直接上传视频之前，网站经营者应当对用户进行实名认证，以便诉讼发生时，网站经营者可以及时提供视频上传者的身份信息，便于权利人追索。(2) 视频中是否含有体现是用户上传的标识信息，如用户昵称、ID、头像或个人简介等。作品在创作完成后需要发表才能被公众所知悉，通常情况下，作者在发表其作品时会进行署名，以表明其作者身份以及获取相关权益。故若是由作者或者其他用户上传作品，一般会同时上传表明其身份的信息。而在由网站经营者自行提供的视频中，则通常会标注网站经营者的商标，以与其他网站提供的视频服务相区别。(3) 视频的具体表现形式。通常情况下，视频在上传以后，不会因播放地域和接入网络的不同而有不同的表现形式，除非该视频提供者施以特殊的技术手段加以控制。具体到本案中，普通个人用户在乙 APP 中无法注册账号，在“PGC 自媒体平台”登录后也没有使用 PGC 自媒体平台的权限；在乙 APP 中播放涉案短视频时，界面上仅显示视频标题、热力值，未显示任何可以体现是用户上传的标识信息；尤其是，在同一地点，在手机移动 4G 流量环境下，用乙 APP 播放涉案短视频，右上角显示完整的文字和图形标识，而在 Wi-Fi 环境下播放涉案短视频，右上角有明显的标识被去除的痕迹。在不同的网络环境下，涉案标识有去存的不同，这明显不是普通网络用户上传不同的视频所能实现的，而是与网站的技术控制有关。综合上述因素，可以认定被诉视频是由网站经营者提供而非用户自行上传。

二、去除商品（服务）中原有商标的合法性分析

商标的本质在于区别来源，要判断侵权是否成立，须以商标的使用为前提。《中华人民共和国商标法》第四十八条规定，商标的使用，是指将商标用于商品、商品包装或者容器以及商品交易文书上，或者将商标用于广告宣传、展览以及其他商业活动中，用于识别商品来源的行为。故商标的使用一般须符合两

个条件：(1) 该标识系用于《中华人民共和国商标法》第四十八条规定的“商业活动”中；(2) 该标识系用以区别来源。是否用于商业活动中，相对比较容易判断，但是否用于区别来源，则情况相对复杂，一般可根据标识的具体位置、大小、标识本身的含义，结合商品的属性，在排除《中华人民共和国商标法》第五十九条规定的正当使用的情况下，进行综合性分析。具体到本案而言，甲科技公司将涉案标识使用在其提供的视频上，通过播放视频的行为，增加甲APP的浏览量，该行为系将上述标识用于商业活动的行为。甲科技公司在提供视频播放服务的过程中使用上述标识，通过该商标以建立其与甲APP或者提供视频播放这一特定服务之间的联系，该标识起到了识别来源的作用，故甲科技公司对涉案标识的使用是商标的使用。

《中华人民共和国商标法》第五十七条规定了商标侵权的几种情形，其中并未将去除商标的行为列举在内，但在第七项将“给他人的注册商标专用权造成其他损害的”作为兜底条款。故要判断去除商标的行为是否构成侵权，须以是否给商标专用权造成其他损害为标准。如前所述，商标的本质在于区别来源，而商标作为商标权人与相关公众之间的纽带，只有附着在核定使用的商品或者服务上随之流通，才能实现其识别来源的基本功能。商标作为一种节约消费者搜寻成本的识别载体，承载了关于注册人、核定使用的商品（服务）以及使用过程中积累的商誉等多重信息，当商标标识、商品（服务）以及商品提供者的信息一并出现时，该商标标识就与相关商品（服务）及商品提供者产生了特定联系，客观上就实现了区别来源的作用。商标在伴随商品流通的过程中还起到了增强商品或者服务的知名度，提高企业的竞争力，增加市场交易机会的作用，以满足商标权人实现其最大经济利益的目的。故商标与商品或者服务有不可分离的属性，商标权人有权在商品流通环节和提供服务的过程中，要求保护商标的完整性，保障其经济利益。若行为人将原本附着在商品或者服务上的商标去除，相关公众就无法知晓原始提供商品或者服务的主体，即割裂了商标权人和该商品或者服务的联系，商标权人因此会丧失扩大其商标知名度的机会，终结其商品或者服务所具有的市场扩张属性，从而损害商标权人的经济利益。因此，去除商品（服务）中原有商标的行为属于《中华人民共和国商标法》第五十七条第七项规定的其他侵权行为。

实际上，商标侵权行为表现多样，除去上述行为，《中华人民共和国商标法》第五十七条第七项规定其他侵权行为还包括延长商品保质期、将商品分装后投入市场等，判断侵权与否的关键还是在于是否对商标权人造成了损害。

三、“搬运”视频的合法性分析

商标法重在调整妨碍商标功能发挥的行为，而《中华人民共和国反不正当竞争法》则是以“诚实信用”为原则，对知识产权领域专门法调整以外的行为进行补充保护。《中华人民共和国反不正当竞争法》第十二条针对网络经营者不诚信的行为进行了部分罗列，同时在第二款第四项作了兜底规定，即“其他妨碍、破坏其他经营者合法提供的网络产品或者服务正常运行的行为”。本案涉及的是一种通过技术手段直接将他人网站中的大量视频搬运到自己网站中的行为。通常情况下，两个视频网站在经营范围、经营内容、消费群体等方面均存在高度重合，二者具有直接竞争关系。要判断该种行为是否构成不正当竞争，关键在于该种行为是否损害了其他网站经营者的利益。视频网站提供的是视频播放服务，其通过播放各类视频来增加用户数量，进而以收取会员费、广告费等形式获取利益。视频网站为增加收看其视频节目的用户数量和次数，需要对其网站播放的视频进行分类和规划设计，并获取到尽可能多的与其设计的主题相符的视频。对此，视频网站通常会采取与著作权人签订协议或者自行创作的方式。视频网站对其网站内容的设计与充盈系其实现经营利益的体现，他人未经许可直接将该视频“搬运”的行为会破坏网站经营者提供的视频播放服务，窃取了网站经营者长期经营所形成的经营成果，抢夺了网站经营者本可以通过其正常的视频播放服务所获取到的用户数量、平台流量以及由此带来的经济利益，给网站经营者造成损害。故该行为违反了《中华人民共和国反不正当竞争法》第十二条第二款第四项的规定，构成不正当竞争。

本案通过对搬运短视频及去除商标的行为作出侵权认定，一方面肯定了网站经营者对其投入成本所获得的短视频享有经营利益，另一方面亦是对创作者的激励，从而鼓励网站经营者创新商业模式，引导视频行业形成良性竞争。

编写人：湖南省长沙市中级人民法院　程婧

40

老字号服务商标与商品商标权利冲突的司法判定

——餐饮公司、某馒头店诉食品公司等侵害商标权及不正当竞争案

【案件基本信息】

1. 裁判书字号

上海知识产权法院（2021）沪73民终597号民事判决书

2. 案由：侵害商标权及不正当竞争纠纷

3. 当事人

原告（被上诉人）：餐饮公司、某馒头店

被告（上诉人）：食品公司、管理公司

被告：某小笼店、向某

【基本案情】

双方当事人均与某包子店、某饭馆具有历史渊源关系，餐饮公司取得涉案商标权。该商标于1994年11月21日获准注册，核定使用于第43类“餐馆”，现在有效期内。1999年1月7日，餐饮公司投资成立某馒头店。餐饮公司将涉案商标授权某馒头店使用，并由该公司负责某馒头店门店的经营。在长期经营过程中，涉案品牌知名度进一步扩大，并不断获得诸多荣誉，如“中华老字号”“市著名商标”等。

食品公司涉案系列商品商标与餐饮公司的服务商标长期共存于市场。食品公司在以下情形中使用了涉案标识：（1）用于招商加盟宣传：加盟展会、手

册、网站等；(2) 用于涉案直营店及加盟店：店招、店内装潢、小票、牌匾、餐具等。

2019 年 4 月 15 日，向某与食品公司签订加盟合同，经营某小笼店，在其店内的墙面装潢、点单灯箱、收银小票等上使用被诉标识。

【案件焦点】

1. 被诉行为是否构成对餐饮公司服务商标专用权的侵害；2. 被诉行为是否构成仿冒混淆、虚假宣传的不正当竞争；3. 若被诉行为被认定构成商标侵权或不正当竞争，四被告应承担何种民事责任。

【法院裁判要旨】

上海市浦东新区人民法院经审理认为：餐饮公司、某馒头店诉请保护的涉案服务商标以及四被告据以抗辩的涉案商品商标均为合法注册且在有效期内。餐饮公司以食品公司的使用超出核定商品的范围为由提起本案诉讼。对于被诉行为的性质，需要考虑被诉行为是否构成对餐饮公司服务商标专用权的侵害，食品公司、管理公司基于地名、字号合法使用的抗辩是否成立，被诉行为是否构成仿冒混淆、虚假宣传的不正当竞争。

首先，关于被诉行为是否构成对餐饮公司服务商标专用权的侵害。被诉侵权标识与餐饮公司服务商标分别构成相同、近似商标。关键在于判断被诉标识的使用与餐饮公司服务商标的使用在类别上是否构成相同或类似，容易导致混淆。第一，涉案的直营及加盟店铺的经营模式是基于特定消费者的购买要约而制作、提供食品，点单及堂吃或外带均在线下线上店铺完成，故其经营行为属于餐饮服务的提供行为。第二，国家工商行政管理局商标局《关于保护服务商标若干问题的意见》第七条规定，服务商标的使用是指为提供服务而在服务场所，服务招牌，服务工具，带有服务商标的名片、明信片、赠品等服务用品，带有服务商标的账册、发票合同等商业交易文书，广告及其他宣传用品的使用，该种使用具备指示服务来源的作用。被诉标识使用于餐饮店铺的店招、店内装潢（墙面装潢、灯箱装潢、点单灯箱）、小票、海报、餐具（纸杯、一次性筷子包装袋等）上。涉案店铺在店招、海报、店内装潢、小票等多处使用涉案商标字样，该些物品并非食品公司之商品商标所指向的商品或者指示其商品来源所必需，而是用于提供餐饮服务的工具、用品等，附着于其上的标识也并非用于指示该物品的来源，而是用于指示餐饮经营者的服务来源。故应认定食品公司对被诉标识的使用与餐饮公司服务商标的使用在类别上构成相同。同理，食品公司在餐饮服务特许加盟的招商展会、网站等的宣传中对被诉标识的使用，与上述餐饮服务中的使用性质相同。结合在案证据，食品公司对其商品商标的不规范使用已造成相关公众的混淆误认。故被诉侵权行为构成对餐饮公司服务商标专用权的侵害。

其次，关于食品公司、管理公司基于地名、字号合法使用的抗辩是否成立。《中华人民共和国商标法》第五十九条规定，注册商标中含有地名，注册商标专用权人无权禁止他人正当使用。餐饮公司、某馒头店的服务商标涉及地名，故其作为商标权人虽有权禁止他人使用该标识来指示服务的来源，但无权禁止他人正当使用这一地名。判断使用地名的行为是否正当，关键在于其对该地名系作为对地理位置的描述性使用还是作为识别商品或服务来源的商标性使用。若使用该地名仅是为了描述地理位置且不会对来源产生混淆误认，则不宜仅因地名商标的存在而禁止他人正当使用该地名；反之，若将该地名作为指示来源的使用且导致相关公众对来源的混淆误认，则不宜认定为正当使用。根据查明的事实，涉案店铺均不位于涉案地区内，但在店招、店内装潢等处将涉案地区突出标注，亦无其他任何关于地理位置的描述、介绍。以一般消费者的认知，该种标注方式应为指示来源意义的商标性使用，而非对于地理位置的说明或描述。故对食品公司、管理公司的该项抗辩意见，法院不予采纳。关于字号，餐饮公司服务商标获准注册的时间为 1994 年，并于 2006 年被认定为“中华老字号”，食品公司字号与餐饮公司、某馒头店的服务商标处于长期共存状态。食品公司、管理公司于 2019 年开展餐饮加盟业务时，应当预见如将涉案字号授权他人使用，会造成相关公众对商品和服务来源产生混淆，以及商品和服务提供者间存在关联关系的误认，会损害餐饮公司的合法权益，但食品公司放任这种结果发生，甚至在餐饮公司采取维权行为之后，仍未停止上述行为，其攀附商誉的主观恶意明显，构成对餐饮公司服务商标专用权的侵害。故食品公司、管理公司关于被诉行为系基于地名、字号合法使用的抗辩均不成立。

最后，关于被诉行为是否构成不正当竞争。结合在案证据及食品公司的历史渊源，部分被诉宣传行为有事实依据，部分宣传行为尚不足以达到引人误解或需要适用反不正当竞争法予以规制的程度，故对于餐饮公司的该主张，法院不予支持。

上海市浦东新区人民法院依照《中华人民共和国民法典》第一百七十九条第一款第一项、第八项、第十项、第三款，《中华人民共和国商标法》第四条、第五十七条第一项及第二项、第六十三条第一款及第三款，《最高人民法院关于审理商标民事纠纷案件适用法律若干问题的解释》第九条、第十条、第十一条、第十二条、第十六条、第十七条，《中华人民共和国民事诉讼法》第一百四十四条规定，判决：

一、食品公司、管理公司、某小笼店、向某于本判决生效之日起立即停止侵害餐饮公司、某馒头店涉案注册商标专用权的行为；

二、食品公司、管理公司于本判决生效之日起十日内赔偿餐饮公司、某馒头店经济损失 200 万元及为制止侵权所支付的合理开支 342000 元，共计 2342000 元；

三、食品公司、管理公司于本判决生效之日起十五日内在某网站的首页（连续十日）、报纸（非中缝版面）刊登声明、消除影响（声明的内容须经法院审核）；

四、驳回餐饮公司、某馒头店的其他诉讼请求。

食品公司、管理公司不服一审判决，提起上诉。

上海知识产权法院经审理同意一审法院裁判意见，依照《中华人民共和国民事诉讼法》第一百七十七条第一款第一项规定，判决：

驳回上诉，维持原判。

【法官后语】

本案主要涉及商品商标和服务商标权利冲突的司法判定、地名商标正当使用的判断。

1. 商品商标和服务商标权利冲突的司法判定。

商标按照识别对象的不同可以分为商品商标与服务商标，二者的权利边界看似泾渭分明，但当使用的载体表现为商品时，则可能产生权利冲突。从历史进程来看，服务商标的保护晚于商品商标。鉴于服务的无形性，服务商标无法“附着”在其注册的服务类别上，而其使用又要求其必须附着于相关载体上，因此，商标使用性质判断难度较大。司法实践中，首先，应根据《最高人民法院关于审理注册商标、企业名称与在先权利冲突的民事纠纷案件若干问题的规定》第一条第二款规定，判断侵权人是否存在超范围或不规范使用其注册商标的情况，否则不属于人民法院处理的范围。其次，判断商标产生的是识别商品还是服务来源的作用，要以消费者的认知为准，结合经营者的经营模式、商标使用的方式、商标使用的效果等方面判断。就经营者的经营模式而言，一般来说，仅销售商品，没有服务工具，也没有提供服务场所，不视为其提供了服务。如在（2019）京73民终3100号甲餐饮公司侵害商标权案中，法院认为，被告的某糕点店虽然为现场制售，但销售时仍以橱窗中陈列的预先制作完成的散装糕点为主，未设就餐场所、桌椅或提供点餐、上餐等服务，被诉标识系商品商标的使用。

食品公司在从事与餐饮公司服务商标相同的小笼包餐饮服务中，对其商品商标的使用已超出指示其商品来源的必要范围，产生标识服务来源的效果，构成商标侵权。值得关注的是，当今“互联网+”背景下，涉及互联网的商标使用判断更加复杂，不能机械归于互联网服务，而应考虑其宣传服务的实质内容和目的进行综合判断，食品公司在餐饮服务特许加盟的网站等宣传中对被诉标识的使用，应认定与餐饮公司服务商标的使用在类别上构成相同。针对本案系老字号商标纠纷的特点，判决尤其指出，双方应珍惜并共同维护涉案商标的良好形象和声誉，恪守商品商标与服务商标的权利边界，谋求共存发展。

2. 关于地名正当使用的判断。

地名是公共领域的词汇，地名标志包含了描述商品或服务来源于某地区的信息。根据《中华人民共和国商标法》第五十九条规定，注册商标中含有地名，注册商标专用权人无权禁止他人正当使用。

地名商标正当使用判断的关键在于对该地名系作为对地理位置的描述性使用还是作为识别商品或服务来源的商标性使用。若使用该地名仅是为了描述地理位置且不会对来源产生混淆误认，则不宜仅因地名商标的存在而禁止他人正当使用该地名；反之，若将该地名作为指示来源使用且导致相关公众对来源的混淆误认，则不宜认定为正当使用。根据查明的事实，涉案店铺均不位于涉案地区，但在店招、店内装潢等处将涉案地区突出标注。以一般消费者的认知，该种标注方式应为指示来源意义的商标性使用，而非对于地理位置的说明或描述。故对食品公司、管理公司的该项抗辩意见，法院不予采纳。

编写人：上海市浦东新区人民法院　孙闫　袁田　林巧

41

兼具商业标识属性的图书名称可寻求商标权保护

——甲出版社诉乙出版社、某书店侵害商标权及不正当竞争案

【案件基本信息】

1. 裁判书字号

上海知识产权法院（2021）沪 73 民终 600 号民事判决书

2. 案由：侵害商标权及不正当竞争纠纷

3. 当事人

原告（被上诉人）：甲出版社

被告（上诉人）：乙出版社、某书店

【基本案情】

甲出版社成立于1952年12月，涉案图书是1961年首次出版并延续至今的系列科普图书，具有很高知名度。同时，甲出版社系涉案注册商标的商标权人，核定使用商品为第16类：书籍；印刷出版物等，甲出版社多年以来始终悉心培育涉案品牌，涉案图书自发行以来获奖无数，具有相当的知名度。近日，甲出版社发现某书店销售乙出版社出版的涉案图书（主编：龚某；版次2018年6月第1版）；此外，甲出版社发现乙出版社还出版了其他系列图书，并在网络渠道公开售。甲出版社认为乙出版社不仅在图书封面等位置突出使用涉案商标字样，而且在前言中声称“本书是涉案图书的升版”，加之涉案图书错误较多，故其行为严重侵害了甲出版社的注册商标专用权及有一定影响的商品名称，亦构成虚假宣传，某书店作为涉案图书销售主体，亦构成侵权。

【案件焦点】

1. 图书名称受商标法及反不正当竞争法的保护的认定标准；2. 如构成侵权，相关民事责任如何承担。

【法院裁判要旨】

上海市普陀区人民法院经审理认为：涉案商标并非问答式科普图书中的通用名称，该图书名称经过甲出版社的长期、稳定的使用具有了相当的知名度和显著性，起到了脱离图书内容而基于出版者的出版行为产生识别商品来源的作用，具有独立的属性和保护的价值。涉案商标核准注册类别为书籍、印刷出版物等，被控侵权商品为图书，两者属于同一种商品。与涉案商标相较，被控14款侵权图书在封面上均标识有涉案商标字样，虽部分款图书名称中添加了词语或短句以修饰涉案商标，然从中文词组的构词习惯及词汇语义来看，在偏正结构中涉案商标更具识别度，属核心要素，综合考虑乙出版社的使用方式，可以认定乙出版社具有攀附甲出版社图书知名度的意图，构成商标侵权；此外，涉案商标构成知名商品特有名称，可受到反不正当竞争法的保护。

上海市普陀区人民法院依照《中华人民共和国民法典》第一百七十九条第

一项、第八项、第十项，《中华人民共和国商标法》第三条第一款、第四十八条、第五十七条第二项及第三项、第六十三条第一款及第三款，《中华人民共和国反不正当竞争法》（1993 年）第五条第二项，《中华人民共和国反不正当竞争法》（2019 年）第八条第一款、第十七条第一款至第三款，《最高人民法院关于审理商标民事纠纷案件适用法律若干问题的解释》第九条第二款、第十条、第十六条第一款及第二款、第十七条，《最高人民法院关于审理不正当竞争民事案件应用法律若干问题的解释》第十七条规定，判决：

一、乙出版社立即停止侵害甲出版社享有的涉案注册商标专用权的行为，并立即停止涉案虚假宣传的不正当竞争行为；某书店立即停止侵害甲出版社享有的涉案注册商标专用权的行为；

二、乙出版社于本判决生效之日起十日内在其官方旗舰店首页连续七日刊登声明，并在报纸刊登声明一次，以消除因其实施的侵害商标专用权行为及不正当竞争行为带来的影响（内容须经法院审核），如不履行，法院将在相关媒体上公布本判决，费用由乙出版社承担；

三、乙出版社于本判决生效之日起十日内赔偿甲出版社经济损失 500000 元及合理开支 100000 元；

四、驳回甲出版社的其余诉讼请求。

乙出版社不服一审判决，提起上诉。

上海知识产权法院经审理同意一审法院裁判意见，判决：

驳回上诉，维持原判。

【法官后语】

随着文化创意产业的蓬勃发展，有相当一部分图书名称具备了较高的知名度及相当的商业价值，然而对于这部分图书名称商品权的保护方式则尚无定论。本案的裁判明确了兼具商业标识属性的图书名称可通过寻求商标权予以保护，厘清了保护过程中应当着重考虑的因素和相关认定标准，并积极寻求权利人利益和社会公众利益的平衡，本案对于图书名称乃至其他类型作品名称的商品权的保护均有一定的指导意义。

一般而言，与图书名称保护相关的法律包括著作权法、商标权法及反不正当竞争法。然鉴于图书名称的表达一般不足以达到著作权法对于作品要求的独创性标准，即其并不会被认定为著作权法意义上的作品，故不宜适用著作权法予以保护。至于将图书名称纳入商标法或反不正当竞争法的保护则具有其合理性，原因在于对于图书名称进行保护的实质是保护该图书名称背后所蕴含的商业价值。但需要注意的是，可以被纳入商标法予以保护的图书名称理应符合法律对商标的要求即具备一定的显著性，足以区别商品来源。此外，根据相关法律及司法解释的规定，商标法和反不正当竞争法对图书名称的保护应当是择一保护的方式，即如果商品名称已经获得商标注册，或者达到了未注册驰名商标的程度，应优先通过商标法保护图书名称；只有未进行商标注册的商品名称才可通过反不正当竞争法予以补充保护。不过对于图书名称获得注册商标前后，权利人也可以分段获得反不正当竞争法以及商标法的保护。

如前所述，图书名称应当具备相当的显著性才有可能被纳入商标法的保护范围，因此在司法实践中我们需要着重判断某一图书名称是否具备显著性，具体可以着重考虑以下因素：

第一，图书名称使用的连续性和稳定性，如果图书名称在很长一段时间内由同一主体连续、稳定地使用，那么相关社会公众会更易将图书名称与权利人建立稳定的联系，即便存在其他主体使用该图书名称，相关社会公众也不会轻易割裂图书名称与权利人的联系。

第二，图书名称的商标性使用情况，如前所述，对图书名称进行保护实质是在保护其背后隐藏的商业利益，当然在维护权利人享有的商业利益的同时也维护了相关社会公众的利益，即防止相关公众混淆或产生混淆的可能性。

第三，图书名称的知名度和识别力，图书名称的知名度高低与是否通过使用获得显著性具有一定的对应关系，高知名度在一定范围内确实可以提高显著性，当然需要注意的是，若知名度过高，可能会削弱图书名称指示商品来源的作用，从而损害其显著性，甚至该图书名称会沦为通用名称。

此外，由于图书名称本身几乎都属于现代汉语中的普通词汇，有其固有的含义，即便该图书名称因权利人的大量使用具备了显著性，仍然不能阻却其他主体对此类普通词汇的正当使用。因而在此种情况下，应当对图书名称是否属于商标性使用施以更高的标准，避免利益失衡。

编写人：上海市普陀区人民法院　陈莹

42

不正当竞争之标识知名度的认定

——食品公司诉生物公司、商贸公司不正当竞争案

【案件基本信息】

1. 裁判书字号

安徽省淮南市中级人民法院（2023）皖04民终366号民事判决书

2. 案由：不正当竞争纠纷

3. 当事人

原告（上诉人）：食品公司

被告（上诉人）：生物公司

被告（被上诉人）：商贸公司

【基本案情】

食品公司成立于2016年，涉案麦片是爆款产品。涉案麦片整体装潢以深绿色、绿色为主色调，主视图搭配绿叶色块图案营造一种生机勃勃的活力感，左侧暗纹的麦穗与产品互相呼应，传达一种健康时尚的理念，强化整个包装的记忆点，成为区别于市面上其他品牌产品的重要标识。2021年4月25日，食品公司法定代表人傅某以上述包装、装潢作品向国家知识产权局申请外观设计专利权，并于2021年8月3日被授予外观设计专利。2021年8月4日，傅某以排

他许可方式授权食品公司实施专利权。经过食品公司的长期使用、宣传、推广，涉案麦片的销量迅速增长，在市场占据大量份额，且取得诸多成绩、奖项及荣誉，其包装装潢已为广大消费者熟悉，成为麦片行业有一定影响的商品。生物公司生产、销售，商贸公司销售的被控侵权产品所用的包装装潢与食品公司涉案麦片的包装装潢高度近似。食品公司认为，涉案麦片经过其使用、宣传、推广，相关包装、装潢已经与其产生了特有联系，相关消费者看到相同或近似包装、装潢就会认为是其相关商品，涉案麦片系具有一定影响力的产品，其包装装潢依法受法律保护。生物公司生产、销售，商贸公司销售的被控侵权产品所用的包装装潢与食品公司涉案麦片的包装装潢高度近似，造成了消费者的混淆误认，生物公司、商贸公司的行为已构成不正当竞争，不但挤占了食品公司的市场份额，从而获取了巨额利润，给食品公司造成了巨大的经济损失，也误导了诸多消费者，损害了广大公众的利益。

【案件焦点】

1. 生物公司、商贸公司的行为是否构成对食品公司的不正当竞争；2. 如构成不正当竞争，生物公司、商贸公司的民事责任如何承担。

【法院裁判要旨】

安徽省淮南市大通区人民法院经审理认为：食品公司生产的涉案麦片从线上拓展到线下，多种渠道进行销售，销售范围较广，销量较高，具有一定市场知名度，其使用的装潢是公司自行设计并经过多年经营与宣传，与产品之间具有高度联系，对消费者识别商品来源产生影响。而生物公司的产品包装，虽然在颜色、图案、文字、有勺子等方面略有区别，但该区别不影响二者在色彩搭配、位置排列、图案设计元素等显著特征部分构成近似。生物公司在商品上使用的包装与食品公司同种商品包装近似，且该使用行为未得到食品公司的同意或授权，应当认定为擅自使用。此种使用行为容易使消费者对商品来源产生混淆，或者误认为生物公司的麦片与食品公司的涉案麦片的经营者具有许可使用、关联企业关系等特定联系，构成反不正当竞争法意义上的混淆。

安徽省淮南市大通区人民法院依照《中华人民共和国反不正当竞争法》第二条、第六条第一项、第十七条，《最高人民法院关于适用〈中华人民共和国反不正当竞争法〉若干问题的解释》第四条、第十二条、第十四条第一款，《中华人民共和国民事诉讼法》第六十七条规定，判决：

一、生物公司于本判决生效之日起立即停止生产、销售与食品公司涉案麦片包装、装潢相近似的产品的不正当竞争行为；

二、生物公司于本判决生效之日起立即召回并销毁市场上正在销售的与食品公司的涉案麦片近似包装、装潢的商品；

三、生物公司在本判决生效之日起十日内赔偿食品公司经济损失（含合理维权费用）15000元；

四、商贸公司不承担赔偿责任；

五、驳回食品公司的其他诉讼请求。

食品公司、生物公司不服一审判决，提起上诉。

安徽省淮南市中级人民法院经审理同意一审法院裁判意见，依照《中华人民共和国民事诉讼法》第一百七十七条第一款第一项规定，判决：

驳回上诉，维持原判。

【法官后语】

《最高人民法院关于适用〈中华人民共和国反不正当竞争法〉若干问题的解释》第四条第二款规定："人民法院认定反不正当竞争法第六条规定的标识是否具有一定的市场知名度，应当综合考虑中国境内相关公众的知悉程度，商品销售的时间、区域、数额和对象，宣传的持续时间、程度和地域范围，标识受保护的情况等因素。"可以看出，"是否具有一定的市场知名度"的认定上主要从四个方面考虑：第一，中国境内相关公众的知悉程度；第二，商品销售的时间、区域、数额和对象；第三，宣传的持续时间、程度和地域范围；第四，标识受保护的情况。

一、知名度的对象限制——中国境内相关公众的知悉程度

从上述法律规定可以看出，判断商品是否知名具有很强的地域性和指向性。

在我国，“地域性”即为“中国境内”，“指向性”即为“相关公众”。

关于地域限制，“中国境内”并不意味着在判断商品知名度的时候完全只考虑在中国地域内的知名情况，应当是“以其在中国境内为相关公众所知悉为必要，也不排除适当考虑该商品在国外已知名的因素”。这一点在最高人民法院审理的意大利费列罗公司与蒙特莎（张家港）食品有限公司、天津经济技术开发区正元行销有限公司不正当竞争纠纷案①中已经释明。并且，审判实践中对于“中国境内”的理解应当就商品本身在国内的销售区域来定。就本案而言，食品公司生产的涉案麦片是通过线下商场、超市及线上平台进行销售的，生物公司和商贸公司主要是通过线上平台销售产品。同类产品在同样的市场范围，形成竞争关系，那么是否知名的判断也应当在此销售区域来判断。

关于受众限制，线上平台的销售面向的是全国人民，但并不意味着需要全国人民都要熟知才是所谓的“知名”。就知名度考虑的对象而言，应用范围较广的商品不必多言，但有的商品本身应用范围较小，如果这种小众商品受其自身应用的限制只能以特定区域内的人群为考虑对象，那么势必不能符合有一定知名度的条件。所以，“相关公众”的理解应为，包括但不限于商品面向的已经消费者、可能消费者、经营者、同行业竞争者、研究商品相关技术、设计、宣传等人员，即商品只要在这部分人群中被知晓即为“知名”。就本案而言，食品公司生产的涉案麦片并不需要尽人皆知，只需要在上述人群中，并且是上述人群中的一部分人知晓即可。作为同行业竞争对手的生物公司和商贸公司，对食品公司该产品及其包装即可推断为“明知”。

二、知名度的载体——商品销售的时间、区域、数额和对象

知名度的载体是商品，故而商品销售的情况是判断其知名度的重要途径。商品销售的时间越长，区域越广，就意味着其面向的对象越多，销售数额越大。同时，也就意味着消费者对其越认可，知名度就越高。食品公司生产的涉案麦片从线上拓展到线下，多种渠道进行销售，销售范围较广，销量较高，已经形成一定的市场范围，有固定的消费群体，可认定为有一定的知名度。

---

① 载《最高人民法院公报》2008年第6期。

三、知名度的额外来源——宣传的持续时间、程度和地域范围与标识受保护程度

商品宣传推广的最终目的是让更多的消费者知晓该商品，从而进一步促进商品的销售。并且，商品的销售本身即是一种推广，随着销售时间的延续，“相关公众”已然对该品牌建立信任、依赖。这种“品牌忠诚”会使该品牌在出新产品时，老顾客依然会继续购买。另外，商品标识的受保护情况也可作为商品是否知名的考虑条件。标识包括商标、商品外观等，作为商标的保护一般是以注册商标的形式进行，商品外观的保护大多是以申请外观专利进行。就食品公司而言，其是一个以麦片为主要产业的公司，自2016年起，食品公司即对其公司生产的燕麦片通过线下商场、超市及线上平台进行销售。在建立一定范围的消费群体之后，食品公司上架涉案麦片，对新出的产品，邀请专人设计产品外观，后续又获得外观设计专利，在网络上进行大量宣传并邀请奥运冠军担任品牌代言人，后该产品获得的各种奖项和荣誉，都足以证明该产品是具有知名度的。

标识是否具有一定的市场知名度，应当结合具体案件综合考虑。虽然《最高人民法院关于适用〈中华人民共和国反不正当竞争法〉若干问题的解释》第四条第二款已列明上述四项考量因素，但在司法实践中并不需要全部满足，而且根据个案不同还可以考虑其他与知名度相关的因素。随着信息时代的飞速蝶变，许多商品的出名或畅销有可能在一夜之间，而《中华人民共和国反不正当竞争法》的立法目的是鼓励和保护公平竞争，保护经营者和消费者的合法权益，所以判断是否知名不能一味墨守成规，仍然要从根本目的出发，充分考虑个案的不同情况，以期营造更优质的经济社会环境。

编写人：安徽省淮南市大通区人民法院　岳文超

43

适用《中华人民共和国反不正当竞争法》第二条认定其他混淆行为构成不正当竞争的司法标准

——科贸公司诉家居公司、日用品公司不正当竞争案[①]

【案件基本信息】

1. 裁判书字号

广东省深圳市中级人民法院（2022）粤03民终30160号民事判决书

2. 案由：不正当竞争纠纷

3. 当事人

原告（上诉人）：科贸公司

被告（上诉人）：家居公司、日用品公司

【基本案情】

德国某公司系涉案注册商标专用权人，核定使用的商品类别为耳塞等。其授权科贸公司在某平台销售其生产的耳塞产品，其官网中文网页超链接的中国官方销售代理商即科贸公司经营的甲专营店。

日用品公司在耳塞等商品类别上注册涉案商标，并授权家居公司使用。家居公司在其经营的乙专营店销售多款名称带有涉案品牌名称的耳塞、眼罩，在宣传中使用“全德文原装进口”“正品保证”“德国进口”“德国官网同款”等字样，以及涉案标识，并在商品详情标注品牌名称为涉案品牌，产地为德国。

---

① 本案科贸公司还主张家居公司构成虚假宣传、日用品公司提供注册商标构成共同侵权，为了行文方便，本文略去前述侵权行为。

【案件焦点】

1. 家居公司实施相关行为是否构成不正当竞争；2. 如家居公司构成不正当竞争，日用品公司是否构成共同侵权；3. 如构成不正当竞争，民事责任应如何承担。

【法院裁判要旨】

广东省深圳市龙华区人民法院经审理认为：经营者实施的竞争行为足以引人误认为是他人商品或者与他人存在特定联系，扰乱市场竞争秩序，损害其他经营者或者消费者合法权益，且属于《中华人民共和国反不正当竞争法》第六条第一项至第三项及《最高人民法院关于适用〈中华人民共和国反不正当竞争法〉若干问题的解释》第十三条规定之外情形，构成其他混淆行为的，人民法院可以适用《中华人民共和国反不正当竞争法》第二条认定其构成不正当竞争。

在科贸公司未提交证据证明家居公司销售的耳塞类产品系假品的情况下，对于科贸公司主张家居公司的销售行为构成不正当竞争、停止销售行为的诉讼请求，不予支持。

广东省深圳市龙华区人民法院依照《中华人民共和国民法典》第一百七十九条、第一千一百六十八条，《中华人民共和国反不正当竞争法》第二条、第八条、第十七条，《最高人民法院关于适用〈中华人民共和国反不正当竞争法〉若干问题的解释》第二条、第十六条、第二十三条，《中华人民共和国民事诉讼法》第六十七条规定，判决：

一、家居公司立即停止虚假宣传的不正当竞争行为，即立即删除或整改其涉及虚假宣传的商品详情和“特别声明”；

二、家居公司应于判决生效之日起十日内，向科贸公司赔偿经济损失、支付维权合理开支 100000 元；日用品公司对家居公司的上述赔偿义务承担连带责任；

三、驳回科贸公司的其他诉讼请求。

科贸公司、家居公司、日用品公司不服一审判决，提起上诉。

广东省深圳市中级人民法院经审理认为：家居公司销售标注涉案商标的耳塞产品属于其他混淆行为，扰乱德国某公司商品在某平台销售的正常市场竞争秩序，损害科贸公司的合法权益。1. 科贸公司系德国某公司官方授权在某平台销售正品的唯一专营店，其在某平台享有销售涉案正品的合法权益。2. 家居公司未经德国某公司授权，在某平台开设专营店销售涉案德国产商品，挤占了科贸公司在某平台的市场份额，构成不正当竞争。

广东省深圳市中级人民法院依照《中华人民共和国反不正当竞争法》第二条、第六条第四项、第十七条，《中华人民共和国民事诉讼法》第一百七十七条第一款第二项规定，判决：

一、维持广东省深圳市龙华区人民法院民事判决第一项；

二、撤销广东省深圳市龙华区人民法院民事判决第三项；

三、变更广东省深圳市龙华区人民法院民事判决第二项为：家居公司应于本判决生效之日起十日内，向科贸公司赔偿经济损失、支付维权合理开支200000元；

四、日用品公司应对家居公司的前述赔偿义务承担连带责任；

五、家居公司立即停止在某平台乙专营店销售标注涉案商标的耳塞类产品；

六、驳回科贸公司的其他诉讼请求。

【法官后语】

加强不正当竞争审判，需统筹兼顾自由竞争与公平竞争的关系，积极促进市场结构完善和社会主义市场经济体制的健全。妥善处理知识产权专门法与反不正当竞争法的关系，反不正当竞争法补充性保护不能抵触专门法的立法政策，凡专门法已作穷尽规定的，原则上不再以反不正当竞争法作扩展保护。凡反不正当竞争法已在特别规定中作穷尽性保护的行为，一般不再按照原则规定扩展其保护范围；对于其未作特别规定的竞争行为，只有按照公认的商业标准和普遍认识能够认定违反原则规定时，才可以认定构成不正当竞争行为，防止因不适当地扩大不正当竞争范围而妨碍自由、公平竞争。在不正当竞争的审判实务中，有的混淆行为会同时构成商标侵权和不正当竞争的竞合，而评价一个混淆行为是否构成不正当竞争，首先应放在商标法中予以评判，如果商标法不能救济，再考虑适用反不正当竞争法。

一、商标侵权

（一）家居公司对涉案商标构成商标的使用

商标的使用是指将商标用于商品、商品包装或者容器以及商品交易文书上，或者将商标用于广告宣传、展览以及其他商业活动中，用于识别商品来源的行为。商标是否发挥识别商品来源功能，应以相关公众视角作为判断标准。本案中，家居公司对涉案商标存在两个直接的使用行为：（1）取得日用品公司的授权，将涉案商标用于某平台乙专营店的登记注册；（2）在网店使用涉案商标进行广告宣传。因日用品公司为涉案注册商标专用权人，如前述2项行为规范实施，不构成商标侵权。关键在于第3项使用行为，即涉案商品外包装上标注涉案商标，却声明产品“原装进口”、厂商为德国某公司。对于相关公众而言，看到耳塞上标注涉案商标，必然联想到系注册人日用品公司使用；再结合相关授权，进而联想到可能系日用品公司授权家居公司使用。家居公司辩称，其仅系将涉案商标用于登记网店，并非用于识别商品的来源，严重偏离相关公众对涉案商标注册及使用状况的认知。

（二）家居公司侵害德国某公司对涉案商标享有的注册商标专用权

《中华人民共和国商标法》第五十七条第五项规定，未经商标注册人同意，更换其注册商标并将该更换商标的商品又投入市场的，属于侵害注册商标专用权的行为。德国某公司在中国境内注册了两个商标，其在中国境内销售商品有固定包装，家居公司销售的涉案商品却标注了日用品公司的注册商标，相当于未经德国某公司同意，更换其注册商标并将该更换商标的商品又投入中国市场，构成商标侵权。家居公司辩称：（1）德国某公司在德国注册涉案商标，涉案商品系从德国平行进口，系德国某公司在欧洲销售的正品包装，故包装上的涉案商标并非家居公司使用；（2）涉案商品是正品，故德国某公司的注册商标专用权权利用尽。关于第1项平行进口抗辩，注册商标具有地域性，在中国境内，涉案商标的注册人为日用品公司、授权使用人为家居公司，如前所述，相关公众看到涉案商标必然联想到前述二公司；德国某公司如在中国境内销售商品使用涉案商标，反而是侵害日用品公司注册商标专用权。关于第2项注册商标权利用尽抗辩，该项抗辩系针对同一地域正品的二次销售。首先，家居公司销售的该商品在中国境内并不是正品包装；其次，该商品在中国境内属于首次销售，即便家居公司抗辩的涉案商品从德国进口属实，亦不能将进口行为视为首次销售、家居公司的销售行为视为二次销售。因本案德国某公司未作为原告提起商标侵权诉讼，故本文需继续论述科贸公司提起的不正当竞争（其他混淆行为）纠纷。

二、其他混淆行为的法定构成要件

（一）形式要件：属于法定五项混淆行为之外的其他情形

《中华人民共和国反不正当竞争法》第六条规定："经营者不得实施下列混淆行为，引人误认为是他人商品或者与他人存在特定联系：（一）擅自使用与他人有一定影响的商品名称、包装、装潢等相同或者近似的标识；（二）擅自使用他人有一定影响的企业名称（包括简称、字号等）、社会组织名称（包括简称等）、姓名（包括笔名、艺名、译名等）；（三）擅自使用他人有一定影响的域名主体部分、网站名称、网页等；（四）其他足以引人误认为是他人商品或者与他人存在特定联系的混淆行为。"《最高人民法院关于适用〈中华人民共和国反不正当竞争法〉若干问题的解释》第十三条补充列举两种其他混淆行为："……（一）擅自使用反不正当竞争法第六条第一项、第二项、第三项规定以外"有一定影响的"标识；（二）将他人注册商标、未注册的驰名商标作为企业名称中的字号使用，误导公众。"即规范性法律文件已明确规定五项混淆行为，《中华人民共和国反不正当竞争法》第六条第四项规定的其他混淆行为是兜底条款，应规制前述五项混淆行为之外的其他情形。随着市场竞争的多样化，实践中花样百出的混淆行为可能超出法律明文规定，需要用其他混淆行为这一弹性条款予以认定。

（二）实质要件：属于引人误认为是他人商品或者与他人存在特定联系的混淆行为

结合到本案，消费者可能产生以下三种误认：（1）来源误认。引人误认为是他人商品。因德国某公司在中国境内某平台销售的正品系标注中文商标，家居公司销售产品却标注涉案商标，但涉案商标在中国境内的注册商标专用权人却为日用品公司，产品由德国某公司生产，外包装标注的注册商标却指向日用品公司，消费者会误认为该产品是日用品公司生产商品或与该公司存在特定联系，即对商品来源造成混淆。（2）关系误认。引人误认为与他人存在特定联系。家居公司声称自己销售的产品德国原装进口，消费者会误认为其具有厂家授权，即误认家居公司与德国某公司存在授权销售的关系。(3) 销售者身份误认。二者销售商品标注商标不同、包装不同，家居公司还声明自己销售产品“原装进口”，事实上某平台只有科贸公司以及科贸公司授权的旗舰店才有权销售正品，故消费者会对科贸公司、家居公司在某平台销售德国某公司授权正品的销售者身份产生混淆。

三、可适用《中华人民共和国反不正当竞争法》第二条认定其他混淆行为

经营者扰乱市场竞争秩序，损害其他经营者或者消费者合法权益，且属于违反《中华人民共和国反不正当竞争法》第二章及知识产权专门法等规定之外情形的，人民法院可以适用《中华人民共和国反不正当竞争法》第二条予以认定。如前所述，其他混淆行为条款属于弹性的兜底条款，属于抽象的法律概念，法律并未予以明确规定，司法实践如欲认定一项竞争行为构成其他混淆行为，可适用《中华人民共和国反不正当竞争法》第二条进行认定，大前提的逻辑体系更加完备。《中华人民共和国反不正当竞争法》第二条第二款规定，不正当竞争行为，是指经营者在生产经营活动中，违反本法规定，扰乱市场竞争秩序，损害其他经营者或者消费者的合法权益的行为。

（一）违反《中华人民共和国反不正当竞争法》规定

1. 违反《中华人民共和国反不正当竞争法》第二条第一款。经营者在生产经营活动中，应当遵循自愿、平等、公平、诚信的原则，遵守法律和商业道德。特定商业领域普遍遵循和认可的行为规范，人民法院可以认定为《中华人民共和国反不正当竞争法》第二条规定的“商业道德”。人民法院应当结合案件具体情况，综合考虑行业规则或者商业惯例、经营者的主观状态、交易相对人的

选择意愿、对消费者权益、市场竞争秩序、社会公共利益的影响等因素，依法判断经营者是否违反商业道德。人民法院认定经营者是否违反商业道德时，可以参考行业主管部门、行业协会或者自律组织制定的从业规范、技术规范、自律公约等。某平台对于专营店的相关规则属于特定商业领域（某电商）普遍遵循和认可的行为规范，可以认定为本案的商业道德。其规定专营店的品牌资质为：(1) 由国家商标总局颁发的商标注册证或商标注册申请受理通知书扫描件；(2) 若由商标权人直接授权开店公司经营品牌商品的，必须获得权利人授权。家居公司在某平台销售德国某公司产品，没有德国某公司授权，反而还标注日用品公司注册商标涉案商标引发消费者误认，违反某平台规则（商业道德）。

2. 违反《中华人民共和国反不正当竞争法》第六条。根据《中华人民共和国反不正当竞争法》第六条相关规定，经营者不得实施混淆行为，引人误认为是他人商品或者与他人存在特定联系。如前所述，家居公司实施相关行为可能导致消费者产生三种误认情形，实施混淆行为，违反《中华人民共和国反不正当竞争法》第六条关于经营者不得实施混淆行为的禁止性规定。

（二）扰乱市场竞争秩序

经营者竞争的相关市场必须明确，不能泛化。本案科贸公司明确主张为某平台。如前所述，家居公司的相关行为不但违反某平台规则，还扰乱德国某公司产品在某平台销售的正常市场竞争秩序。某公司据此多次删除家居公司的相关销售链接，足以证明某平台也认定家居公司的行为扰乱了某平台的市场竞争秩序，据此予以否定性评价。

（三）损害其他经营者或者消费者的合法权益

1. 其他经营者。与经营者在生产经营活动中存在可能的争夺交易机会、损害竞争优势等关系的市场主体，人民法院可以认定为《中华人民共和国反不正当竞争法》第二条规定的“其他经营者”。关于家居公司是否损害科贸公司的合法权益。其一，科贸公司系德国某公司官方授权在某销售正品的唯一专营店，其在某平台享有销售涉案正品的合法权益。其二，家居公司未经德国某公司授权，在某平台开设专营店销售涉案德国产商品，挤占了科贸公司的市场份额。家居公司的销售行为损害了科贸公司的合法权益。

2. 消费者。如前所述，家居公司的相关行为导致消费者可能产生诸多误认，损害了消费者依法享有的知情权、自主选择权等合法权益。

本案法院依法妥善审理反不正当纠纷案件，明确司法规制，规范市场主体行为，在具体案件中发挥司法智慧，明确法律没有明文规定的破坏公平竞争、扰乱市场秩序的“其他混淆行为”的司法认定标准，切实保护消费者、经营者合法权益和社会公共利益，维护和促进市场公平竞争，强化电商平台等重点消费领域案件审理和宣传。

编写人：广东省深圳市中级人民法院　黄瑜瑜

广东省深圳市龙华区人民法院　李思思

44

竞价排名网络服务提供者共同侵权责任的认定

——电器公司诉维修公司、科技公司侵害商标权及不正当竞争案

【案件基本信息】

1. 裁判书字号

广东省珠海市中级人民法院（2022）粤04民终2190号民事裁定书

2. 案由：侵害商标权及不正当竞争纠纷

3. 当事人

原告（被上诉人）：电器公司

被告（上诉人）：科技公司、维修公司

【基本案情】

科技公司系某网络搜索平台的运营方，为网络客户提供竞价排名服务。2021年6月16日，在该搜索平台搜索“电器公司售后维修”，搜索结果置顶位置标题为“［厂家认证］电器公司（中央空调）服务电话”，点击进入该网页，多处使用了涉案标识，并且使用了“电器公司空调售后服务中心”“电器公司空调厂家售后服务中心”等表述，上述网站域名创建于2021年4月12日，注册单位为维修公司。同时，该搜索结果显示排在第一至六位的网站皆为竞价排名广告，第七位才是电器公司官方售后服务网站及联系电话。电器公司因此起诉主张维修公司与科技公司构成共同侵权，侵犯了电器公司的商标专用权同时构成不正当竞争。

【案件焦点】

1. 维修公司的行为是否构成商标侵权和不正当竞争；2. 科技公司在本案中是否存在过错，其行为是否构成共同侵权。

【法院裁判要旨】

广东省珠海市香洲区人民法院经审理认为：电器公司系涉案注册商标的注册人，依法享有注册商标专用权，他人未经原告许可，不得擅自使用。《中华人民共和国商标法》第四十八条规定，本法所称商标的使用，是指将商标用于商品、商品包装或者容器以及商品交易文书上，或者将商标用于广告宣传、展览以及其他商业活动中，用于识别商品来源的行为。据此，维修公司在网站中多处使用涉案标识，经对比，该标识与电器公司涉案注册商标在视觉上基本无差别，属于相同商标，而且其服务类别与电器公司涉案注册商标核定类别中“电器设备的安装与修理”相同。因此，根据《中华人民共和国商标法》第五十七条第一项规定，未经商标注册人的许可，在同一种商品上使用与其注册商标相同的商标的行为，属于侵犯注册商标专用权，故维修公司侵害了电器公司的注册商标专用权。同时，根据《中华人民共和国反不正当竞争法》第六条规定：“经营者不得实施下列混淆行为，引人误认为是他人商品或者与他人存在特定联系……（二）擅自使用他人有一定影响的企业名称（包括简称、字号等）、社会组织名称（包括简称等）、姓名（包括笔名、艺名、译名等）……”本案中，电器公司作为知名的上市公司，“电器公司”既是其注册商标，同时也是其企业字号，在全国范围内具有很高的知名度，维修公司未经允许，在其网站中使用“电器公司空调售后服务中心”“电器公司空调厂家售后服务中心”等表述的行为，容易引人误认为案涉售后服务网站由电器公司提供或者与电器公司存在某种特定的联系，从而导致消费者产生混淆，故维修公司的上述行为亦构成不正当竞争。

电器公司在发现涉案侵权链接后至提起本案诉讼前，并没有以任何形式通知科技公司删除涉案侵权链接，而科技公司在收到法院送达的案涉诉讼文书后，立即删除了案涉侵权链接。科技公司据此以“避风港原则”为由抗辩其不应承担责任。对此，法院认为，“避风港原则”只是判断过错适用的标准之一，而不是唯一标准。竞价排名服务不仅需要收取较高费用，还要求用户在注册时必须提交选定的关键词。因此，竞价排名服务提供者有义务也有条件审查用户使用该关键词的合法性，在用户提交的关键词明显存在侵犯他人权利的可能性时，其应当进一步审查用户的相关资质，否则应推定为主观上存在过错。本案中，科技公司明知维修公司提交的竞价排名关键词中包含“电器公司”字样，也明知“电器公司”品牌与商标的知名度，而且其作为搜索平台运营商，在算法技术上也完全可以提供匹配度更加精准的信息检索服务，但是，科技公司不仅没有审查维修公司的经营资质，而且当在该搜索平台搜索“电器公司售后维修”时，科技公司也没有将关键词匹配度更高的电器公司官方售后服务网站及联系电话显示在置顶位置，实际排在第七位显示，反而将维修公司添加关键词为“电器公司空调清洗保养”的竞价排名广告网站排在置顶位置。这足以证明科技公司有能力设置某种条件降低侵权的可能性，减少相关公众对涉案商标及品牌的混淆和误认，却不履行或怠于履行在其预见能力和预见范围内的合理注意义务，主观上存在过错，客观上帮助第三方网站实施了商标侵权行为和不正当竞争，实践中也使相关公众对搜索结果产生误认并造成了损害结果，因此科技公司与维修公司构成共同侵权，应当承担侵权责任。

广东省珠海市香洲区人民法院依照《中华人民共和国民法典》第一千一百六十五条、第一千一百六十九条、第一千一百九十四条、第一千一百九十七条，《中华人民共和国商标法》第五十七条第一项、第六十三条第一款和第三款，《中华人民共和国反不正当竞争法》第六条、第十七条规定，判决：

一、维修公司和科技公司于判决生效之日起十日内连带赔偿电器公司经济损失及为制止侵权行为支出的合理开支共计50000元；

二、驳回电器公司的其他诉讼请求。

科技公司、维修公司不服一审判决，提起上诉。

法院审理过程中，科技公司申请撤回上诉。广东省珠海市中级人民法院认为，科技公司在本案审理期间提出撤回上诉的请求，不违反法律规定，法院予以准许。依照《中华人民共和国民事诉讼法》第一百五十七条第一款第十一项、第一百八十条规定，《最高人民法院关于适用〈中华人民共和国民事诉讼法〉的解释》第三百二十条规定，裁定：

一、准许科技公司撤回上诉；

二、维修公司按自动撤回上诉处理。

【法官后语】

在没有出现竞价排名之前，搜索引擎是根据用户键入的关键词与相关网站的契合度来展示搜索结果，契合度越高的，搜索结果展示的序列更靠前，长久以来的自然搜索结果的显示顺序在相关公众的感官中根深蒂固。后来出现的竞价排名模式则不再以匹配度为标准排序，而是按照客户对特定关键词的出价高低决定搜索结果的位列。但是，相关公众现在在使用搜索引擎时尚未意识到竞价排名与自然搜索的区别。事实上，搜索服务提供商也有意无意淡化这种区别。正因如此，竞价排名网络服务提供者共同侵权的认定就成为司法实践中值得探讨的问题。

《中华人民共和国民法典》第一千一百九十五条到第一千一百九十七条体系化地明确了权利人、网络用户、网络服务提供者三方的权利义务，不仅明确了以往的“避风港原则”（指在发生网络侵权事件时，网络服务提供者在接到权利人的合法通知后，及时依法采取必要措施的，无需承担侵权责任），还明确了“红旗原则”（指网络服务提供者对显而易见的侵权行为选择视而不见的，应该承担侵权责任）。最为明显的就是，相比于《中华人民共和国侵权责任法》第三十六条，《中华人民共和国民法典》第一千一百九十七条增加了“应当知道”作为评判标准之一。在新的立法指导原则下，审判实践中对于竞价排名网络服务提供者共同侵权责任的认定，仍应适用过错责任原则，但是不能简单适用“避风港原则”来认定其是否存在过错，而应当从以下两个方面来判断其是否已尽到了合理的注意义务，以此来认定其是否存在过错。

第一，与搜索引擎通常采用的自然排名相比，竞价排名服务不仅需要收取较高费用，还要求用户在注册时必须提交选定的关键词。因此，竞价排名服务提供者有义务也有条件审查用户使用该关键词的合法性，在用户提交的关键词明显存在侵犯他人权利的可能性时，其应当进一步审查用户的相关资质，如要求用户提交许可使用证明、相关资质证明等文件，否则将被推定为主观上存在过错。本案中，在某搜索平台搜索“电器公司售后维修”，搜索结果置顶位置的网站即为维修公司通过购买竞价排名服务的案涉网站，科技公司在明知该网站系竞价排名广告，而且其提交的关键词与电器公司的知名品牌相关，应当知道可能存在侵犯他人权利时，却不履行或怠于履行在其预见能力和预见范围内的合理注意义务，在未审核维修公司是否取得电器公司相应授权许可等证明文件的情况下，就将其案涉侵权网站排在相关搜索结果的置顶位置，对此存在一定的过错。

第二，竞价排名网络服务提供者是否中立地使用了其算法技术，能否在其算法技术中设置某种条件降低侵权的可能性。本案中，当在某搜索平台搜索“电器公司售后维修”，科技公司没有将关键词匹配度更高的电器公司官方售后服务网站及联系电话显示在置顶位置，实际排在第七位显示，反而将维修公司添加关键词为“电器公司空调清洗保养”的案涉网站排在置顶位置。虽然技术本身是中立的，但仍应中立地使用技术。既然科技公司能够通过关键词限制搜索结果的排名，那么参与竞价排名的网站就不应该出现在电器公司官方售后服务网站的搜索结果之前。科技公司自称技术服务商却不能对此作出技术上的合理解释。因此，即使不能确定科技公司在内部审查和外部结果展示上采用了何种技术，但可以确定其必然采取了两种不同的算法技术，科技公司在技术使用上是不中立的。从这个角度来看，科技公司在搜索结果的类别区分上存在混淆的故意，对侵权结果有明显的放任和帮助。因此，科技公司作为网络服务提供者应当与侵权的网络用户维修公司承担连带侵权责任。

编写人：广东省珠海市香洲区人民法院　刘冬

45

生产、销售“无人直播”设备是否对直播平台构成不正当竞争的认定

——科技公司诉传媒公司不正当竞争案

【案件基本信息】

1. 裁判书字号

广州知识产权法院（2022）粤73民终293号民事判决书

2. 案由：不正当竞争纠纷

3. 当事人

原告（上诉人）：科技公司

被告（上诉人）：传媒公司

【基本案情】

科技公司经营的某平台自2016年上线直播功能，某APP在各大应用商店下载量极高。经科技公司多年完善、投入与经营，直播业务给某平台带来巨大

商业利益，某平台直播在全国范围内具有知名度和影响力。传媒公司研发、生产、销售的“无人直播”设备，可以利用改造智能手机摄像头并嵌入软件，达到“无人直播”的效果，即实现视频采集并以录播视频代替直播画面的效果。该款“无人直播”设备可以在某平台上实现以上功能。科技公司主张传媒公司研发、生产、销售的前述“无人直播”设备，为用户提供用本地视频进行直播的服务，违反了《中华人民共和国反不正当竞争法》第二条、第十二条第二款第四项之规定。

【案件焦点】

传媒公司研发、生产、销售“无人直播”设备是否构成对科技公司的不正当竞争。

【法院裁判要旨】

广州市白云区人民法院经审理认为：科技公司作为某 APP 的经营者，有权约束用户破坏某平台直播秩序的行为，在无合理理由的情况下，其他经营者不应当擅自破坏该种直播秩序。涉案经改造摄像头及内置有软件的智能手机能够起到使用本地视频代替直播视频的作用，不仅欺骗了观看直播的消费者，也损害了其他合法合规直播用户的利益，从而破坏了某平台的直播秩序，损害了科技公司的自主经营权。结合涉案产品的应用介绍及宣传内容，可以确认传媒公司显然知晓其涉案产品将为实现以录播代替直播等不正当行为提供便利或帮助，即传媒公司存在主观过错。现有证据未证明涉案产品作为工具类软件，因帮助用户实现某种正当目的而具有其他提升消费者福利等社会公共产品的属性。故传媒公司的行为违反了诚实信用原则和商业道德，亦不存在有利于提升消费者利益或社会公共利益的正当理由，系违反《中华人民共和国反不正当竞争法》第十二条第二款第四项之行为。科技公司主张传媒公司承担停止不正当竞争行为、赔偿经济损失及合理费用等法律责任，具有事实和法律依据，应予以支持。关于科技公司主张传媒公司为其消除影响一项，考虑到科技公司未举证证明传媒公司的被诉行为对其造成何种负面影响，对其该项诉讼请求应不予支持。

广州市白云区人民法院依照《中华人民共和国反不正当竞争法》第十二条第二款第四项、第十七条，《中华人民共和国民事诉讼法》第六十四条第一款规定，判决：

一、于本判决生效之日起，传媒公司立即停止生产、销售带有实现无人直播的应用软件的硬件设备的不正当竞争行为；

二、于本判决生效之日起十日内，传媒公司赔偿科技公司经济损失 300000 元及合理开支 40000 元；

三、驳回科技公司的其他诉讼请求。

科技公司、传媒公司不服一审判决，提起上诉。

广州知识产权法院经审理认为：传媒公司销售内置软件的手机，其在一审、二审中均没有提交证据证明该产品来源，结合传媒公司的经营范围及“量起无人直播”商标申请注册情况，一审法院据上述事实合理推定传媒公司实施了生产、销售带有实现无人直播的应用软件的硬件设备的行为并无不当。至于判赔金额，一审法院综合考虑涉案产品销售时间、涉案产品的应用介绍及宣传内容、涉案产品单价、涉案产品针对多个直播平台提供服务等因素以及科技公司因维权的实际支出，酌情确定涉案赔偿数额亦无不妥。综上，传媒公司、科技公司的上诉请求以及所依据的上诉理由不能成立，应依法予以驳回。一审法院认定事实基本清楚，适用法律正确，处理结果妥当，应予维持。

广州知识产权法院依照《中华人民共和国民事诉讼法》第一百七十条第一款第一项规定，判决：

驳回上诉，维持原判。

【法官后语】

在我国互联网经济迅速崛起的背景下，经营者采取各种创新方式竞争，由此引发的新型互联网竞争诉讼日益增多。然而，《中华人民共和国反不正当竞争法》中未明确列举并规定互联网不正当竞争行为的构成要件，在遇到这些纠纷时，法官不得不通过尝试分析和判断被诉行为的合法性，在经营者合法权益、消费者利益乃至社会公共利益之间进行价值衡量和效果评估，使司法兼具灵活性和可预见性。本案所涉的新型互联网竞争关系为“网络直播”与“无人直播”。本案在界定生产、销售“无人直播”设备是否构成《中华人民共和国反不正当竞争法》第十二条规定的不正当竞争行为时，创设了以被诉行为本身的正当性为基础的审查范式，即：第一，经营者是否利用技术手段实施被诉行为；第二，该种行为是否违背其他经营者意愿并导致其合法提供的网络产品或服务无法正常运行；第三，被诉行为是否因扰乱市场竞争秩序且不具有提升社会整体福利等正当理由而有悖诚实信用原则和商业道德。具体分析如下：

一、经营者利用技术手段实施被诉行为的界定

“网络直播”指的是在现场随着时间的发生、发展进程同步制作和发布的信息，具有双向流通过程的信息网络发布形式。从日常生活经验来看，对于观看直播的用户来说，其观看直播的目的是欣赏实时发生的事件，实时性、真实性、体验性是其主要特征。本案中所称的“无人直播”，是指传媒公司生产、销售的“无人直播”设备，能够采集他人直播视频并通过将手机内储存的本地视频中选取视频显示在直播画面内，从而实现无人直播。传媒公司利用软件技术实现视频采集、以录播代替直播的目的，符合《中华人民共和国反不正当竞争法》第十二条第二款第四项规定的“利用技术手段”实施被诉行为的情形。

二、被诉行为是否导致经营者合法提供的网络产品或服务无法正常运行

直播平台公司作为直播 APP 的经营者，有权约束用户破坏某平台直播秩序的行为，在无合理理由的情况下，其他经营者不应当擅自破坏该种直播秩序。因此，直播平台公司对于直播平台秩序的维护属于其经营自主权范畴，其可就其他经营者破坏涉案直播秩序的行为提出相应的诉讼主张。本案中，科技公司对于直播平台秩序的维护属于其经营自主权范畴。涉案被诉产品能够起到使用本地视频代替直播视频的作用，不仅欺骗了观看直播的消费者，也损害了其他合法合规直播用户的利益，从而破坏了某平台直播平台的直播秩序，损害了科技公司的自主经营权。

三、被诉行为是否有悖诚实信用原则和互联网商业道德

《中华人民共和国反不正当竞争法》第二条规定，经营者在生产经营活动

中，应当遵循自愿、平等、公平、诚信的原则，遵守法律和商业道德。诚实信用原则是市场经济活动中道德规则的法律化，在反不正当竞争法中，其更多的是以某一特定领域中的商业道德的形式表现出来。对于诸多新兴领域，其商业道德标准尚未形成，此时，应结合反不正当竞争法既要维护公平竞争的市场秩序，又要保护经营者和消费者的合法权益的立法目的，以及特定商业领域中经营者普遍认同且符合社会公共利益以及消费者利益的经营规范和道德准则，在个案中具体化相关行业的商业道德。

对于涉案“无人直播”设备的功能的评价，其一，由于纠纷发生在互联网领域，因此公认的商业道德应该包括互联网行业惯例、通行做法以及互联网相关公约等表现形式。具体应当依据互联网广告的部门规章、互联网的行业公约，以及国内主要直播平台均以发布用户行为规范或签订用户协议等形式对直播主体及内容的真实性、合法性等作出规定，不存在鼓励利用技术手段进行虚假直播等行为的行业惯例等方面，据此确定“无人直播”设备经营者的行为是否属于违反互联网领域公认的商业道德的行为。其二，直播主播将录播视频以直播形式展示给用户观看，属于欺诈行为，违反诚实信用原则。对于从事直播业务的主播来说，直播需要花费巨大人力、物力、精力等成本，主播之间因观看流量、打赏等原因存在竞争关系，如主播使用涉案产品，将录播视频当作直播使用，相较之下，付出的成本远远小于正常直播的成本，该种行为既违反了平台直播规范，亦违反诚实信用原则。因此，涉案“无人直播”设备具有的功能，既侵害了科技公司作为经营者的利益，违反了诚实信用原则和商业道德，亦不存在有利于提升消费者利益或社会公共利益的正当理由，系违反《中华人民共和国反不正当竞争法》第十二条第二款第四项之行为。

编写人：广东省广州市白云区人民法院　何红丽

46

平台算法机制下自动抢红包行为的司法规制

——计算机公司、深圳科技公司诉杭州科技公司、艺术公司不正当竞争案

【案件基本信息】

1. 裁判书字号

浙江省杭州市中级人民法院（2021）浙 01 民终 10310 号民事判决书

2. 案由：不正当竞争纠纷

3. 当事人

原告（被上诉人）：计算机公司、深圳科技公司

被告（上诉人）：杭州科技公司

被告（被上诉人）：艺术公司

【基本案情】

计算机公司、深圳科技公司系某软件及产品的开发和运营主体，某软件提供手动抢红包功能，即一名用户可以点击领取其他用户通过一对一聊天或群聊方式发送的电子红包。杭州科技公司是“某抢红包”和“某猎手”软件的开发和运营主体，通过多个安卓客户端的手机应用市场以及其运营的两个网站提供上述两款软件的下载服务，该软件在免费试用次数结束后转为提供会员收费服务，杭州科技公司是收款主体。艺术公司是“某抢红包”软件在某应用市场、某平台的服务提供者。为实现自动抢红包功能，某软件需要处于运行状态，后台显示时必须开启消息通知，前端显示时不受关闭消息提醒的影响。一旦有用户发送红包，上述软件可自动领取红包并自动发送答谢消息，软件教程还有

“抢红包防限抢技巧”等内容。仅以某应用市场、某平台为例，“某猎手”软件的下载量曾分别达到302万次、268.4万次，“某抢红包”软件的下载量曾分别达到38万次、20.6万次，对于被诉侵权网站和其他安卓应用分发平台的下载量未有具体统计。至2021年4月下旬，“某抢红包”软件已在某应用市场上作下架处理。杭州科技公司自认其仍在其他应用市场提供“红包猎手”软件下载服务。经查看涉案网站，至该案一审判决时止，仍提供两款软件的下载服务，且软件更新时间为2021年1月14日。

【案件焦点】

1. 被诉行为是否构成不正当竞争行为；2. 如何认定被诉行为的实施主体及是否属于共同侵权行为；3. 如何确定本案民事责任。

【法院裁判要旨】

杭州铁路运输法院经审理认为：计算机公司、深圳科技公司享有保证其产品正常运行的权利，以及争夺客户群体、交易机会等市场资源所产生的竞争利益。两款被诉侵权软件调用安卓系统为开发者提供的无障碍服务和通知使用权服务，需要使用软件的用户同意并设置赋予软件权限，但该软件所体现的监听、控制或者自动点击屏幕的功能系开发者对安卓系统原本标准化服务的异化使用。杭州科技公司作为被诉侵权软件的开发者，利用寄生于某软件才能达到“自动抢红包”的产品效果，架构于计算机公司、深圳科技公司已经拥有的广大某软件用户群体和已经建立的真实、诚信的互动生态系统，妨碍计算机公司、深圳科技公司合法提供的某软件产品或者服务的正常运行，通过提供损害计算机公司、深圳科技公司、消费者以及社会公共利益的服务而获利，扰乱了市场竞争秩序，应属《中华人民共和国反不正当竞争法》第十二条第二款第四项所规制的不正当竞争行为。艺术公司系被诉侵权软件在部分应用市场上的网络服务提供者，对于该部分不正当竞争行为构成共同侵权。两款软件提供渠道较多、侵权持续时间较长，具有一定规模的下载量，对某软件运营和某软件用户体验产生不良影响。

杭州铁路运输法院依照《中华人民共和国反不正当竞争法》第十二条第二款第四项、第十七条，《中华人民共和国民法典》第一百七十九条、第一千一百六十八条，《中华人民共和国民事诉讼法》第六十四条、第一百四十四条，《最高人民法院关于适用〈中华人民共和国民事诉讼法〉的解释》第九十条规定，判决：

一、杭州科技公司、艺术公司立即停止针对某软件产品的涉案不正当竞争行为；

二、杭州科技公司、艺术公司于本判决生效后三十日内在报纸非中缝版面连续三日刊登声明，消除不良影响；

三、杭州科技公司于本判决生效之日起十日内赔偿计算机公司、深圳科技公司经济损失 600000 元（包括维权合理费用）；

四、杭州科技公司、艺术公司于本判决生效之日起十日内赔偿计算机公司、深圳科技公司经济损失 100000 元（包括维权合理费用）；

五、驳回计算机公司、深圳科技公司的其他诉讼请求。

杭州科技公司不服一审判决，提起上诉。

浙江省杭州市中级人民法院经审理同意一审法院裁判意见，依照《中华人民共和国民事诉讼法》第一百七十七条第一款第一项规定，判决：

驳回上诉，维持原判。

【法官后语】

近年来，互联网支付模式多次掀起革新热潮，电子红包应运而生，这种交织着金钱游戏的社交现象的流行，使得用户的参与动机和方式发生了极大的改变，电子红包所带来的竞争权益保护方式和保护边界审查成了司法审判面临的新问题和新挑战。

一、电子红包社交模式聚集竞争利益

某软件作为较早开始在其产品设置电子红包功能的目标平台，其设置的公平算法包括随机选定的红包目标对象和随机分配的红包金额，需要用户人为关注某软件红包消息并手动点击获取，红包个数为多个的群红包还具有先抢先得、金额随机特点，用以调动某软件用户的真实社交积极性。某软件平台通过多年运营积累了庞大的用户资源，拥有高活跃度的用户群体及巨大的访问流量，由此聚集用户所获取的流量和流量变现的获益等亦相当可观。通过电子红包功能所激活的用户软件体验和社交积极性，由此产生对接用户需求而形成的巨大私域流量，经过正向循环，就成为平台所独有的竞争优势，得以助推目标平台在市场竞争中占有一席之地，在互联网经济发展趋势下无疑应受法律保护。

二、平台“寄生型”软件应受“互联网专条”兜底条款规制

不断发展的互联网产业带来更为丰富和多样化的经营业态与竞争模式，《中华人民共和国反不正当竞争法》第十二条第二款第四项规定的“其他妨碍、破坏其他经营者合法提供的网络产品或者服务正常运行的行为”仍有充分的适用空间和现实需求。该“互联网专条”旨在突出利用“技术手段”对达到妨碍、破坏经营者合法提供的网络产品或者服务正常运行的行为进行否定性评价，在网络竞争行为不属于该法条列举的前三项适用情形时，对于是否适用“互联网专条”兜底条款就要围绕该法条的要件范式展开，判断某种网络竞争行为是否具有不正当性，可以从行为手段、互联网商业伦理、行为方式、损害后果等方面着手审查。

网络技术的快速发展正深刻地影响着信息资源获取的方式及便捷程度，相伴而来的大量侵权行为往往披着“技术中立”的外衣而更具迷惑性。在目前的司法实践中，人民法院对于技术中立原则的适用条件仍然采取严格限制的态度，还要不断完善侵权责任认定规则，裁判者需要平衡因网络技术发展而引发的互联网领域的利益冲突，对于技术提供者的行为正当性与否的判定，应当审慎审查，并注意到创新手段不一定受到市场有序竞争的容忍和法律的保护。在判定某种新类型网络竞争行为是否存在损害后果及损害程度时，要注意结合被诉行为的客观表现，多维度全面审查有关法益，不仅要考虑到目标平台经营者的竞争权益，更要从市场竞争秩序出发，引入消费者甚或社会公众作为判断主体，即将互联网经营者利益、消费者利益和社会公共利益进行“三元叠加”的综合考量。在某种竞争行为对其他经营者存在一定干扰的情况下，其本身具有明显

不当性，又过度影响其他经营者服务的正常运行，且给消费者及市场竞争秩序造成损害，虽然司法具有谦抑性，但在此时应当介入调整。

三、以社会主义核心价值观的评价标准引导良性竞争

本案所揭示的该类互联网“黑灰产”仅是冰山一角，这类软件的运营者据此所增加的商业机会，必然影响相关生态竞争领域的正常竞争秩序，若允许此种非善意的方式参与市场竞争，必将损害行业的健康发展，亦将有损社会公共利益，因而必须在司法层面进行否定性评价，力求以司法公正引领社会公平正义。

网络空间的行为规范不能脱离道德规范而存在，要培育符合社会主义核心价值观的网络伦理和行为规则，本案的审理思路恰是蕴含了社会主义核心价值观的评价标准，人民法院应当通过清晰的价值取向界定来积极引导社会公众向上向善，平衡好竞争自由和竞争秩序的兼容性，合理确定新经济新业态主体法律责任。

编写人：杭州铁路运输法院　张翀

47

生成社交软件虚假截图构成不正当竞争的具体考量

——计算机公司诉网络公司等不正当竞争案

【案件基本信息】

1. 裁判书字号

北京知识产权法院（2021）京 73 民终 2963 号民事判决书

2. 案由：不正当竞争纠纷

3. 当事人

原告（被上诉人）：计算机公司

被告（上诉人）：网络公司、咨询服务部

被告：科技公司

【基本案情】

计算机公司开发、运营某软件，提供对话聊天、发红包、转账等多种服务，拥有极高的知名度和影响力。网络公司、咨询服务部共同开发、运营“某截图”“某美化”两款软件。两款被诉软件中有截图功能。截图功能可以生成的截图包括对话页、群聊页、红包页、转账页、钱包页等，部分为免费制作，部分仅会员可以制作；对话功能分为经典版、高级版、模拟版，后两种版本仅会员可以使用。用户通过该软件提供的“表情、支付图标、红包详情页、软件图标、转发文章、个人名片、收付款通知”等素材，可以自行编辑生成和下载某软件相关使用场景的截图，与产品相关界面一致。某软件有更新，被诉软件亦会实时进行界面调整。

媒体报道中已经出现关于自制虚假聊天记录欺骗消费者、伪造截图操弄舆论、伪造支付截图实施诈骗等关于伪造截图引发的负面事件。

科技公司运营的某应用平台为被诉软件提供下载服务。

【案件焦点】

1. 网络公司、咨询服务部运营能够生成虚假截图的软件，是否构成《中华人民共和国反不正当竞争法》第十二条第二款第四项所规制的行为；如果不构成，是否属于第二条所规制的行为；2. 网络公司、咨询服务部主张其仅提供工具类软件，相关虚假截图是其用户生成的意见，是否成立。

【法院裁判要旨】

北京市海淀区人民法院经审理认为：网络公司、咨询服务部的被诉行为并未用相关技术手段使得产品和服务无法正常运行，且被诉行为与《中华人民共和国反不正当竞争法》第十二条第二款前三项列举的具体网络不正当竞争行为亦不具有可类比性，故网络公司、咨询服务部的被诉行为并不属于第十二条第二款第四项所规制的不正当竞争行为。

被诉软件提供了与某软件界面、图片、表情、文字等元素完全一致的素材和模板，使用户能够自行编辑并生成与某软件各使用场景界面相同的对话、红包、转账、钱包等虚假截图。网络公司、咨询服务部正是借助了某软件所具有的广泛用户基础，已经构建起的真实、诚信的社交和商业生态以及用户对某软件中社交信息的高度信任，利用部分用户意图通过造假、作弊来获取不当利益的心理，使被诉软件获得了大量用户并据此牟取高额收益。被诉行为不仅没有为社会福利的提升创造积极、正面的社会价值，反而提供了一款造假、作弊的工具，即使最终截图由用户制作，但被诉行为为弄虚作假、行骗欺瞒之行提供了条件，显然违背了诚实信用原则和商业道德。

某软件以即时通信为基础，通过相继提供朋友圈、公众平台、支付以及空间、钱包等系列功能和服务，极大增加了某软件的用户黏度，建立起多领域多主体互利共生且诚信、健康的社交和商业生态，并据此获得市场收益和竞争优势，该种合法权益应当受到反不正当竞争法的保护。被诉软件的出现，直接冲击了某软件以真实社交为依托的运营基础，长此以往，极有可能影响某软件的用户使用体验，降低某软件的社会评价，损害了计算机公司的竞争利益。同时，善良的用户看到使用被诉软件生成的虚假截图后，基于自己使用某软件各种功能的经验，极大可能会相信编辑生成的某软件截图所展示的对话、交易记录、收款情况、红包发送情况等是客观真实，进而被误导或被欺骗，甚至可能因此受到人身和财产方面的损害，既可能会使不特定的消费者受到利益损害，亦有损于公平、有序的市场竞争秩序。因此，被诉行为依据《中华人民共和国反不正当竞争法》第二条，构成不正当竞争。

科技公司虽在某网站中提供了被诉软件的下载，但已经尽到了合理的注意义务，不构成不正当竞争。

北京市海淀区人民法院依照《中华人民共和国反不正当竞争法》第二条、第十七条，《中华人民共和国民事诉讼法》第六十四条第一款规定，判决：

一、本判决生效之日起十日内，网络公司、咨询服务部连带赔偿计算机公司经济损失500万元及合理开支284520元；

二、驳回计算机公司的其他诉讼请求。

网络公司、咨询服务部不服一审判决，提起上诉。

北京知识产权法院经审理同意一审法院裁判意见，依照《中华人民共和国民事诉讼法》第一百七十七条第一款第一项规定，判决：

驳回上诉，维持原判。

【法官后语】

近年来，在互联网行业迅猛发展的同时，网络“黑灰产”亦如影随形，成为不容忽视的互联网顽疾。从窃取、倒卖个人信息和用户数据，到利用技术手段篡改网页、劫持流量、实施网络诈骗等，严重影响了公民人身、财产的安全和公平竞争的市场秩序，甚至危及国家安全和社会稳定。本案是人民法院打击网络“黑灰产”中新型不正当竞争行为的案例，对提供作弊、造假工具的行为予以严厉制止。

一、关于“互联网专条”与一般条款的适用

2018年1月1日起施行的《中华人民共和国反不正当竞争法》的亮点之一是第十二条的出台，该条通常被称为“互联网专条”。由于旧法对于新兴的网络不正当竞争行为缺乏相应的具体规范，因此，司法实践中出现了大量适用一般条款裁判此类纠纷的案件。互联网专条既是对以往典型案例中裁判思路的肯定和提炼，为亟须解决的互联网法律问题提供了明确的指引和具体的依据，亦在一定程度上解决了适用一般条款所引发的争议和问题。具体而言，第十二条第一款宣示性地表明了经营者利用网络从事生产经营活动应当遵守反不正当竞争法的各项规定；第二款则就网络环境中特有的、经营者利用技术手段实施的不正当竞争行为作出了有针对性的规制。其中，第二款前三项对三种具体情形进行了列举，并以第四项“其他妨碍、破坏其他经营者合法提供的网络产品或者服务正常运行的行为”作为兜底。

当然，就互联网专条规定的内容而言，其尚不足以规制网络环境下的所有不正当竞争行为，其调整的行为有相应特点，其调整的范围有一定局限。对于虽发生于网络，但不符合互联网专条构成要件的不正当竞争行为，仍然需要通过《中华人民共和国反不正当竞争法》中的其他条款予以规制。在法律条文的选择上，如果被诉行为在互联网专条第二款前三项的调整范围内，则应当优先适用该相应条款。在被诉行为不符合第二款前三项规定的情况下，应当考虑该行为是否符合互联网专条有关“利用技术手段”“妨碍、破坏网络产品正常运行”等条件，如是，则应当适用第四项的兜底条款；反之，若被诉行为虽发生在网络环境下，但不符合互联网专条第二款所列明的具体特征，则仍应当适用一般条款对该行为进行评判。

就本案而言，因无证据证明网络公司、咨询服务部采用了相关技术手段使得某产品和服务无法正常运行，且被诉行为与第十二条第二款前三项列举的具体网络不正当竞争行为亦不具有可类比性，故法院对计算机公司以被诉行为属于第十二条第二款第四项规制的不正当竞争行为为由提出的主张未予支持。

二、提供工具类软件行为正当性的判断

市场竞争必然会导致经营者采取各种方式争夺资源及交易机会，也必然会导致各经营者之间利益的此消彼长。互联网的技术性使得竞争行为显得更加中立，道德上的可责性难于捕捉，有些行为损害了经营者利益却增加了消费者利益，有些行为增加了消费者的短期利益却损害了消费者的长期利益。[①] 通过法律的制定和法治的运行，所要实现的理想状态是既合理保护并激励创新，亦禁止以技术为名破坏良性的竞争秩序。法律不会去干预正当的市场竞争，亦无须调整经营者通过正当市场竞争导致其他经营者利益受损之情形，更不应以其他经营者存在利益受损之情形，倒推经营者实施了不正当竞争行为，认为其行为具有可责性。只有违反反不正当竞争法的规定，扰乱市场竞争秩序，损害其他经营者或者消费者合法权益的行为，才会受到反不正当竞争法的规制。

在网络环境下，互联网产品尤其是社交产品中常常会进行一定的功能设置，以保护真实用户信息、交易安全、提升用户体验等。而部分工具类软件以“便

---

① 朱理：《互联网领域竞争行为的法律边界：挑战与司法回应》，载《竞争政策研究》2015 年第 7 期。

利用户”为名，突破该种功能设置，或者如本案中制作虚假软件截图，不仅可能有碍他人网络产品或服务的正常经营，亦可能损及广大消费者的合法权益，甚至给用户的人身、财产安全带来隐患。本案即通过对提供作弊、造假工具行为不正当性的分析与判断，以期为网络产品、服务提供者的正当经营、合法创新、诚信竞争划定明确的法律红线，对网络“黑灰产”中的类似行为具有警示意义。

编写人：北京市海淀区人民法院　王栖鸾

48

游戏账号出租平台性质的认定

——计算机公司诉电商公司、科技公司不正当竞争案

【案件基本信息】

1. 裁判书字号

北京知识产权法院（2022）京 73 民终 3270 号民事判决书

2. 案由：不正当竞争纠纷

3. 当事人

原告（被上诉人）：计算机公司

被告（上诉人）：电商公司

被告：科技公司

【基本案情】

计算机公司系涉案游戏的经营者。为证明其对涉案游戏享有相关权益，计算机公司提交了涉案游戏版权注册证书、著作权登记证书以及相关许可和授权文件，以及涉案游戏相关角色形象、道具图片和网络报道。

电商公司系某租号网平台的经营者，科技公司系某应用商店的经营者。

某租号网首页的“热门推荐”栏目中展示有涉案游戏等板块，其中有相应游戏名称及角色形象图片；网页下方有涉案游戏等栏目，相应栏目下方有对应游戏账号出租信息（包括价格、付款人数）。点击“租号大厅”，分别选择涉案游戏，显示涉案游戏账号出租专区，租金数额为1~15元/小时不等。选择涉案游戏并点击相关游戏账号出租项目，显示有相关账号描述、租号说明、上号指引等内容。支付费用租用涉案游戏账号，获得所租账号和密码，交易对方信息为电商公司。下载、运行涉案游戏，使用所租账号密码登录后可以查看和使用该账号中的皮肤、装备、道具并可以正常运行游戏。在科技公司运营的某应用商店中下载某租号网APP，亦可以进行上述租用涉案游戏账号操作。

电商公司认为，被诉行为涉及的租号业务与现有市场中的涉案游戏账号出租、代练业务性质一致，不构成不正当竞争，并提交了电商平台上涉案游戏账号出租情况的网页截图。此外，电商公司指出计算机公司及其关联公司亦从事租号业务。计算机公司表示前述情况与本案无关，其从未就涉案游戏提供租号服务，电商公司所称相关行为系案外人实施。

科技公司提交的网页截屏显示，某租号网APP于2021年4月在某应用商店已经下架；另提交其用户协议、版权保护指引、侵权投诉指引等网页截图，认为其已尽到合理注意义务不应承担侵权责任。计算机公司认可某应用商店已经下架了某租号网APP，但认为电商公司的被诉行为自2020年5月起持续至今均未停止。电商公司认可被诉行为未停止。

为证明被诉行为给其造成的损害，计算机公司提交涉案游戏相关用户协议、有关实名制和防沉迷的相关文件、租号平台规避实名制和防沉迷的不良影响的相关报道、涉案游戏对局段位匹配机制的相关报道、某租号网APP的用户评论及租号引发后续游戏黑灰产的相关报道。

【案件焦点】

电商公司通过某租号网平台所提供的被诉服务是否构成不正当竞争。

【法院裁判要旨】

北京市海淀区人民法院经审理认为：电商公司通过某租号网平台所提供的被诉服务，实质上属于为涉案游戏账号的出租者和租用者提供一种中介服务。电商公司所提供的租号中介服务，干扰了网络游戏实名制和未成年人防沉迷相关要求的落实，在减少计算机公司交易机会和经营利益的同时又增加了其运营成本，此外还对正常用户的游戏体验和合法权益造成了影响和损害，属于扰乱市场竞争秩序、损害其他经营者和消费者合法权益且有损社会公共利益的行为，依据《中华人民共和国反不正当竞争法》第二条之规定，应当被认定为不正当竞争行为。

此外，在本案中依法认定涉案租号中介服务构成不正当竞争并予以制止，并不会不合理地限制游戏用户对自身账号所享有的合法权益。该种大规模、长期、经营性的租号中介服务行为与游戏用户的少量、偶尔、非经营性的租借账号行为具有本质不同，对计算机公司合法竞争利益、市场竞争秩序以及其他消费者合法权益的影响也具有根本性的差异。用户获得游戏账号中的皮肤、道具等虚拟物品的本质系获得相应网络游戏服务，而非财产的转卖或所有权的转移，涉案租号行为本质系要求游戏运营者根据用户意志向第三方提供服务，缺乏相应合同及法律依据且不具有正当性和合理性。故对该种租号中介服务的禁止并不会不合理地限制涉案游戏用户对自身账号所享有的合法权益。

科技公司虽在某应用商店中提供了某租号网 APP 的下载，但已经尽到了合理的注意义务，不构成不正当竞争。

北京市海淀区人民法院依照《中华人民共和国反不正当竞争法》第二条、第十七条，《中华人民共和国民事诉讼法》第六十四条第一款，《最高人民法院关于民事诉讼证据的若干规定》第九十五条规定，判决：

一、本判决生效之日起，电商公司立即停止涉案不正当竞争行为；

二、本判决生效之日起三十日内，电商公司在某租号网首页显著位置连续十五日刊登声明，就涉案不正当竞争行为为计算机公司消除影响（声明内容需经法院审核，逾期不履行的，法院将依原告计算机公司的申请在相关媒体公布判决主要内容，费用由被告电商公司承担）；

三、本判决生效之日起十日内，电商公司赔偿计算机公司150万元及合理开支117400元；

四、驳回计算机公司的其他诉讼请求。

电商公司不服一审判决，提起上诉。

北京知识产权法院经审理认为：根据《中华人民共和国反不正当竞争法》第二条，判断经营者是否构成不正当竞争行为，通常需要判断其在生产经营活动中是否遵守法律和商业道德，及是否存在扰乱市场竞争秩序，损害其他经营者或者消费者合法权益的行为。法院将结合案件具体情况，综合考虑行业规则或者商业惯例、经营者的主观状态、对其他经营者权益、消费者权益、市场竞争秩序、社会公共利益的影响等因素，依法判断经营者是否构成不正当竞争。二审无论是维持原判或是改判的，均应列明维持原判或改判的判案理由和定案依据。

网络游戏行业存在的"一人一号"的规则或惯例具有正当性、合法性，且系网络游戏行业内当前普遍遵循和认可的行为规范，可以认定为《中华人民共和国反不正当竞争法》第二条规定的"商业道德"。

某租号网涉案行为干扰、打破了实名认证机制，导致游戏防沉迷系统难以有效发挥作用，损害游戏用户或消费者的合法利益，直接损害计算机公司利益。此外，某租号网涉案行为对网络数据真实性及数据安全也将产生不良影响。因此，电商公司提供的租号中介服务扰乱了市场竞争秩序，损害了网络游戏经营者和消费者的合法权益，违背了反不正当竞争法及国家相关法律法规和上述商业道德，构成反不正当竞争法第二条规定的不正当竞争行为。

北京知识产权法院依照《中华人民共和国民事诉讼法》第一百七十七条第一款第一项规定，判决：

驳回上诉，维持原判。

【法官后语】

近年来，网络游戏的迅猛发展给用户带来极大的娱乐便利，但为了保证游戏市场的安全和规范，进一步加强对用户尤其是未成年人用户的保护，行政机关对网络游戏的监管和网络游戏服务商对游戏的运行规范也在不断强化。在此情况下，代练、外挂等游戏行业的黑灰产也越发猖獗。本案所涉的游戏账号出租平台就是游戏黑灰产中的关键一环。

一、游戏账号出租平台的运营模式

游戏账号出租平台的产生来自于部分游戏用户的现实需求。对于用户来说，如果想玩某个游戏，又没有注册这个游戏账号，或者自己的账号等级低、皮肤少、道具差，又不想花那么多时间和费用就能获得更好的游戏服务和游戏体验，一个捷径就是去使用别人的账号。而由此需求催生出了市场供给，即掌握高级、精品账号的用户将自己的游戏账号出租出去即可获得直接经济利益。在以上需求和供给两侧的匹配和撮合下，租号平台由此产生。

租号平台通常是通过运营的网站、APP为账号出租者（即账号供给方）和租用者（即账号需求方）搭建平台，出租者将自身的游戏账号和登录密码上传至该平台，租用者通过该平台寻找和租赁相应游戏账号。同购买实物的电商平台类似，租号平台中通常设置有不同的游戏板块，选择某个游戏之后，展现“商品信息”，即账号的出租信息，其中包括出租条件、出租价格、押金数额等；同时显示“商品详情”，即游戏账号的详情信息，包括角色等级、段位、英雄、皮肤、道具、装备等情况。租用者向平台支付租金后，能够获得明文的游戏账号及密码，可以在对应的游戏中登录和使用所租用的账号。平台与出租者之间再对租金进行分成，以此获取利益。

二、反不正当竞争法视域下租号平台的行为性质认定

前述租号平台提供的服务，实质上属于为游戏账号的出租者和租用者提供一种中介服务。但网络游戏服务商并非交易相对方，当其认为自身游戏运营因此而受到了不正当干扰，经营利益遭到了损害，多数以反不正当竞争法的角度进行诉讼维权。

从法律适用的角度，在《中华人民共和国反不正当竞争法》范围内，由于这种提供租号中介服务的行为，并不在该法第二章所列明的、类型化的不正当

竞争行为范围内，因此仅能依据该法第二条的规定，判断是否会对网络游戏服务商构成不正当竞争。而《中华人民共和国反不正当竞争法》第二条适用的关键，在于如何结合具体因素判断被诉行为是不是会扰乱市场竞争秩序，损害其他经营者或者消费者的合法权益。

（一）对实名制和防沉迷系统产生的影响

落实实名制以及未成年人防沉迷系统是对网络游戏服务商的必然要求，而游戏账号仅限注册用户自行使用亦系游戏行业共识。租号平台的经营者，对该些要求和行业惯例无疑是明知的。在这种情况下，其该种大规模、高频率、集中地提供租号中介服务，从中收取费用，其对自身行为的后果有充分预期并且是积极追求的。这种服务的后果之一，即是破坏了注册用户与实际使用者之间的唯一对应关系，进而干扰、阻碍游戏中有关实名认证机制的正常运行。又由于防沉迷系统有效运行的前提是能够准确识别未成年人，这是建立在实名制基础之上的，而在实名制如因上述因素无法得以执行的情况下，防沉迷系统也不可能独立发挥应有的作用，从而在事实上处于可被规避的状态。尽管有些平台认为其自身也启用了实名验证和防沉迷的机制，但都无法否认这一事实：不论其所谓的设置在租号平台上的该些机制是否有效，用户通过租号最终可以在游戏中绕开实名制和防沉迷系统，这是租号中介服务所带来的必然后果。

（二）对游戏正常运营产生的影响

首先，该服务会导致网络游戏服务商交易机会的减少。正常情况下，用户需要经过实名注册游戏账号才可获得网络游戏服务商的服务，并且需要通过投入时间提升游戏等级、付费获得增值服务等方式来取得相应的皮肤、道具等，来提升自身的游戏体验。然而租号平台所提供的租号中介服务，使得其平台用户不需要成为网络游戏服务商的注册用户就可以获得游戏服务，亦不需要付出必要的时间、费用等成本或对价就能够得到相应的增值服务和游戏体验。因此将不可避免地减少游戏应有的注册用户数量，降低用户使用时长和黏性，并且严重影响相关增值服务等交易机会和交易收入，给网络游戏服务商的正当经营利益带来直接损害。

其次，该服务会导致网络游戏服务商运营成本的增加。如前所述，对游戏原有的实名认证和防沉迷系统进行干扰和规避，还会进一步引发游戏账号被盗、使用外挂以及网络欺诈等违规违法行为的发生。而为了落实相应规定，保护用户权益，维持正常运营，网络游戏服务商将不得不额外投入更多监测力量，提高原有识别能力，调整相关流程和规则等，这无疑将增加其运营涉案游戏的成本。

（三）对其他游戏用户产生的影响

首先，随着通过租号平台进入游戏的用户不断出现和增多，游戏中原本根据用户的真实水平、等级等诸多因素制定的玩家匹配机制，会由于账号的注册用户与实际使用者失去对应关系而受到干扰甚至失去作用，破坏游戏规则设计的平衡，影响游戏的公平性，降低正常用户的游戏体验，进而影响相关游戏用户对网络游戏服务商服务的评价。

其次，若允许用户以租号方式、不必付出相应成本即可获得相同甚至更好的游戏装备和体验，那么对于遵守服务协议和游戏规则，正常通过投入时间、支付对价获取相应游戏体验和增值服务的用户来说，无疑是极大的不公平。而为避免上述情况频发所采取的监测、识别等措施的加强和升级，也不免会对正常用户运行涉案游戏造成原本不必要的干扰，使其正当、合法的权益受损。

因此，租号中介服务干扰了实名制和防沉迷的落实，在减少了网络游戏服务商的正当交易机会和经营利益的同时，又增加了运营成本，此外还对正常用户的游戏体验和合法权益造成了影响和损害，属于扰乱市场竞争秩序、损害其他经营者和消费者合法权益且有损社会公共利益的行为，应当认定构成不正当竞争。

三、用户利益间的相互平衡

如前所述，租号平台的产生来自于部分用户对游戏账号的需求和部分用户对其自身账号的处分，因此在反不正当竞争法视域下否定租号平台中介服务的合法性时，亦会产生是否会不当限制用户合法权利的担忧。本文认为，租号中介服务的行为虽表面看来为出租者和租用者两方用户提供了一定的便捷，但实质仍系有损用户游戏体验和合法权益、有损社会公共利益之行为；对租号平台该种租号中介服务的否定评价亦不会损害普通游戏用户的正当权利。

首先，作为市场经营者的租号平台，实施对设置游戏专区等一系列的、大规模的、长期的、经营性质的租号行为，与作为个体的游戏用户少量的、偶尔的、非经营性质的账号借用行为相比，二者具有本质不同，对网络游戏服务商合法竞争利益、市场竞争秩序以及其他消费者合法权益的影响具有根本性的差异。因此，依据反不正当竞争法对经营性的租号中介服务予以禁止，并不影响正常的游戏用户根据用户协议等合同约定，正当地从网络游戏服务商获得服务；而租号中介服务的停止，亦不会对游戏用户就其账号所应享有的合法权益造成不合理的限制，或者阻碍其依约、依法行使相关权利。

其次，尽管游戏用户通过付出相应时间成本或支付其他对价，能够获得在其游戏账号内使用相关皮肤、道具等虚拟物品的权利，然而应当明确的是，用户对此类所谓“财产”所享有的权利，与其在现实生活中购买物品如某一实物玩具后所享有的权利存在重大区别：在后者的情况下，权利人通过买卖合同取得实物玩具的所有权后，如果依法行使占有、使用、收益、处分等权利，他人既没有任意干涉的权利，也没有积极协助的义务；而在前者的情况下，用户对游戏账号中皮肤、道具的取得，是建立在与游戏服务商订立有用户协议的前提之下的，其本质是依约获得相应的游戏服务，而非财产的买卖或所有权的转移。如果脱离了网络游戏服务商所持续提供的服务，用户对账号中皮肤、道具等的使用也就无从实现。

具体到游戏租号的场景，用户把自己的账号通过租号平台频繁进行出租交易，其行为本质上属于在违反实名制、防沉迷的相关规定以及与网络游戏服务商相应约定的情况下，还要求网络游戏服务商依其意愿向不特定的第三人履行义务、提供服务。这种行为是明显缺乏合同和法律依据的，恐怕也不具有相应的正当性、合理性。如果用户认为网络游戏服务商在用户协议中存在加重用户责任、排除用户主要权利等问题，完全可通过投诉、协商乃至诉讼等法律途径予以解决并获得救济。但这并不能成为用户实施租号获利行为的合法理由，更不能证明租号平台这种经营性的、集中化的、大规模的、高频率的租号中介服务具有正当性。

因此，反不正当竞争法对该行为的规制，虽然表面上看来，影响了部分游戏用户通过出租自身的游戏账号获得经济利益，和通过租赁他人账号获得游戏便利，但该种利益和便利并非用户作为普通消费者应获得的正当权益。反不正当竞争法实质是以更加宏观的视角，从维护商业道德、市场竞争秩序等角度出发，为用户提供了相对更加整体的、概括的、间接的保护。进而引导游戏运营商和用户均自觉落实相关政策要求，遏制网络游戏市场黑灰产的蔓延，激励游戏服务商更专注改进游戏服务质量，从而为用户提供更加纯净良好的游戏环境和更好的游戏体验，增进整体社会福祉。

编写人：北京市海淀区人民法院　杨德嘉

49

直播平台注意义务的认定

——北京科技公司诉广州科技公司侵害著作权及不正当竞争案

【案件基本信息】

1. 裁判书字号

北京知识产权法院（2021）京73民终4439号民事判决书

2. 案由：侵害著作权及不正当竞争纠纷

3. 当事人

原告（被上诉人）：北京科技公司

被告（上诉人）：广州科技公司

【基本案情】

北京科技公司依法独占享有涉案影视剧在中国大陆地区通过手机、电脑、机顶盒等新媒体终端向公众传播的权利，并且有权以自身名义进行维权并获得赔偿。广州科技公司开发运营某直播平台。

北京科技公司提交的相关公证书载明，2019年12月6日、12月10日、12月13日、12月17日、12月24日、12月30日、12月31日，某直播平台“一起看”频道首页展示有某直播间，主播为“沐某”。点击进入该直播间，显示直播间正在播放涉案作品。取证时显示人气值均在20万至30余万，有近30万人订阅，并有用户打赏礼物，相关礼物收益系由某直播平台与主播进行收益分成。北京科技公司据此主张，广州科技公司未经许可通过某直播平台擅自以直播的形式向公众提供涉案作品，侵害了北京科技公司就涉案作品享有的著作权，即《中华人民共和国著作权法》第十条第一款第十七项其他权利。北京科技公司强调，结合某平台提供的技术使用指导、双方之间的分成收益、与主播的用户协议等，可以认定广州科技公司与直播间主播之间属于分工合作、共同提供涉案作品，即便法院认为广州科技公司与主播之间不存在分工合作、共同提供涉案作品的行为，结合某直播平台专门设置了“一起看”频道并在首页对该专区进行推荐、未对主播进行核验、涉案直播间处于频道首页、涉案作品具有较高知名度且频道标题包含主角名称、涉案直播间系24小时一直直播涉案作品等因素，其亦主张广州科技公司就其主播直播涉案作品存在应知或明知的主观过错，构成帮助侵权。

广州科技公司提交了某直播网上《某直播平台用户服务协议》《法律声明》《某直播平台直播视频上传规则》《某直播平台主播违规管理办法》《某直播平台版权保护投诉指引》网页打印件及对涉案主播进行冻结处理、对涉案影视剧进行搜索屏蔽词等操作的相关后台记录，用以证明：第一，广州科技公司未实施直播涉案作品的行为，该行为系主播通过某直播平台提供的直播技术服务实现的；某直播平台仅为用户提供网络技术服务，且已经采取了相关预防侵权的合理措施，设置了专门的投诉渠道，某直播间亦设置有投诉按钮，尽到了网络服务提供者所应负有的事先注意义务，但北京科技公司在起诉前并未向广州科技公司发送过侵权通知。第二，广州科技公司不存在主观过错，广州科技公司未对涉案直播间进行推荐和编辑，且某直播平台是以直播游戏为主的平台，在涉案内容直播量不大的情况下，广州科技公司难以特别注意到主播对涉案作品直播的行为，不存在明知或应知的主观过错；热门分类是某直播平台根据用户喜好进行的算法推荐，并非预先设置。第三，涉案主播非平台签约主播，仅是注册主播，与公会签约，与平台无关；相关分成仅是直播平台收取的正常运营服务费。第四，某直播平台用户量巨大，广州科技公司无法实现对每一个用户的每一个直播内容进行实时监控；而涉案直播间的名称只包含涉案作品的主角名，不包含涉案作品名称，广州科技公司作为平台无法事先进行核实并采取相关屏蔽措施。第五，在收到起诉材料后，广州科技公司已经删除了涉案直播内容，履行了事后注意义务。

【案件焦点】

某直播平台是否应就其平台内主播直播涉案作品承担相应的法律责任。

【法院裁判要旨】

北京市海淀区人民法院经审理认为：结合北京科技公司提交的发行许可证、《授权书》、《版权声明》、上线通知、《通知函》、《证明》、《确认函》等证据，可以确认北京科技公司对涉案作品享有“独占专有的信息网络传播权”，该权利范围包括但不限于以有线或无线方式点播、直播、下载的方式进行传播等权利，有权提起本案诉讼。因此，他人未经北京科技公司许可不得通过信息网络直播涉案作品。

根据在案证据，可以证明涉案行为系由名为“沐某”的主播，通过某直播平台，采用直播的方式将涉案作品呈现给公众。因本案未有证据证明该主播直播涉案作品已获得相关授权，故该主播的行为直接侵害了北京科技公司就涉案作品享有的著作权，即涉案主播的行为侵害了北京科技公司就涉案作品享有的著作权中的其他权利。

北京科技公司虽主张广州科技公司作为直播平台，与主播之间属于分工合作、共同提供涉案作品，但一方面，本案缺乏证据证明广州科技公司与涉案主播之前存在劳务合同、劳动关系或其他合作关系，且就涉案作品存在共同提供直播行为之合意；另一方面，结合广州科技公司提交的相关证据可以证明广州科技公司作为某直播平台的运营者，为主播提供直播服务、为用户提供观看直播服务，广州科技公司通过用户协议、设置直播规则等方式经营、管理该平台，属于提供网络服务的经营者。故对北京科技公司的该主张，不予支持。

结合如下因素，广州科技公司在具备合理理由应当知晓涉案主播直播涉案作品的行为存在的情况下，未采取合理有效措施制止涉案行为，主观上具有过错，构成帮助侵权。

第一，广州科技公司在其平台上设置了“一起看”频道，且属于热门分类，同时，该频道内还有电影、电视剧、综艺等分类。广州科技公司表示其设置“一起看”频道的目的是让主播分享自己的视频。而通常情况下，主播作为网络用户，一般不可能提供专业制作且内容完整的影视作品，此类影视作品的制作者也不可能准许一般网络用户予以传播，故广州科技公司应对该频道下主播行为承担更高的注意义务。

第二，涉案直播间位于“一起看”频道首页内，处于可被明显感知的位置，且根据北京科技公司的取证情况，涉案直播间至少在 2020 年 12 月 6 日至 31 日连续、多次、长时间直播涉案作品相关剧集。此外，涉案直播间关注数量达 28 万至 29 余万，直播过程中的人气量亦在 20 万至 50 余万，有相当的关注度，广州科技公司应当知晓涉案主播的涉案行为。

第三，涉案作品具有一定知名度，根据北京科技公司提交的相关证据，各媒体对涉案作品进行了广泛宣传并获各类奖项；在某视频网站上涉案作品仅有第 1 集至第 2 集为免费观看，且有片前广告，其余剧集均需成为会员方可观看；涉案直播间名字中虽无涉案作品名称，但包含了涉案作品的知名主角名。因此，广州科技公司应对此承担更高的注意义务。

综上，法院认定，广州科技公司在具备合理理由应当知晓涉案主播直播涉案作品的行为存在的情况下，未采取合理有效措施制止涉案行为，主观上具有过错，构成帮助侵权，应承担相应的法律责任。

北京市海淀区人民法院依照《中华人民共和国著作权法》第十条第一款第十七项、第四十七条第十一项、第四十九条，《中华人民共和国民事诉讼法》第六十四条第一款规定，判决：

一、本判决生效之日起十日内，广州科技公司赔偿北京科技公司经济损失200000元及合理开支30000元；

二、驳回北京科技公司的其他诉讼请求。

广州科技公司不服一审判决，提起上诉。

北京知识产权法院经审理认为：第一，涉案作品位于涉案平台的热门分类“一起看”频道，从该频道标题上看，也可了解其中存在大量的影视作品，具有侵权的可能性。同时，涉案网络用户提供的是专业制作且内容完整的影视作品，按常理普通网络用户享有权利的可能性较低。第二，广州科技公司对“一起看”频道进行了电影、电视剧、综艺等特定分类。第三，涉案直播间位于“一起看”频道首页内，处于可被明显感知的位置，且涉案直播间关注数量达28万至29余万，人气量达20万至50余万。第四，涉案网站标题上明确载明了涉案作品主角名，结合涉案作品的知名度，广州科技公司很容易发现该直播间中含有侵权可能性较高的作品。第五，根据某直播平台公示的分成模式，广州科技公司就主播直播过程中所获礼物等至少可有52%的分成，占据比例较高。综上所述，广州科技公司对涉案网络用户利用涉案直播间侵害北京科技公司著作权的行为构成应知，应承担相应的帮助侵权责任。

北京知识产权法院依照《中华人民共和国民事诉讼法》第一百七十七条第一款第一项规定，判决：

驳回上诉，维持原判。

【法官后语】

在网络直播侵害著作权纠纷实践中，鉴于主播个人信息较难掌握，故被告一方多为直播平台。此时，直播平台通常会抗辩其为网络服务提供者，被诉行为系主播实施，其已尽到注意义务无需承担侵权责任。在此情况下，首先，需要从事实层面查明直播行为的直接实施主体；其次，需要从法律适用层面厘清直播平台与主播的法律关系；最后，若直播平台仅提供网络技术服务，直播平台如需对主播侵权行为承担共同侵权责任，则应当具有明知或者应知的主观过错，客观上未采取必要措施防止损害后果的扩大。

一、直播行为实施主体的认定

若直播平台主张该直播行为系主播实施其仅提供网络技术服务，应承担相应举证证明义务。判断直播平台是否对此履行了证明义务通常考虑如下三方面因素：首先，直播平台是否提交证据证明其具备为服务对象提供直播网络技术服务的功能，如其网站中展示有用户注册入口，用户可通过注册、开设直播间使用其直播技术开展直播活动等证据。其次，直播平台上是否明确标示了其为服务对象提供直播功能，如用户在注册时有相关用户注册协议，且协议中明确约定为注册用户提供直播服务。最后，直播平台应当就涉案直播行为所涉主播的注册和使用信息，以及直播平台与该主播的关系提供相应的证据，相关证据一般包括主播的用户名、注册互联网协议（IP）地址及时间、直播时登录的IP地址及时间、实名认证信息（包括身份信息、联系方式等），以及主播与直播平台订立的服务协议等。当然，上述因素还需结合具体直播行为综合考虑。

二、责任承担主体的认定

当直播平台能够证明涉案直播行为系主播实施的情况下，主播与直播平台的具体合作模式则对侵权责任的承担主体有重要影响。鉴于任何用户皆可以注册成为直播平台的主播，故对于涉案主播人员和直播平台之间法律关系的界定，需要在查明直播平台与涉案主播人员具体关系等事实基础上予以判断。具体而言，可以从如下三个方面进行分析：

1. 若直播平台对于涉案主播人员的直播行为有安排或者参与安排等较强的管控关系或者双方具有直播内容提供等方面较紧密的合作关系时，可以认定直播平台与涉案主播人员构成分工合作的共同侵权，直播平台和涉案主播人员承担连带责任。

2. 若直播平台与涉案主播人员之间符合相关民事法律规定的用人单位责任或者用工单位责任情形的，可以认定由直播平台承担侵权责任。

3. 若直播平台对主播的直播行为没有直接的控制力，直播内容由该主播自行决定，当直播内容侵权时，主播本身为侵权责任承担主体毋庸置疑。此时，直播平台作为网络技术服务提供者，是否会因其服务承担帮助侵权责任，还应根据其是否尽到注意义务、是否导致侵权损失扩大来进一步判断。

就本案而言，关于某平台与主播之间的关系，一方面，本案当中无证据证明某平台与涉案主播之间存在劳务合同、劳动关系或其他合作关系，也没有证据证明双方之间就涉案电视剧存在共同提供直播行为之合意；另一方面，结合广州科技公司提交的《某直播平台用户服务协议》《法律声明》《某直播平台直播视频上传规则》《某直播平台主播违规管理办法》《某直播平台版权保护投诉指引》等平台的相关指引和规则等平台相关的管理规则、指引文件等可以证明广州科技公司作为某直播平台的运营者，为主播提供直播服务、为用户提供观看直播服务，广州科技公司通过用户协议、设置直播规则等方式经营、管理该平台，属于提供网络技术服务的经营者。

三、直播平台注意义务的认定

在平台服务模式下，直播平台仅为网络直播技术服务提供者。根据《中华人民共和国民法典》第一千一百九十五条至第一千一百九十七条之规定，上述条文对网络服务提供者的责任判断进一步作出明确规定，实践中，与此相关的纠纷集中于侵害著作权案件中。网络平台如需对用户侵权行为承担共同侵权责任，则主观上应当具有明知或者应知的主观过错，客观上未采取必要措施防止损害后果的扩大。而如何认定直播平台具有应知或明知的过错以及是否采取了必要措施，则是此类案件的审理重难点。

1. 关于明知的考量因素。

明知，即指直播平台已实际知道被诉侵权行为的存在。实践中，最常见的确认存在明知的情形是收到权利人的侵权投诉通知。但在直播环境下，对于权利人来说，由于多数直播行为具有即发性、临时性、随意性的特点，故权利人较难提前或实时知晓侵权行为的存在，亦难以对此发出相关投诉通知。但是，对于特定的视听作品，如热播影视剧、即将举办的颁奖典礼、演唱会等，如权利人在直播行为前先行向直播平台发送了预警函或投诉通知，直播平台仍有可能构成明知的可能性。

但需要指出的是，并非所有的直播行为等都可适用上述的规则，否则任何一个作品的权利人向平台发送了权利预警函即可推定网络直播平台对于未发生的直播行为构成明知，亦不合理地加重网络服务提供者的责任。个案中应从如下几个角度综合考虑：一是该预警函是否提供了有效的权属证据；二是该预警函是否明确提示可能发生侵权行为的范围，即足以使网络服务提供者准确定位未来出现的侵权内容，以及要求直播平台采取的措施；三是该预警函发送的时间及发送的途径是否合理。此外，最终实际发生直播行为的明显程度、使用情况等亦属于“明知”情形认定所应综合考虑的因素。

2. 应知的考量因素。

应知，即指因存在明显侵权行为的事实或情况，网络直播平台应当意识到侵权行为的存在。而不同直播行为下直播平台注意义务的侧重点是有所不同的。如在直播影视节目中，主播直播的内容往往是影视剧、电影等，此类视听作品具有较高商业价值、专业制作的内容，其许可个人使用的可能性非常低，因此主播大多属于未经许可的侵权直播。此种情况下，可以结合如下因素判断直播平台是否存在应知情形：一是直播平台是否为此类直播行为开设专区，如开设“一起看”“陪你看”专区，甚至就某个影视节目本身专门开设专区。二是被传播作品的知名程度，是否属于处在热播、热映期间的影视作品，以及知名度较高的其他作品。三是平台是否直接从中获得经济利益。此种经济利益应当是针对特定作品或与作品存在特定联系的经济利益，而非因平台提供网络服务而收取的一般性的广告费、服务费等。四是平台是否存在编辑、整理、推荐的行为。如直播平台设置了直播排行榜或将某一直播间置于首页“推荐”栏目等。五是主播的知名度及其侵权行为的明显程度。如该主播是有一定知名度的“网红主播”，其直播间处于热门直播间板块，且观看人数位居该直播平台前列，或该直播间长期、重复实施侵权行为，在此情况下直播平台构成“应知”的可能性极大。

3. 必要措施的考虑因素。

在判断直播平台是否尽到合理注意义务时，还需认定其在明知或应知状态下是否采取了必要措施。要判断直播平台是否采取了合理的必要措施，可以从如下几个方面予以综合考虑：

（1）直播平台是否设置了便捷的程序接收侵权通知，此种程序通常为在线举报。相较于网络直播侵权行为的即时性，如该投诉渠道为书面投诉渠道，恐怕较难属于便捷地接收侵权通知的渠道。需要说明的是，目前部分在线投诉举报渠道要求举报人进行注册登录后方可举报，该种程序符合行业的一般做法，除非该注册登录及填写投诉的流程存在不合理之情形，否则并不当然构成便捷性的障碍。

（2）是否已经明确提示主播相关的侵权风险。实践中，直播平台在主播注册时即要求其接受相关的服务协议，该协议中通常有相应侵权风险提示，明确提示主播不应从事侵害他人知识产权的行为。

（3）针对权利人已发送合格通知的情形下，或此前侵权行为足够明显的情况下，是否采取了屏蔽、过滤等符合直播平台技术和监控能力的事先预防措施。

（4）对于侵权、尤其是反复侵权的主播是否采取合理的惩戒措施，如限制其在一定时期内开展直播活动，对于反复、严重侵权的主播是否封禁其账号、列入“黑名单”等。

（5）在收到通知后，是否“及时”采取必要措施。在具体案件中判断是否“及时”，应当根据所采取措施的最终实际效果进行判断，即网络服务提供者在其能力范围内采取相应措施后，是否仍存在较为严重的侵权和较为明显的损害后果。从实践的角度来看，对于“及时”的判断，“时间”并非关键要素，最本质的应从“流量”这一权利人损失和侵权人获利来实际考量。

需要指出的是，在认定直播平台是否采取合理的“必要措施”时，并非一味给直播平台施以更重的注意义务，而应当综合考虑权利人控制和传播其内容的需求、直播平台的技术能力和付出的成本、主播获得直播服务及发挥个人优势等各方面，从权利人、直播平台、主播之间寻找利益平衡点，求实现三方利益的动态平衡。

编写人：北京市海淀区人民法院　李莉莎　张筠曼

50

目标跳转由用户触发的插入链接行为是否具有正当性的判断标准

——科技公司诉信息公司不正当竞争案

【案件基本信息】

1. 裁判书字号

北京知识产权法院（2021）京73民终4575号民事判决书

2. 案由：不正当竞争纠纷

3. 当事人

原告（被上诉人）：科技公司

被告（上诉人）：信息公司

【基本案情】

科技公司系某网的实际运营者，科技公司发现当用户在浏览器中安装信息公司开发运营的新媒体管家插件（以下简称涉案插件）后，在某网进行关键词搜索时，搜索结果页面中的专题搜索栏出现“某平台”专题，页面右下方出现“实时热点”板块，用户在点击上述“某平台”专题或“实时热点”板块后，将直接跳转至信息公司运营的某新媒体网的相关页面。科技公司认为，信息公司未经许可，通过涉案插件强行更改某网中的页面设置，添加无关专题和板块链接，诱导用户跳转至某新媒体网，属于以技术手段破坏科技公司产品正常运行的行为，严重损害了科技公司的合法利益和公平的竞争秩序，构成不正当竞争。

【案件焦点】

信息公司通过涉案插件在某网中插入“某平台”专题和“实时热点”板块链接，再由用户点击触发目标跳转至信息公司运营的某新媒体网的行为，是否构成《中华人民共和国反不正当竞争法》第十二条第二款第一项规制的不正当竞争行为。

【法院裁判要旨】

北京市海淀区人民法院经审理认为：信息公司的被诉行为影响了互联网用户选择，损害了用户的知情权和选择权，干扰了某网的正常搜索服务，插入涉案链接并无合理理由，且插入链接的具体方式亦体现出主观恶意，损害了科技公司的合法权益，属于《中华人民共和国反不正当竞争法》第十二条第二款第一项所规制的不正当竞争行为。

北京市海淀区人民法院依照《中华人民共和国反不正当竞争法》第十二条第二款第一项、第十七条，《中华人民共和国民事诉讼法》第六十四条第一款规定，判决：

一、自判决生效之日起十日内，信息公司赔偿科技公司经济损失80万元及合理开支3万元；

二、驳回科技公司的其他诉讼请求。

信息公司不服一审判决，提起上诉。

北京知识产权法院经审理认为：首先，被诉插入链接的方式破坏了某网的完整性和原有设置，干扰了用户对某网搜索功能的正常使用，影响了用户的选择和用户利益。其次，以外观深度融合的方式插入链接，通过“某平台”和“实时热点”等敏感词吸引用户点击链接进而跳转至其自营的网站，主观恶意明显，不具有合理理由。最后，该行为攫夺了某网的交易机会，减少了某网的流量利益和用户黏性，影响了用户的搜索质量和体验，降低了用户对某网的信任和评价，损害了科技公司的经营利益，必将损害广大互联网用户的合法权益，构成不正当竞争行为。

北京知识产权法院依照《中华人民共和国民事诉讼法》第一百七十条第一款第一项规定，判决：

驳回上诉，维持原判。

【法官后语】

随着网络经济和信息技术的飞速发展，互联网领域利用技术手段扰乱市场竞争秩序的各种新型被诉侵权行为不断涌现，这些行为是1993年《中华人民共和国反不正当竞争法》规定的11项具体侵权行为类型所不能涵盖的，故法院在判断此类行为是否构成不正当竞争时，通常援引第二条原则性条款的“诚实信用原则和公认的商业道德”进行个案裁判。

2017年修订的《中华人民共和国反不正当竞争法》新增了“互联网专条”，第十二条第二款采取“概括+列举+兜底”的立法模式，对互联网领域特有的、利用技术手段进行的不正当竞争行为进行了规制。通常情况下，《中华人民共和国反不正当竞争法》第十二条第二款第一项中规定的“插入链接、强制进行目标跳转”也被称为“流量劫持”，主要表现为在原经营者网络产品或服务基础上插入新的链接或标志，拦截或屏蔽原有“目标”内容，使网络用户“跳转”到新网络产品或服务（通常由侵权人提供）的行为。但对于仅插入链接，目标跳转由用户自行点击触发，此行为是否违反《中华人民共和国反不正当竞争法》的规定，需要结合反不正当竞争法的基本原则，综合考虑插入链接的具体方式、是否具有合理理由以及对用户利益和其他经营者利益的影响等因素，针对个案按照以下标准具体分析：

一、遵循反不正当竞争法基本原则

网络环境下，新的商业模式和竞争业态不断涌现，被诉构成妨碍、破坏他人提供网络产品或服务的行为可能并不违反商业惯例，甚至可能是正当竞争的新常态，从长远看有利于消费者利益和社会公共福祉，故司法应当对新类型的网络竞争行为采取适度审慎规制的态度。但是，网络环境下的不正当竞争行为判断与线下不正当竞争行为的裁判尺度应当一致，即只要该行为违反了诚实信用原则和公认的商业道德，通过不正当手段攫取他人合理预期的商业利益，均应当为《中华人民共和国反不正当竞争法》所禁止。

二、具体从行为方式、理由、利益等方面综合判断

1. 从插入链接的具体方式，判断行为客观上是否具有正当性。结合用户的使用习惯、心理预期以及互联网行业惯例判断被诉行为是否足以导致用户的误认，影响用户的选择判断。本案中，涉案插件在某网页面中添加“某平台”和“实时热点”板块，与某网原有板块设置高度融合，无任何区分标识，外观表现足以使用户误认且无法选择关闭，破坏了某网的完整性和原有设置，干扰了用户选择，造成科技公司应有流量的流失。

2. 从插入链接是否具有合理理由，判断行为是否具有主观恶意。互联网经营者应知晓互联网行业的从业规范，自觉遵循诚实信用原则和商业道德，避免利用技术手段妨碍或破坏其他网站的正常运行，尊重其他经营者的合法权益，以创造良好的行业发展环境。如被诉行为具有借助他人市场竞争力和声誉，目的是使用户产生误认进而获取用户和流量，则不具有合理理由，具有谋取不正当经营利益的主观恶意。本案被诉插件强行在某网中新增模块，还通过“某平台”和“实时热点”等敏感词吸引用户点击链接进而跳转至其自营的网站，主观恶意明显。

3. 从是否损害用户、经营者及竞争行业的整体利益分析，坚持利益衡量原则综合认定。互联网领域中，随着流量劫持等网络竞争行为的不断自我调整，一部分劫持流量行为对社会和技术创新具有一定的益处。对此类行为正当性的评价，除采用前述多因素考量法外，最终还需回顾到利益衡量原则，以是否符合消费者利益、是否促进互联网环境中的公开、公平、公正的市场竞争秩序进行利益衡量和价值比较。本案被诉行为扰乱了市场竞争秩序，损害了科技公司的合法权益，从长远来看，亦必将损害广大互联网用户的合法权益，构成不正当竞争行为。

编写人：北京知识产权法院　范米多

51

和解协议签订后重复侵权的司法规制

——中国某公司诉上海某公司侵害商标权及不正当竞争案

【案件基本信息】

1. 裁判书字号

上海知识产权法院（2021）沪73民终744号民事判决书

2. 案由：侵害商标权及不正当竞争纠纷

3. 当事人

原告（被上诉人）：中国某公司

被告（上诉人）：上海某公司

【基本案情】

德国某公司是全球知名水泵制造商之一，1995年即在北京设立办事处，2000年设立全资子公司中国某公司。德国某公司在第7类商品上注册了涉案商标，经过德国某公司和中国某公司长期经营和维护，涉案商标、字号在我国已经具有较高知名度。

2017年9月，上海某公司在某展会上现场展示的泵类商品上标注涉案商标字样，宣传材料上标注涉案商标标识。2018年12月18日，查看上海某公司的网站，网站展示泵类商品图片上标注有涉案商标字样。网站有“上海某公司是世界先进制泵技术先锋，也是一家致力于专业研发生产高效、节能、环保的水泵设备生产商”等内容。上海某公司的公众号名为“上海某水泵”，公众号有“产品介绍”等栏目。

中国某公司认为，上海某公司的行为构成商标侵权及不正当竞争，且属于重复侵权、恶意侵权。

经查，在本案诉讼之前，双方当事人之间有多起诉讼：（2009）卢民三（知）初字第135号民事判决认定，上海某公司在水泵产品及其包装、合格证、说明书等上使用涉案商标，侵害了德国某公司涉案注册商标的商标专用权，判决上海某公司停止侵权、赔偿损失、消除影响。2015年，德国某公司和中国某公司共同起诉上海某公司，案号为（2015）徐民三（知）初字第663号（以下简称663号）。德国某公司、中国某公司要求上海某公司停止使用涉案字号，刊登声明以消除影响，赔偿经济损失及合理开支合计15万元。审理中，各方达成庭外和解，并于2015年10月13日在法院的主持下签署调解笔录。调解笔录载明：德国某公司和中国某公司与上海某公司达成庭外和解协议，故撤回停止侵权、赔偿损失的诉讼请求，各方当事人应分别在约定载体刊登上海某公司与德国某公司、中国某公司相互独立，无股权投资关系、控制关系、关联关系的声明。

一审审理过程中，法院于2021年3月30日作出民事裁定，要求上海某公司提交2015年10月26日起的财务账簿等证据，上海某公司拒不履行上述裁定。法院遂向市场监督管理部门调取了上海某公司自行申报的公司年报。法院还查明了几家主营泵类的上市企业在2017年至2019年年报披露的营业收入和营业利润。

【案件焦点】

1. 当事人达成和解协议后能否再次提起侵权诉讼；2. 惩罚性赔偿的适用问题。

【法院裁判要旨】

上海市徐汇区人民法院经审理认为：上海某公司作为经营水泵相关产品的同业经营者，擅自在参展现场展示的产品和宣传材料、网站及产品图片、公众号上突出使用涉案商标等标识，误导相关公众，构成商标侵权，其以涉案字号作为企业字号，构成不正当竞争。综合上海某公司经营规模、侵权持续时间、地域范围等因素，且上海某公司主观恶意明显，并具有反复侵权和举证妨碍的诉讼行为，本案可适用三倍惩罚性赔偿。

上海市徐汇区人民法院依照《中华人民共和国商标法》第四十八条、第五十七条第二项、第三项、第七项、第六十三条第一款、第二款，《最高人民法院关于审理商标民事纠纷案件适用法律若干问题的解释》第一条第一项、第三项、第九条第二款、第十条、第十一条第一款、第三款、第十七条，《中华人民共和国反不正当竞争法》第六条第二项、第四项、第八条、第十七条第一款、第二款、第三款、第十八条第二款，《最高人民法院关于审理不正当竞争民事案件应用法律若干问题的解释》第六条第一款、第八条，《最高人民法院关于审理侵害知识产权民事案件适用惩罚性赔偿的解释》第四条、第五条，《中华人民共和国民法典》第一百七十九条，《中华人民共和国民事诉讼法》第六十四条第二款、第三款规定，判决：

一、上海某公司于判决生效之日立即停止侵害中国某公司享有的权利商标许可使用权；

二、上海某公司于判决生效之日起三十日内注销域名，停止使用公众号；

三、上海某公司于判决生效之日起三十日内变更企业名称，变更后的企业名称不得包含涉案商标；

四、上海某公司于判决生效之日起三十日内赔偿中国某公司经济损失人民币 1500 万元；

五、上海某公司于判决生效之日起三十日内赔偿中国某公司为维权支出的合理费用人民币 10 万元；

六、上海某公司于判决生效之日起三十日内就其涉案侵权行为在报纸上刊登声明，消除影响（刊登的内容需经法院核准）。如上海某公司逾期履行上述义务，法院将在相关媒体上发布本案判决内容，相关费用由上海某公司负担；

七、驳回中国某公司的其余诉讼请求。

上海某公司不服一审判决，提起上诉。

上海知识产权法院经审理认为：经过德国某公司和中国某公司的长期使用，

涉案商标、字号有较高的知名度。上海某公司在泵类商品上或宣传资料上突出标注涉案商标等标识，易导致相关公众混淆，侵害了中国某公司对涉案商标的使用权。

在上海某公司成立前，中国某公司所使用的涉案字号已具有较高的知名度。在663号案件调解协议生效后，上海某公司本应诚信经营，谨慎使用其企业名称，以避免混淆。但该案结案后，上海某公司又突出使用涉案商标等标识，会导致相关公众进一步加深其与中国某公司及涉案商标存在关联关系的混淆，在这种情况下，不禁止上海某公司使用含涉案字号的企业名称，不足以制止混淆。中国某公司要求上海某公司停止使用涉案商标字样企业名称的诉讼请求，可予以支持。

本案中，一审法院调取的上海某公司年报中的净利润未经审计，不能直接以年报中的净利润作为上海某公司侵权获利的依据。在上海某公司明确表示不提供账簿的情况下，一审法院参考行业内其他企业的利润率计算赔偿数额有事实和法律依据。上海某公司年报中的销售收入与增值税发票开具金额基本对应，其销售收入可以作为计算赔偿金额的基数。考虑到上海某公司的经营规模大、侵权情节严重及本案可适用惩罚性赔偿等情况，中国某公司主张的赔偿金额总额1500万元尚在合理范围内，一审法院全额支持中国某公司该项诉讼请求有事实和法律依据。依照《中华人民共和国民事诉讼法》第一百七十七条第一款第一项规定，判决：

驳回上诉，维持原判。

【法官后语】

一、关于当事人达成和解协议后能否再次提起侵权诉讼

知识产权具有私权的性质，当事人可以在法律规定的范围内处分其权利。对于商标、字号等标识，当发生权利冲突时，纠纷当事人可以协商解决。若当事人通过协商决定双方的标识共存，若该协议不损害公共利益，司法应尊重当事人的意思自治。当事人可在共存协议约定的范围内各自使用相关标识。当事人达成共存协议后，一方当事人又针对对方相同的使用行为提起诉讼，主张对

方构成侵权的，法院一般不应支持。当事人应遵循诚实信用原则，规范使用标识。若被诉侵权人超出共存协议约定的范围使用标识，或者有其他违反诚实信用原则的使用行为，误导相关公众的，则法院仍应对新的被诉侵权行为进行审理。

在663号案件中，德国某公司、中国某公司与上海某公司达成和解，德国某公司、中国某公司当时不再坚持要求上海某公司停止使用其企业名称。但在663号案件中，双方并没有明确约定中国某公司如何使用其字号，即双方并无书面的标识共存协议。根据诚实信用原则，上海某公司不得针对中国某公司实施新的仿冒行为或商标侵权行为。若上海某公司在调解协议生效后，又有不正当使用其企业名称的行为，中国某公司有权再次提起诉讼。中国某公司在本案中主张的被诉侵权行为系发生在663号调解书生效后的行为，中国某公司提起本案诉讼不构成重复诉讼。

在上海某公司成立前，中国某公司所使用的涉案字号已具有较高的知名度。在663号案件调解协议生效后，上海某公司本应诚信经营，谨慎使用其企业名称，以避免混淆。但上海某公司在663号案件调解协议生效后，又突出使用涉案字号等标识，会导致相关公众进一步加深其与中国某公司及涉案商标存在关联关系的混淆，在这种情况下，不禁止上海某公司使用含涉案字号的企业名称，不足以制止混淆。中国某公司要求上海某公司停止使用涉案商标字样企业名称的诉讼请求，可予以支持。

二、关于惩罚性赔偿规则的适用

2013年8月30日修正的《中华人民共和国商标法》引入了惩罚性赔偿规则，第六十三条第一款规定，对恶意侵犯商标专用权，情节严重的，可以在按照上述方法确定数额的一倍以上三倍以下确定赔偿数额。2019年4月23日修正的《中华人民共和国商标法》扩大了惩罚性赔偿的计算倍数为一倍以上五倍以下。2019年4月23日修正的《中华人民共和国反不正当竞争法》引入了惩罚性赔偿制度，第十七条第三款规定，经营者恶意实施侵犯商业秘密行为，情节严重的，可以在按照上述方法确定数额的一倍以上五倍以下确定赔偿数额。

根据上述规定，惩罚性赔偿适用于恶意侵害商标专用权或恶意实施侵害商业秘密行为，情节严重的情形。

本案既涉及侵害商标权，又涉及侵害企业名称权，其中侵害商标权部分可适用惩罚性赔偿。一审法院调取的上海某公司年报中的净利润未经审计，不能直接以年报中的净利润作为上海某公司侵权获利的依据。在上海某公司明确表示不提供账簿的情况下，可参考行业内其他企业的利润率计算赔偿数额。上海某公司年报中的销售收入与增值税发票开具金额基本对应，其销售收入可以作为计算赔偿金额的基数。中国某公司主张商标侵权赔偿金为1000万元，自2017年9月起算。根据上海某公司的年报，即使仅计算其在2018年至2020年的销售收入，总额已达人民币4900余万元。参考案外人甲泵业、乙泵业约为20%的利润率，且本案可适用惩罚性赔偿的情况，中国某公司该部分诉讼请求可予以支持。中国某公司另主张企业名称侵权赔偿金为500万元，自2015年10月26日起算。根据上海某公司的年报，其在2015年11月至2020年销售收入（其中2015年11月和12月收入以当年年报数据按比例推算）合计人民币7000余万元，中国某公司主张的赔偿金仅为销售收入的7%，金额合理，该部分诉讼请求亦可予以支持。考虑到上海某公司的经营规模大、侵权情节严重及本案可适用惩罚性赔偿等情况，中国某公司主张的赔偿金额总额1500万元尚在合理范围内，可予以支持。

编写人：上海知识产权法院　邵勋

52

知识产权诉讼中“陷阱取证”的类型分析及其证据采信规则

——餐饮公司诉信息公司不正当竞争案

【案件基本信息】

1. 裁判书字号

福建省高级人民法院（2022）闽民终 615 号民事判决书

2. 案由：不正当竞争纠纷

3. 当事人

原告（上诉人）：餐饮公司

被告（被上诉人）：信息公司

【基本案情】

科技公司系涉案注册商标的专用权人。2020 年 12 月 13 日，餐饮公司经核准授权取得上述注册商标专用权。餐饮公司开设或授权开设多家餐饮门店，并在门店中使用涉案商标字样。信息公司成立于 2017 年 6 月 28 日，某网系其经营的项目孵化平台，针对招商加盟企业、连锁代理企业提供免费的综合性网络推广服务。

2021 年 4 月 26 日 11 时 18 分，吴某给信息公司的法定代表人王某打电话，通话后双方加联系方式进行联系，吴某自称为某日料店的，11 时 38 分 33 秒，吴某要求王某告知联系地址。王某于 11 时 39 分 23 秒将其联系地址告知吴某。餐饮公司提交的证据显示，公证处在 15 时 17 分对某平台展示的涉案商标进行录屏，信息公司法定代表人王某当庭演示信息发布时间及展示信息情况。

【案件焦点】

餐饮公司提供的证据能否作为认定信息公司存在侵害餐饮公司权益的证据使用。

【法院裁判要旨】

福建省泉州市中级人民法院经审理认为：餐饮公司系涉案注册商标的专用权人，该商标尚处于注册有效期限内，应当受到法律保护。本案的争议焦点在于信息公司的涉案行为是否取得餐饮公司的许可，餐饮公司是否存在“陷阱取证”问题？庭审中，信息公司提供的证据证实其系经吴某同意后，将关于涉案商标的推广内容置于某平台为其免费宣传。餐饮公司的诉状中记载的信息公司“实际经营地址”并非信息公司工商登记的法定住所地，而与吴某聊天记录中王某提供的联系地址相吻合；餐饮公司代理律师在庭审中虽然否认吴某是餐饮公司员工，但承认信息公司的电话和联系地址是吴某提供的，故信息公司主张其并未故意侵权的抗辩理由可以成立，对餐饮公司主张消除影响、赔偿损失的诉讼请求不予支持。

福建省泉州市中级人民法院依照《中华人民共和国民法典》第七条，《中华人民共和国反不正当竞争法》第六条第四项，《中华人民共和国民事诉讼法》第六十四条第一款规定，判决：

驳回餐饮公司的诉讼请求。

餐饮公司不服一审判决，提起上诉。

福建省高级人民法院经审理同意一审法院裁判意见，依照《中华人民共和国民事诉讼法》第一百七十七条第一款第一项规定，判决：

驳回上诉，维持原判。

【法官后语】

知识产权案件因取证难度大致使陷阱取证行为层出不穷。虽然，民事诉讼及知识产权领域均有关于陷阱取证证据采信问题的相关规定，但直到2020年出台《最高人民法院关于知识产权民事诉讼证据的若干规定》第七条才扭转司法实践中对陷阱取证合法性效力认定的混乱局面。因此，有必要以该法条为基础，明晰陷阱取证的类型及其区分标准，进一步明确陷阱取证的证据采信规则，为判定知识产权侵权诉讼中陷阱取证的效力提供具体依据。

《最高人民法院关于知识产权民事诉讼证据的若干规定》规定的两种取证方式与学理上关于陷阱取证行为二分的共识相契合，分别对应“机会提供型”和“恶意诱发型”陷阱取证。其中，“被诉侵权人基于他人行为而实施侵害知识产权行为所形成的证据”对应“机会提供型”，是指权利人为获取被诉侵权人的侵权证据，自行或委托他人以一般市场主体的身份向被诉侵权人购买侵权物品，重现侵权行为，该行为尚未达到“严重侵害他人合法权益、违反法律禁止性规定或者严重违背公序良俗的方法”的程度，不属于非法证据，具有合法性。而“被诉侵权人仅基于权利人的取证行为而实施侵害知识产权行为”则对应“恶意诱发型”，是指权利人为获取被诉侵权人的侵权证据，以一般市场主体的身份引诱被诉侵权人实施侵权行为，使侵权行为首次出现，该方式取得的证据不具有证据合法性，应作为非法证据予以排除。

区分“机会提供型”和“恶意诱发型”的标准主要包含四个方面：

其一，从恶意时间来看，即被诉侵权人在权利人采取陷阱取证行为前是否存在主观恶意。“机会提供型”中被诉侵权人的侵权故意产生于权利人实施引诱行为之前，被诉侵权人具有独立的侵权意图。“恶意诱发型”则是被诉侵权人在权利人实施引诱行为前并无侵权恶意，其侵权意图系因权利人的引诱行为产生。

其二，从行为目的来看，即被诉侵权人的行为是否系“为了取证而购买”。若权利人有初步证据或充分理由怀疑被诉侵权人有侵权行为，为获得确实的证据而与被诉侵权人交易，则属于为了取证而购买，应认定为“机会提供型”。“恶意诱发型”是为取证而进行实质性引诱或重大欺骗，权利人在尚未掌握被诉侵权人实施侵权行为证据的情况下，为购得侵权产品故意引诱被诉侵权人实施侵权行为。

其三，从因果关系来看，即侵权行为与陷阱取证行为之间是否具有必然因果关系。“机会提供型”只是为被诉侵权人的侵权行为提供了一次机会，并未积极促成侵权，这一次机会的提供与被诉侵权人的侵权行为之间没有必然因果关系；“恶意诱发型”则是两行为存在直接因果关系，该行为存在实质性引诱和重大欺骗，若无优势交易条件的引诱，被诉侵权人不会产生侵权故意。

其四，从侵权次数来看，即侵权行为系偶然的一次性行为，还是重复多次的连续行为。若侵权人系重复多次且连续实施侵权行为，权利人获取的侵权证据并非偶然，即为“机会提供型”；若侵权行为是偶然且具有针对性的一次性行为，那么侵权行为很可能是在权利人的引诱下完成的，应认定是“恶意诱发型”。

本案中，餐饮公司主张信息公司未经其许可，将涉案商标的推广内容置于某平台宣传，构成不正当竞争，并提供其对某平台展示涉案商标进行录屏的公证书用以证明信息公司的侵权行为。而根据2021年4月26日下午吴某与信息公司王某的通话及聊天记录可知，信息公司系经吴某授意，才在其经营的网站发布有关餐饮公司的信息，该行为可以认定为“陷阱取证”。

餐饮公司提供的证据虽载明信息公司发布网页信息的时间为2019年7月11日15时12分10秒，但通过互联网传播的资料是以电子数据的形式存在，具体数据内容和数据的产生日期都容易进行变更，王某在庭审中当庭演示信息发布时间及展示信息情况，证实涉案信息发布的时间可进行变更。因此，从恶意时间来看，无法证明信息公司在吴某授意其发布餐饮公司信息前已经实施了侵权行为，信息公司并无在先侵权恶意，其侵权意图系因吴某引诱产生。从行为目的来看，吴某在尚未掌握信息公司实施侵权行为初步证据的情况下，为使信息公司在其平台上发布餐饮公司相关信息，主动联系并诱使信息公司实施侵权行为，属于“为了取证而进行实质性引诱”。从因果关系来看，若无吴某授意，信息公司不可能在其平台发布餐饮公司相关信息，其侵权行为与吴某授意具有直接的因果关系。从侵权次数来看，并无证据证明信息公司发布餐饮公司相关信息系重复多次的连续行为，其侵权行为具有偶然性。

同时，餐饮公司诉状中记载的信息公司“实际经营地址”并非信息公司工商登记的住所地，而与聊天记录中王某提供给吴某的联系地址相吻合；餐饮公司的代理律师在庭审中承认信息公司的电话和该联系地址是吴某提供，餐饮公司对此及其与吴某的关系不能作出合理解释。综上，应认定餐饮公司对信息公司采取“恶意诱发型”陷阱取证行为，根据《最高人民法院关于适用〈中华人民共和国民事诉讼法〉的解释》第一百零六条及《最高人民法院关于知识产权民事诉讼证据的若干规定》第七条第二款的规定，餐饮公司取得的证据不能作为认定信息公司存在侵害餐饮公司权益的证据使用，应作为非法证据予以排除适用。

编写人：福建省泉州市中级人民法院　郑慧颖

四、行政纠纷

53

地理标志证明商标知识产权行政案件的司法认定

——餐饮公司诉区知识产权局、区人民政府罚款及行政复议案

【案件基本信息】

1. 裁判书字号

上海知识产权法院（2022）沪73行终1号行政判决书

2. 案由：罚款及行政复议纠纷

3. 当事人

原告（上诉人）：餐饮公司

被告（被上诉人）：区知识产权局、区人民政府

第三人：农业技术推广中心

【基本案情】

区知识产权局于2020年11月2日作出《行政处罚决定书》，认定：当事人餐饮公司自2014年起从事茶叶销售和餐饮管理的经营活动，主要通过某平台及线下门店销售茶叶。涉案商标是农业技术推广中心在中国注册的证明商标，注册有效期限至2028年12月6日，核定使用商品（30类）：茶（截止）。当事人未经许可在茶叶外包装上贴附标有涉案商标字样的中文标签起到了标识商品的

原产地等特定品质的作用，且当事人无法证明涉案茶叶原料的原产地，也没有获得商标权利人的授权，上述中文标签上的字样与涉案注册商标上的中文文字相同，构成近似，且使用在同种商品上，当事人的行为易使公众误认为涉案茶叶获得涉案证明商标的授权，容易造成混淆。当事人的行为构成了《中华人民共和国商标法》第五十七条第二项所指之行为。遂依据《中华人民共和国商标法》第六十条第二款的规定，决定责令当事人立即停止侵权行为，并处罚如下：(1) 没收侵权的标有涉案商标的茶叶247盒（规格：70克/盒）及标有涉案商标的茶叶1175盒（规格：37.5克/盒）；(2) 罚款545273.06元。餐饮公司不服，向区人民政府申请行政复议。区人民政府经审查后认为餐饮公司提出的复议理由于法无据，故于2021年3月22日作出行政复议决定，维持了区知识产权局作出的上述行政处罚决定。

【案件焦点】

1. 餐饮公司在商品中文标签上标注涉案商标字样是否属于对农业技术推广中心涉案地理标志证明商标的使用，该使用方式是否侵害了农业技术推广中心的注册商标专用权；2. 区知识产权局对餐饮公司作出的行政处罚是否合法、合理。

【法院裁判要旨】

上海市区人民法院经审理认为：《中华人民共和国商标法实施条例》第七十六条规定："在同一种商品或者类似商品上将与他人注册商标相同或者近似的标志作为商品名称或者商品装潢使用，误导公众的，属于商标法第五十七条第二项规定的侵犯注册商标专用权的行为。"餐饮公司在商品外包装上使用"龙井茶"标识的行为属于《中华人民共和国商标法》第五十七条第二项所指的商标侵权行为，餐饮公司向区知识产权局提供的证据不足以证明其具备使用涉案地理标志证明商标的条件，构成对第三人享有的涉案注册商标专用权的侵害。区知识产权局对餐饮公司涉案行为作出的认定定性准确，证据充分，符合法律规定。区知识产权局的被诉行政处罚决定认定事实清楚、证据确实、充分，适用法律、法规正确，符合法定程序，处罚结果并无不当，餐饮公司请求撤销该行政处罚决定的诉请缺乏事实和法律依据，法院不予支持。区人民政府提供的证据和依据足以证明其具有作出被诉复议决定的职权，所作复议决定合法，餐饮公司请求撤销该复议决定的理由亦不能成立。

上海市区人民法院依照《中华人民共和国行政诉讼法》第六十九条规定，判决：

驳回餐饮公司的诉讼请求。

餐饮公司不服一审判决，提起上诉。

上海知识产权法院经审理同意一审法院裁判意见，依照《中华人民共和国行政诉讼法》第八十九条第一款第一项规定，判决：

驳回上诉，维持原判。

【法官后语】

地理标志即“原产地名称”，是一种无形的财产。由于地理标志具有标示商品的产源、质量、信誉等特征的功能，其也成为促进区域特色经济发展的有效载体，保护和传承传统优秀文化的鲜活载体，也是权利人和企业参与市场竞争的重要资源。在地理标志证明商标被侵权时，行政机关可依据法律对侵权人处以相应的行政处罚，侵权人对行政处罚不服的，可以请求行政复议。而对于行为人的行为是否侵犯地理标志商标权的判断和行政处罚、行政复议的合法性审查，是审理地理标志证明商标知识产权行政案件的主要内容。

一、地理标志商标的性质

地理标志是一种特殊的产源识别性商业标记，具有特殊的文化价值和产权价值。我国的地理标志商标得到保护经历了一个由外而内的过程。

《保护原产地名称及其国际注册里斯本协定》指出，“原产地名称是指一个国家、地区或地方的地名，用于只是一项产品来源于该地，其质量或特征完全取决于地理环境，包括自然和人为因素”。《TRIPs 协定》第二部分第三节对地理标志的保护作出了专门规定，该协议第二十二条规定“本协议的地理标志是指标示出某商品来源于某一缔约方的领土或该领土的一个地区或一个地方的标志，而该商品的特定的质量、声誉或其他特征在实质上可归属于其地理来源”。《保护工业产权巴黎公约》（以下简称《巴黎公约》）第一条关于工业产权保护范围的规定明确列举了货源标记或原产地名称。《TRIPs 协定》中所称的“地理标志”就是指《巴黎公约》中所说的“原产地名称”。我国自 1985 年加入《巴黎公约》就承担起保护原产地名称的义务。

《中华人民共和国商标法》第三条第三款规定，证明商标是指由对某种商品或者服务具有监督能力的组织所控制，而由该组织以外的单位或者个人使用于其商品或者服务，用以证明该商品或者服务的原产地、原料、制造方法、质量或者其他特定品质的标志。该法第十六条规定，地理标志是指标示某商品来源于某地区，该商品的特定质量、信誉或者其他特征，主要由该地区的自然因素或者人文因素所决定的标志。《中华人民共和国商标法实施条例》第四条规定：“商标法第十六条规定的地理标志，可以依照商标法和本条例的规定，作为证明商标或者集体商标申请注册。以地理标志作为证明商标注册的，其商品符合使用该地理标志条件的自然人、法人或者其他组织可以要求使用该证明商标，控制该证明商标的组织应当允许。”

二、地理标志商标侵权的司法审查

地理标志证明商标的功能包括两个方面，一是标识商品来源，二是标识商品因来源于某地区而产生的由该地区的自然因素或者人文因素所决定的质量、制造方法等其他特定品质。本案中，龙井茶作为我国传统名茶，具有较高的知名度，其特定的品质主要由其茶叶产区的自然因素、采摘条件和制作工艺等所决定。农业技术推广中心在第 30 类“茶”上取得涉案注册商标，且在注册有效期内，农业技术推广中心作为该地理标志证明商标权利人，有权对该商标的使用进行有效管理或控制，使使用该商标的商品达到其使用管理规则的要求。对于不符合涉案地理标志使用条件的，农业技术推广中心有权予以制止。

对于行为人的行为是否侵犯地理标志商标的商标权，除了判断商品是否相同或类似、商标是否相同或近似，最关键的是要判断行为人的行为是否属于商标性使用行为。《中华人民共和国商标法》第四十八条规定，本法所称商标的使用，是指将商标用于商品、商品包装或者容器以及商品交易文书上，或者将商标用于广告宣传、展览以及其他商业活动中，用于识别商品来源的行为。

1. 行为样态的判断。餐饮公司实施了贴附中文标签的行为。根据餐饮公司与案外人报关公司签订的协议，报关公司代理进口报关单证的整理与审核，餐饮公司对进口合同负有履约责任。结合餐饮公司与报关公司的相关人员在询问笔录中所述，涉案茶叶外包装盒中文标签上的文字内容系餐饮公司提供，标签制成后经餐饮公司确认后再由报关公司进行贴附，产品由餐饮公司进行销售，故该贴附行为应认定为由餐饮公司实施，相关法律后果亦应由餐饮公司承担。

2. 地理标志商标的特定要求。根据《龙井茶证明商标使用管理实施细则》的规定，龙井茶证明商标是经国家工商行政管理总局商标局注册的证明商标，用于证明龙井茶的特定品质。农业技术推广中心是龙井茶证明商标的注册人，对龙井茶证明商标享有专用权。使用龙井茶证明商标的产品的种植地域范围为以下县（市、区）：杭州市西湖区（西湖风景名胜区）、萧山区等。产品按GB/T18650《地理标志产品龙井茶》的规定进行生产加工，产品质量符合GB/T18650《地理标志产品龙井茶》。GB/T18650《地理标志产品龙井茶》中进一步明确，龙井茶Longjing tea系在龙井茶地理标志产品保护范围内采摘的符合选用龙井群体等经审（认）定的适宜加工龙井茶的茶树良种茶树品种要求的茶树鲜叶，按照传统工艺在地理标志产品保护范围内加工而成，具有“色绿、香郁、味醇、形美”的扁形绿茶。龙井茶对于加工器具、加工工艺、加工技术有相应的要求，产品按感官品质（包括外形、香气、滋味、汤色、叶底及其他要求）分为特级、一级、二级、三级、四级、五级，并符合相应的质量安全指标和理化指标（水分、总灰分、水浸出物、粉末和碎茶），且满足一定的净含量负偏差要求。因此，可以使用涉案地理标志的产品必须符合上述种植地域及质量要求。

3. 混淆误认的判断。餐饮公司将涉案商标作为商品名称使用，易使相关公众对商品来源及其特定品质产生误认。餐饮公司以涉案方式在商品外包装盒中文标签上突出标注涉案商标字样，作为商品名称使用，一方面容易使相关公众对茶叶来源产生误认，误认为餐饮公司销售的茶叶来源于龙井茶种植地域范围；另一方面亦会导致相关公众对茶叶的加工工艺、感官品质、质量安全指标、理化指标、净含量要求等龙井茶所具有的特定品质产生误认，误认为餐饮公司销售的茶叶具有涉案地理标志商品的特定品质。

综上，《中华人民共和国商标法实施条例》第七十六条规定："在同一种商品或者类似商品上将与他人注册商标相同或者近似的标志作为商品名称或者商品装潢使用，误导公众的，属于商标法第五十七条第二项规定的侵犯注册商标专用权的行为。"餐饮公司在商品外包装上使用涉案商标标识的行为属于《中华人民共和国商标法》第五十七条第二项所指的商标侵权行为，餐饮公司向区知识产权局提供的证据不足以证明其具备使用涉案地理标志证明商标的条件，构成对农业技术推广中心享有的涉案注册商标专用权的侵害。

三、自贸区内商标侵权行为的规制

本案中，标签贴附行为发生在商品出关前，贴附中文标签的行为应受《中华人民共和国商标法》规制。一方面，由于自由贸易试验区海关政策的特殊性，进口货物入区程序、报关方式更加便捷，但在自贸试验区内发生的侵犯商标权的行为，不能排除《中华人民共和国商标法》等法律的适用。另一方面，餐饮公司对进口的茶叶商品贴附中文标签的目的是在中国境内进行流通，现涉案茶叶商品已经进入中国境内并销售，贴附标签的具体时间、地点均不影响贴附标签行为的性质，餐饮公司的涉案行为应受我国法律的规制。

四、知识产权行政处罚及行政复议的合法性判断

《中华人民共和国商标法》第六十条第二款规定，工商行政管理部门处理时，认定侵权行为成立的，责令立即停止侵权行为，没收、销毁侵权商品和主要用于制造侵权商品、伪造注册商标标识的工具，违法经营额五万元以上的，可以处违法经营额五倍以下的罚款，没有违法经营额或者违法经营额不足五万元的，可以处二十五万元以下的罚款。对五年内实施两次以上商标侵权行为或者有其他严重情节的，应当从重处罚。销售不知道是侵犯注册商标专用权的商品，能证明该商品是自己合法取得并说明提供者的，由工商行政管理部门责令

停止销售。区知识产权局根据餐饮公司的违法经营数额为272636.53元，结合餐饮公司违法行为的性质、情节，对餐饮公司作出没收侵权产品及处违法经营额两倍的罚款的处罚决定，符合上述法律规定且在合理范围内。

关于尚未销售茶叶的金额是否可以计入其违法经营额，根据《中华人民共和国商标法实施条例》第七十八条的规定："计算商标法第六十条规定的违法经营额，可以考虑下列因素：（一）侵权商品的销售价格；（二）未销售侵权商品的标价；（三）已查清侵权商品实际销售的平均价格；（四）被侵权商品的市场中间价格；（五）侵权人因侵权所产生的营业收入；（六）其他能够合理计算侵权商品价值的因素。"因此，违法经营额既包括已经销售的侵权产品的经营额，也包括尚未销售的侵权产品的经营额。本案中，区知识产权局对餐饮公司已销售的侵权商品价值，按照实际销售价格计算。对未销售的侵权商品价值，按照查清侵权商品实际销售的平均价格计算，符合上述规定。

关于应当、可以免除、从轻或者减轻行政处罚的情形的判断，根据《中华人民共和国行政处罚法》第二十七条的规定："当事人有下列情形之一的，应当依法从轻或者减轻行政处罚：（一）主动消除或者减轻违法行为危害后果的；（二）受他人胁迫有违法行为的；（三）配合行政机关查处违法行为有立功表现的；（四）其他依法从轻或者减轻行政处罚的。违法行为轻微并及时纠正，没有造成危害后果的，不予行政处罚。"本案中，虽然餐饮公司能够配合区知识产权局的调查，但餐饮公司的商标侵权行为已经实施完毕，违法行为导致的后果已经发生，且在被立案后仍存在销售行为，违法经营额较高，不属于违法行为轻微的情形，不构成从轻、减轻或者免除行政处罚的条件，区知识产权局的处罚决定未违反法律规定。

综上，区知识产权局的被诉行政处罚决定认定事实清楚、证据确实、充分，适用法律、法规正确，符合法定程序，处罚结果并无不当。区人民政府提供的证据和依据足以证明其具有作出被诉复议决定的职权，所作复议决定合法。

本案系首例涉地理标志知识产权行政案件，是知识产权"三合一"审判机制的生动实践，是法院在全国率先探索并打造知识产权"三合一"审判机制升级版的工作成果之一。本案明确了侵犯地理标志证明商标权的裁判规则，体现了严格知识产权保护，加强地理标志保护的决心和力度。本案系涉自贸区知识产权行政案件，判决明确了在自贸区进口商品，进入我国境内并进行销售的，相关行为仍需受我国法律的规制，积极回应了上海自贸试验区知识产权司法保护需求，推进了法治化营商环境建设。判决依法确认了行政处罚和行政复议的合法性，有效监督、支持行政机关依法行政。

编写人：上海市浦东新区人民法院　王潇

54

商标行政纠纷中委托人合法使用作品的认定

——食品公司诉国家知识产权局商标权无效宣告请求行政案

【案件基本信息】

1. 裁判书字号

北京市高级人民法院（2021）京行终10243号行政判决书

2. 案由：商标权无效宣告请求行政纠纷

3. 当事人

原告（上诉人）：食品公司

被告（被上诉人）：国家知识产权局

第三人：王某

【基本案情】

国家知识产权局作出《关于涉案商标无效宣告请求裁定书》，认定：廖某代表食品公司委托王某设计涉案系列包装图案（以下简称涉案美术作品），对美术作品著作权的归属未作明确约定，故著作权属于王某。诉争商标与王某设计的涉案系列包装图案的文字构思、设计构思、表现手法基本相同，食品公司未经王某许可，将王某享有在先著作权的涉案美术作品局部图案作为商标申请注册，损害了王某对于涉案美术作品的著作权，故诉争商标的注册构成《中华人民共和国商标法》第三十二条所指的损害他人在先著作权的情形。综上，国家知识产权局裁定：诉争商标予以无效宣告。

食品公司不服国家知识产权局的被诉裁定，向法院提起行政诉讼。

【案件焦点】

在委托创作的涉案美术作品著作权已经归属于受托人的情况下，涉案美术作品的委托创作人基于在委托创作合同约定目的范围内对美术作品进行了合理使用，即使用涉案美术作品的局部图案注册商标的事实，是否可以抗辩受托人向其主张的涉案美术作品在先著作权利。

【法院裁判要旨】

北京知识产权法院经审理认为：（2016）浙 07 民终 1630 号民事判决书（以下简称 1630 号）确认了涉案系列包装图案美术作品的著作权属于王某所有。诉争商标与王某设计的涉案系列包装图案的文字构思、设计构思、表现手法基本相同，食品公司未经王某许可，将王某享有在先著作权的美术作品作为商标申请注册，损害了王某的在先著作权。

北京知识产权法院依照《中华人民共和国行政诉讼法》第六十九条规定，判决：

驳回食品公司的诉讼请求。

食品公司不服一审判决，提起上诉。

北京市高级人民法院经审理认为：关于诉争商标与涉案美术作品的实质性相似问题，首先王某主张著作权的食品外包装图案，可以构成《中华人民共和国著作权法》保护的美术作品。其次，根据在先生效的 1630 号查明的事实及认定的结论，结合食品公司的自认，涉案美术作品系王某根据食品公司生产相关产品的需要及提供的构思、要求而创作，委托人为食品公司，受托人为王某。

根据《中华人民共和国著作权法》第十七条的规定，涉案美术作品的著作权归属于王某。最后，经比对，诉争商标标志与涉案美术作品的局部图案构成实质性相似。

关于委托人注册诉争商标是否为合理使用问题。本案在上述认定基础上，除考量诉争商标的注册是否损害涉案美术作品著作权外，还需要审查委托人对作品是否存在合理使用的问题。基于查明的委托创作事实，以及食品公司使用涉案美术作品中图形标志申请注册商标且进行实际商业使用未获王某异议的事实，可以推定食品公司在委托王某设计产品包装图案即涉案美术作品时，主要目的包含了商标标志的注册和使用。因此，在诉争商标申请日前，食品公司对涉案美术作品可以按照设计目的进行使用，实际上该公司从 2011 年起使用涉案美术作品作为生产、销售食品外包装的图案，对系列品牌进行了长达 10 年的持续宣传使用。基于此，食品公司使用与涉案美术作品中涉案标志及图案构成实质性相似的标志作为诉争商标申请注册的目的，实质上与其在先委托创作的目的一致，未超出委托创作目的及在与涉案商标使用商品相类似商品外包装袋上进行使用的合理范围。故食品公司基于使用目的注册诉争商标的行为，未损害王某对于涉案美术作品享有的在先著作权，不构成《中华人民共和国》第三十二条所规定的“损害他人现有的在先权利”的情形。一审判决及被诉裁定对此认定事实不当，结论错误，法院予以纠正。食品公司的相关上诉理由具有事实及法律依据，法院予以支持。

北京高级人民法院依照《中华人民共和国行政诉讼法》第八十九条第一款第二项、第三款规定，判决：

一、撤销北京知识产权法院行政判决；

二、撤销国家知识产权局作出的《关于涉案商标无效宣告请求裁定书》；

三、国家知识产权局就王某针对涉案商标提出的无效宣告请求重新作出裁定。

【法官后语】

一、诉争商标与涉案美术作品局部图案实质性相似的认定

本案中，食品公司委托王某设计创作商品外包装，即涉案美术作品为商品外包装整体图案。食品公司基于使用的目的针对涉案美术作品中的局部图形申请注册为商标进行使用，因原始图形中采用的文字无法注册，食品公司仅将其中的文字修改，对局部图形未作实质改变，因此诉争商标整体标志对于涉案美术作品的构图、设计等思想的表达未作改变，通过整体比对，诉争商标与涉案美术作品构成实质性相似。

二、双方事实上具有委托创作美术作品的法律关系

基于双方委托创作及事后实际履行的事实，可以认定食品公司与王某就涉案美术作品的创作设计达成了合意并实际履行，因此双方之间形成了事实上的委托创作涉案美术作品的法律关系，不会因缺乏相关书面约定而影响委托创作合同的成立。至于涉案美术作品的著作权归属、报酬以及作品的具体使用方式、范围等，因这些条款不是委托创作合同的主要条款，其是否明确并不影响委托创作合同的成立，其具体内容可以根据法律的规定以及合同订立时所使用的词句、条款、合同目的、交易习惯、诚实信用原则等来确定，著作权法对此亦有明确规定。

三、委托人基于使用目的对委托创作的美术作品在合理范围内的使用不构成对在先著作权的损害

根据《最高人民法院关于审理著作权民事纠纷案件适用法律若干问题的解释》第十二条的规定，结合食品公司从2011年起使用涉案美术作品作为生产、销售食品外包装的图案，对系列品牌进行了长达10年的持续宣传使用的事实，在诉争商标申请日前，食品公司可以在委托创作特定目的范围内对涉案美术作品进行合理使用，进而可知食品公司对于涉案美术作品的创作和使用目的包括作为商标标志注册及在相关商品上进行实际商业使用，王某对此应为知晓并按照目的和商业使用的交易习惯及惯例进行了创作设计。

鉴于王某与食品公司之间没有约定涉案美术作品使用范围，结合查明的在案事实，可以推定食品公司将涉案诉争商标进行注册的目的，实质上与其在先

委托创作的目的一致，实际未超出委托创作目的及在与涉案商标使用商品相类似商品外包装袋上进行使用的合理范围。因此，食品公司基于使用目的注册诉争商标的行为，未损害王某对于涉案美术作品享有的在先著作权，未构成2013年《中华人民共和国商标法》第三十二条所规定的“损害他人现有的在先权利”的情形。

综上，在委托创作的涉案美术作品著作权已经归属于受托人的情况下，涉案美术作品的委托创作人基于在委托创作合同约定目的范围内对美术作品进行了使用，即使用美术作品的局部图案注册商标的事实，可以抗辩受托人向其主张的涉案美术作品在先著作权利。本案二审改判的认定结论，对于司法实践中关于调整委托作品中委托人与成为著作权人的受托人间的权益关系，如何公平合理地处理相关纠纷的问题，具有一定示范及借鉴意义。

编写人：北京市高级人民法院　刘岭

55

注册商标退化为商品通用名称的认定

——食品集团诉国家知识产权局商标权撤销复审行政案

【案件基本信息】

1. 裁判书字号

北京市高级人民法院（2022）京行终51号行政判决书

2. 案由：商标权撤销复审行政纠纷

3. 当事人

原告（上诉人）：食品集团

被告（被上诉人）：国家知识产权局

第三人：食品公司

【基本案情】

2011年9月7日，食品公司向国家知识产权局提出诉争商标的注册申请。诉争商标于2013年2月28日获准注册，核定使用在第29类“豆腐；豆腐制品”商品上。2016年6月27日，食品集团曾以诉争商标标志仅为商品的通用名称，缺乏显著特征，违反《中华人民共和国商标法》第十一条第一款第一项规定为由，向国家知识产权局提出无效宣告请求。国家知识产权局经审查认定不足以证明在诉争商标注册前，千页豆腐已成为相关行业及消费者对豆腐、豆腐制品商品约定俗成的通用名称。后经过一、二审行政诉讼，维持诉争商标的注册。

2018年11月19日，食品集团以诉争商标已退化为商品的通用名称，违反《中华人民共和国商标法》第四十九条第二款为由，向国家知识产权局申请撤销诉争商标在“豆腐；豆腐制品”核定使用商品上的注册。2020年11月13日，国家知识产权局作出被诉决定，认定：在案证据尚不足以认定诉争商标构成《中华人民共和国商标法》第四十九条第二款所规定“注册商标成为其核定使用的商品的通用名称”的情形，决定：诉争商标在“豆腐；豆腐制品”商品上的注册予以维持。食品集团不服被诉决定，向法院提起行政诉讼。食品集团在商标撤销审查阶段和行政诉讼阶段提交了豆制品专业委员会出具的函件，行业标准，各种期刊、报纸、书籍、网站有关“千页豆腐”的报道和介绍，专利检索报告，消费者认知度问卷调查报告，电商平台销售情况等证据。食品公司在商标撤销审查阶段和行政诉讼阶段提交了其食品公司及其商标所获荣誉、销售发票、维权记录等。

【案件焦点】

诉争商标“千页豆腐”是否已经成为核定使用的“豆腐；豆腐制品”上的通用名称。

【法院裁判要旨】

北京知识产权法院经审理认为：判断诉争商标是否退化为通用名称的时间

节点系原告向商标撤销审查部门提出撤销申请的时间，晚于诉争商标核准注册日期，但如上文所述，结合食品集团新提交的证据，亦不足以证明在诉争商标核准注册日至食品集团提出撤销申请的这段时间，诉争商标已退化成为“豆腐、豆腐制品”商品上的通用名称。

北京知识产权法院依照《中华人民共和国行政诉讼法》第六十九条规定，判决：

驳回食品集团的诉讼请求。

食品集团不服一审判决，提起上诉。

北京市高级人民法院经审理认为：判断诉争商标是否成为其核定使用的“豆腐；豆腐制品”商品的通用名称，应当从诉争商标标志整体出发，根据食品集团提出撤销申请之时直至国家知识产权局审查和原审法院审理之时，全国范围内相关公众的普遍认知予以判断。从诉争商标标志本身来看，诉争商标由中文“千页豆腐”构成，“千页”“千页豆腐”并非由食品公司独创或臆造的词汇。从消费者认知情况来看，在受众群体广的应用软件中，“千页豆腐”绝大部分是指制作美食的食材、原料及菜品名称。从同业经营者的使用情况来看，在电商平台上，“千页豆腐”绝大部分是指向豆制品类的小吃零食、食材，除食品公司之外，还有若干品牌的商家销售“千页豆腐”商品，“千页”或者“千页豆腐”在电商平台并未以商标出现，而是指向具体商品，各商家多是通过前置添加品牌或其他商标的方式来予以区分。从第三方的介绍和报道来看，相关书籍、报纸期刊、网络媒体中有大量关于“千页豆腐”的介绍文章，若干全国性期刊杂志、全国出版发行的美食类图书及媒体报道所载文章绝大部分介绍“千页豆腐”是豆腐或豆腐制品的商品名称。综上，至迟在国家知识产权局审查和原审法院审理本案之时，包括消费者和同业经营者在内的相关公众已普遍认为“千页豆腐”指代的是一类豆腐商品或豆腐制品，且上述认知并不限于特定地域，而是全国范围内的普遍现象，“千页豆腐”已成为“豆腐；豆腐制品”商品上约定俗成的通用名称。故诉争商标作为一个整体使用在“豆腐；豆腐制品”商品上，已无法发挥商标应有的识别商品来源的作用，应当予以撤销。被诉决定和原审判决对此认定有误，法院予以纠正。

北京市高级人民法院依照《中华人民共和国行政诉讼法》第八十九条第一款第二项、第三款规定，判决：

一、撤销北京知识产权法院行政判决；

二、撤销国家知识产权局作出的《关于“千页豆腐”商标撤销复审决定书》；

三、国家知识产权局就食品集团针对“千页豆腐”商标提出的撤销复审申请重新作出决定。

【法官后语】

《中华人民共和国商标法》规定注册商标成为核定商品的通用名称后应当予以撤销，是基于注册商标已无法再发挥商标应当具备的区分商品来源的功能时，消费者认牌购物的基本需求无法得到保障，其他经营者自由使用公共标志的正当权利可能受到阻碍。当退化为通用名称的注册商标被撤销后，其不再是商标权人的私有财产，将进入公有领域，可被他人使用。通用名称的认定既是法律事实认定，也蕴含价值判断，其背后是个体利益和群体利益博弈的体现。如何在商标权撤销复审行政案件中平衡二者关系，合理界定商品通用名称和商标则显得至关重要。

一、以整体判断为原则

判断诉争商标是否退化为商品通用名称，涉及商标是否具有显著特征的判断，应当遵循整体判断原则。若诉争商标因包含其他显著部分而在整体上能够发挥识别商品来源的作用，则不应因其同时包含核定使用商品的通用名称，而予以撤销。反之，若诉争商标中除核定使用商品的通用名称外，还包含其他部分，但该其他部分的加入并不能使得诉争商标整体上具备显著特征，则应予撤销。

二、以撤销申请日为通常判断时间点

根据体系解释及价值衡量，判断诉争商标是否退化为商品通用名称，一般应以当事人向行政审查部门提出撤销申请时的事实状态为准，行政机关审查及法院审理过程中事实状态发生变化的，以审查及审理时的事实状态判断其是否成为通用名称，主要理由是：第一，注册商标被无效和注册商标被撤销的法律后果并不一致，若被无效则自始无效，若被撤销则自撤销公告之日起商标专用权终止。注册商标被撤销并不发生自始无效的法律后果，故无须对诉争商标申请注册之日的可注册性予以判断，以撤销申请人提出申请之日作为基准日符合商标撤销的法律后果。第二，注册商标通用化的过程可能是逐渐演变、不断发展变化的，若审查或审理过程中产生的证据能够进一步说明注册商标通用化的趋势和事实，而不予考虑，则当事人只能依据该事实另行提出撤销申请。一方面程序上不经济，另一方面对其他经营者亦不公平。采纳审查和审理过程中的事实，避免重新启动撤销程序，有利于缩短前述时间差，维护公平竞争的市场秩序。当然，注册商标在前述时间差内也可能从退化为通用名称又逆向反转为具有显著特征的商标，特别是通过大量使用获得显著特征，若审查或审理过程中产生的证据及反映出的事实对商标权利人有利，亦应予以考虑，并在此事实基础上作出是否成为通用名称的判断。

三、以相关公众的通常认识为判断标准

判断诉争商标是否退化为通用名称，应以相关公众作为判断主体。相关公众分为两类，即“有关消费者”和“与营销有密切关系的其他经营者”。诉争商标退化为通用名称的过程离不开“与营销有密切关系的其他经营者”的推广使用行为，而“有关消费者”的认知可以用以检验注册商标是否退化为商品通用名称。诉争商标退化为商品通用名称是一个动态变化的过程，最终应以相关公众的通常认识作为判断标准，而相关公众的通常认识，并非绝对普遍化认知，亦非小部分相关公众的个别认知，而是相关公众多数人的普遍认知。

四、以通用名称指向的商品为撤销范围

诉争商标退化为通用名称而予以撤销的商品一般仅限于通用名称所指向的商品，而不包括类似商品，即对申请注册或核准注册之时具备显著特征但由于核准注册之后的情势变迁而成为商品通用名称、不再具备显著特征的商标予以撤销。

五、不以商标权利人是否存在主观过错为转移

注册商标退化为通用名称更关注的是通用化的后果是否形成，而非形成原因及商标权利人积极采取的行为。若因注册商标退化为通用名称系因其他经营

者或社会公众所导致，或者因商标权利人对注册商标退化为通用名称的事实无过错，进而维持注册商标在形式上的效力，其将增加消费者的搜索和辨识成本、其他经营者的表达成本、沟通成本和维权成本、公权力机关处理纠纷的成本。对于注册商标退化为商品通用名称可被撤销注册进而失权的制度设计来说，在注册商标权利人已取得的形式上合法有效的商标专用权和社会公众能够方便、准确地指代特定商品从而确保社会信息交流顺畅的公共利益之间权衡，优先保障社会公共利益的实现更为妥当。

编写人：北京市高级人民法院　亓蕾

56

经营范围曾经包括商标代理业务的主体并不都属于《中华人民共和国商标法》第十九条第四款规定的“商标代理机构”

——网络公司诉国家知识产权局商标申请驳回复审行政案

【案件基本信息】

1. 裁判书字号

北京市高级人民法院（2021）京行终9464号行政判决书

2. 案由：商标申请驳回复审行政纠纷

3. 当事人

原告（被上诉人）：网络公司

被告（上诉人）：国家知识产权局

【基本案情】

2019年5月8日，科技公司向国家知识产权局申请注册诉争商标，指定使用服务为“会计；寻找赞助；广告；特许经营的商业管理；商业信息服务；组织商业或广告交易会；替他人推销；市场营销；人事咨询；商业文档管理”。

经国家知识产权局核准，诉争商标于2019年12月27日被转让给网络公司。

科技公司曾于2018年3月13日变更了经营范围，在变更之前其经营范围包含“知识产权代理”，2018年3月13日后，“知识产权代理”一项被删除。网络公司也曾于2018年3月13日变更了经营范围，在变更之前其经营范围包含“知识产权代理”，2018年3月13日后，“知识产权代理”一项被删除。

2019年9月26日，国家知识产权局根据《中华人民共和国商标法》第十条第一款第八项、第十九条第四款、第三十条的规定，决定驳回诉争商标的注册申请。科技公司不服驳回决定，向国家知识产权局申请复审。国家知识产权局经复审于2020年4月15日作出《关于诉争商标驳回复审决定》（以下简称被诉决定）。由于在复审过程中诉争商标发生转让，国家知识产权局在被诉决定中将诉争商标申请人变更为网络公司。国家知识产权局在被诉决定中认定：第一，诉争商标与引证商标构成《中华人民共和国商标法》第三十条规定的使用在相同或类似服务上的近似商标。第二，诉争商标的注册申请已构成商标法第十九条第四款规定之情形。第三，诉争商标使用在指定服务项目上，易产生不良社会影响，属于《中华人民共和国商标法》第十条第一款第八项所规定的不得作为商标使用的标志。国家知识产权局决定如下：驳回诉争商标的注册申请。网络公司不服被诉决定，诉至法院。

【案件焦点】

诉争商标的注册申请是否违反《中华人民共和国商标法》第十条第一款第八项、第十九条第四款之规定。

【法院裁判要旨】

北京知识产权法院经审理认为：由于引证商标在第35类全部核定使用服务

上已被撤销注册，引证商标已不再构成诉争商标申请注册的权利障碍。

关于诉争商标的注册申请是否违反《中华人民共和国商标法》第十九条第四款之规定，在诉争商标申请日前，原申请人科技公司的经营范围曾包含“知识产权代理”，“知识产权代理”包含了商标代理业务。此外，在诉争商标申请之后、被诉决定作出之前，科技公司已将诉争商标转让给网络公司，而在申请日以前网络公司的经营范围也曾包含“知识产权代理”。但从诉争商标申请日至今，网络公司与科技公司的经营范围已不再包括商标代理业务，而且，也没有证据证明两公司从申请日至今曾实际从事商标代理业务。如仅因工商营业执照曾记载有商标代理业务，就禁止该两公司在除商标代理服务以外的商品或服务上申请注册商标，就会使两公司即使实际从事非商标代理业务的生产经营活动，也永远无法获准注册其他商标，这实质上不合理地剥夺了两公司平等获得商标专用权的权利。因此，科技公司与网络公司均不属于《中华人民共和国商标法》第十九条第四款规定的“商标代理机构”，诉争商标的注册申请未违反《中华人民共和国商标法》第十九条第四款之规定。

此外，诉争商标作为商标使用在指定的“广告；商业管理辅助”等服务上，既不会有害于社会主义道德风尚，也不会对我国的政治、经济、文化、民族等社会公共利益和公共秩序产生消极、负面影响，故诉争商标未违反《中华人民共和国商标法》第十条第一款第八项之规定。

综上，网络公司在诉争商标驳回复审阶段未提交科技公司删除经营范围中“知识产权代理”项目系发生在诉争商标申请日之前的证据，导致国家知识产权局错误认定诉争商标的注册申请违反了《中华人民共和国商标法》第十九条第四款之规定，且在本案诉讼过程中引证商标被撤销注册，加之，国家知识产权局在被诉决定中认定诉争商标违反《中华人民共和国商标法》第十条第一款第八项之规定有误，法院撤销被诉决定，但案件受理费仍由网络公司承担。

北京知识产权法院依照《中华人民共和国行政诉讼法》第五十八条、第七十条第一项、第二项，《最高人民法院关于审理商标授权确权行政案件若干问题的规定》第二十八条规定，判决：

一、撤销国家知识产权局作出的《关于诉争商标驳回复审决定书》；

二、国家知识产权局就网络公司针对诉争商标提出的驳回复审申请重新作出决定。

国家知识产权局不服一审判决，提起上诉。

北京市高级人民法院经审理同意一审法院裁判意见，依据《中华人民共和国行政诉讼法》第八十九条第一款第一项规定，判决：

驳回上诉，维持原判。

【法官后语】

《中华人民共和国商标法》第十九条第四款的立法目的是防止商标代理机构利用资源和专业优势进行恶意抢注和商标囤积。但适用该条款时也应当注意保护从事生产经营活动的主体的商标权益，避免其被不合理地剥夺平等获得商标专用权的权利。

诉争商标申请人属于“商标代理机构”是该商标的注册申请违反《中华人民共和国商标法》第十九条第四款规定的构成要件之一。审判实践中，判断申请人是否属于上述法条规定的“商标代理机构”，通常以诉争商标申请时申请人的经营状态为准，在申请日，已经备案从事商标代理业务的主体、工商营业执照中记载经营范围包括商标代理业务的主体以及虽未备案但实际从事商标代理业务的主体，均属于“商标代理机构”。即使在申请日以后，申请人的工商营业执照中的商标代理业务被删除，或诉争商标被转让给非商标代理机构的主体，仍应当认定该申请人属于“商标代理机构”。如果申请人的经营范围在诉争商标申请日之前曾经包含商标代理业务，但在申请商标时该业务项目已经被删除，不能一律认定该申请人属于“商标代理机构”，还是要审查其删除商标代理业务是否具有规避法律的故意，如其虽然删除了商标代理业务但仍实际从事商标代理业务，或者在申请日后又恢复商标代理业务的，可以视为其不当规避《中华人民共和国商标法》第十九条第四款规定。在没有证据证明申请人的经营范围在申请日以后又增加了商标代理业务或申请人实际从事商标代理业务的情况下，不能仅因工商营业执照曾记载有商标代理业务，就禁止该主体在除商标代理以外的商品或服务上申请注册商标，否则就会使该主体即使实际从事非商标代理业务的生产经营活动，也永远无法获准注册其他商标。

此外，在商标申请注册行政程序或诉讼过程中，诉争商标被转让给非商标代理机构的，为防止商标代理机构通过商标转让规避法律，判断诉争商标的注册申请是否违反《中华人民共和国商标法》第十九条第四款之规定，仍应当以原申请人（或诉争商标的转让人）在申请日的经营状态为准。即使诉争商标在申请日之后被转让给非商标代理机构，由于原申请人在商标申请时属于商标代理机构，诉争商标在除商标代理以外的商品或服务上的注册申请仍违反了《中华人民共和国商标法》第十九条第四款之规定。诉争商标由非商标代理机构转让给商标代理机构的，也应当适用《中华人民共和国商标法》第十九条第四款予以制约。在这种情况下，认定诉争商标受让人是否属于“商标代理机构”，也应当以商标申请日为界，在申请日及申请日以后，其工商营业执照曾记载有商标代理业务的，应当认定该受让人属于“商标代理机构”。同样，为避免平等获得商标专用权的权利被不合理剥夺，也不能仅因该受让人工商营业执照在申请日前曾记载有商标代理业务，就禁止该主体受让指定使用在除商标代理服务以外的商品或服务上的商标。

本案属于适用《中华人民共和国商标法》第十九条第四款驳回商标注册申请的案例。申请人的经营范围在诉争商标申请日包含商标代理业务的，申请人即使已经删除该业务，仍属于《中华人民共和国商标法》第十九条第四款规定的“商标代理机构”，审判人员对这个问题已经基本达成共识。而申请人的经营范围在诉争商标申请日之前曾经包含商标代理业务的，是否属于《中华人民共和国商标法》第十九条第四款规定的“商标代理机构”，具有较大争议，也无前案可以参考。本案判决对上述问题进行了分析，归纳出了可供类似案件参考的裁判规则。

编写人：北京知识产权法院　王建宏

57

注册人因违法犯罪被吊销营业执照不能成为其连续三年未使用商标的正当理由

——开发公司诉国家知识产权局商标权撤销复审行政案

【案件基本信息】

1. 裁判书字号

北京市高级人民法院（2021）京行终8257号行政判决书

2. 案由：商标权撤销复审行政纠纷

3. 当事人

原告（上诉人）：开发公司

被告（被上诉人）：国家知识产权局

第三人：咨询公司

【基本案情】

开发公司于2011年10月27日向国家知识产权局申请注册诉争商标)，后该商标获准注册，其核定使用的服务是“（人工降雨时）云的催化；包装设计；测量；车辆性能检测；代替他人称量货物；服装设计；化学研究；建设项目的开发；气象信息；生物学研究；书画刻印艺术设计；提供互联网搜索引擎；无形资产评估；研究与开发（替他人）；艺术品鉴定；质量检测”服务。

开发公司于2013年被人民法院判决犯非法吸收公众存款罪，因此，开发公司从2013年4月23日至今被吊销营业执照，开发公司的公章和法定代表人名章从2012年4月至2018年12月被公安机关扣押。

2018年7月24日，咨询公司以诉争商标无正当理由连续三年不使用为由，向国家知识产权局提出撤销申请，国家知识产权局经审查决定驳回咨询公司的撤销申请，诉争商标继续有效。咨询公司不服，向国家知识产权局申请复审，国家知识产权局作出《关于诉争商标撤销复审决定》（以下简称被诉决定），认为开发公司提交的责令改正通知书、法院刑事判决书、扣押物品清单等证据不属于《中华人民共和国商标法实施条例》第六十六条、第六十七条规定的“正当理由”所指之情形，且开发公司提交的使用证据多形成于 2015 年 7 月 24 日至 2018 年 7 月 23 日（以下简称指定期间）之前较早时间，因此，开发公司关于其未使用诉争商标具有正当理由的抗辩不能成立，诉争商标应予撤销。开发公司不服被诉决定，向法院提起诉讼。

【案件焦点】

1. 被诉决定作出的程序是否违法；2. 开发公司主张的诉争商标连续三年不使用的理由是否属于《中华人民共和国商标法》第四十九条以及商标法实施条例第六十六条、第六十七条规定的“正当理由”。

【法院裁判要旨】

北京知识产权法院经审理认为：诉争商标的注册证载明的注册地址为某镇。国家知识产权局于 2019 年 7 月向该地址邮寄商标撤销复审答辩通知书。经询，开发公司称其于 2011 年 4 月被强制从原注册地址搬离，开发公司自认并未向国家知识产权局告知或变更注册登记信息，而且在此之前，诉争商标的申请注册地址亦没有发生变更登记。故国家知识产权局按照诉争商标注册证上载明的地址送达商标撤销复审答辩通知书并无不当。但国家知识产权局未提供证据证明在被诉决定作出之前该邮件已签收，故国家知识产权局在未确认商标撤销复审答辩通知书已签收的情况下作出被诉决定，属于程序上有瑕疵。

根据《中华人民共和国商标法实施条例》第六十七条规定，不可抗力、政府政策性限制、破产清算和其他不可归责于商标注册人的正当事由属于《中华人民共和国商标法》第四十九条规定的正当理由。本案中，开发公司主张未能在指定期间使用诉争商标的理由是开发公司公章被扣押，而开发公司公章被扣押是由于开发公司违法犯罪，且从 2013 年 4 月 23 日至今（包含指定期间）开发公司也因违法犯罪被吊销营业执照，即使有公章亦无法通过合法经营使用诉争商标。被吊销营业执照并导致开发公司无法通过合法经营使用诉争商标，都是开发公司在违法犯罪时可以预料到的后果，应当归责于开发公司自身，不属于不可归责于商标注册人的正当事由。因此，开发公司所主张的上述理由不属于《中华人民共和国商标法》第四十九条以及《中华人民共和国商标法实施条例》第六十六条、第六十七条规定的“正当理由”。此外，开发公司提交的商标使用商务计划书等证据，尚不足以证明其具有真实的商标使用意图，并已对诉争商标的实际使用进行必要准备工作。因此，诉争商标在复审服务的注册应予撤销。被诉决定对此认定正确。

虽然被诉决定作出程序存在瑕疵，但考虑到被诉决定的理由和结论均无不当，法院对被诉决定的结论予以维持。

北京知识产权法院依照《中华人民共和国行政诉讼法》第六十九条规定，判决：

驳回开发公司的诉讼请求。

开发公司不服一审判决，提起上诉。

北京市高级人民法院经审理同意一审法院裁判意见，依照《中华人民共和国行政诉讼法》第八十九条第一款第一项规定，判决：

驳回上诉，维持原判。

【法官后语】

根据《中华人民共和国商标法》第四十九条第二款规定，注册商标没有正当理由连续三年不使用的，任何单位或者个人可以向国家知识产权局申请撤销该注册商标。该条款的立法目的是促进商标的使用，以发挥商标识别和区分商品来源的作用，并防止商标长期搁置不用，导致商标资源浪费，它不是惩罚性条款，而是督促性条款。该条款本身对“正当理由”的规定也能体现立法目的，也就是说，注册商标注册人如有正当理由导致商标未使用，该商标就不能因连续三年未使用被撤销注册。为实现立法目的，国家知识产权局与人民法院对商标注册人提交的使用证据以及“正当理由”的认定均不应过于严苛。

针对《中华人民共和国商标法》第四十九条第二款规定的“正当理由”，《中华人民共和国商标法实施条例》第六十七条规定：“不可抗力、政府政策性限制、破产清算和其他不可归责于商标注册人的正当事由属于商标法第四十九条规定的正当理由。”《中华人民共和国商标法实施条例》第六十七条所规定的“不可归责于商标注册人”强调的是“正当理由”的主观构成要件，即商标注册人对于商标长期未使用不存在过错。

结合立法精神以及上述规定，笔者认为，《中华人民共和国商标法》第四十九条第二款规定的“正当理由”有以下三个构成要件：

第一，发生了导致注册商标暂时无法使用或阻碍商标使用的事由。这个要件强调该事由与商标未使用具有因果关系。也要注意，该事由只是阻碍商标使用或导致商标暂时无法使用，而非导致商标永久无法使用。

第二，该事由发生于指定期间，且足以影响商标在整个三年指定期间的使用。该事由持续时间包含于指定期间内，或与指定期间有所重合，但并不必完全覆盖指定期间，只要其持续时间较长，足以影响或阻碍整个指定期间商标的使用。

第三，商标注册人对于商标长期未使用在主观上不存在过错，商标注册人既没有积极追求导致注册商标暂时无法使用或阻碍商标使用的事由的发生，也没有消极地放任该事由发生。

本案中，开发公司因违法犯罪被扣押公章、被吊销营业执照均属于阻碍商标正常使用的事由，上述事由持续时间均完整包含了指定期间，符合前文所述第一个、第二个构成要件。之所以认定开发公司主张的事由未构成“正当理由”，是因为该事由不符合第三个构成要件。开发公司在进行违法犯罪行为时应当可以预料到其可能发生的不利后果，即被扣押公章、被吊销营业执照等，而这些不利后果必将阻碍商标使用或导致商标暂时无法使用。开发公司在主观上放任了其所述事由的发生，存在过错，因此，诉争商标在指定期间未使用可归责于开发公司，开发公司因违法犯罪被扣押公章、被吊销营业执照均不属于《中华人民共和国商标法》第四十九条第二款规定的“正当理由”。

编写人：北京知识产权法院　王建宏

58

增加授权公告文本权利要求及说明书中均无记载的技术特征不属于无效阶段允许的权利要求书修改方式

——设备公司诉国家知识产权局发明专利权无效案

【案件基本信息】

1. 裁判书字号

最高人民法院（2022）最高法知行终 314 号行政判决书

2. 案由：发明专利权无效纠纷

3. 当事人

原告（上诉人）：设备公司

被告（被上诉人）：国家知识产权局

第三人：电脑公司

【基本案情】

无效宣告请求审查决定（以下简称被诉决定）系原国家知识产权局专利复审委员会（以下简称原专利复审委员会）针对电脑公司就设备公司名称为“多天线通信系统中的空间扩频”的发明专利（以下简称本专利）所提无效请求而作出的。电脑公司提起无效宣告请求后，设备公司分别于 2018 年 9 月 17 日和 2018 年 11 月 13 日两次对权利要求进行了修改。在 2018 年 9 月 17 日所提交的修改版本（第一次修改）中，设备公司将授权公告文本的 53 项权利要求修改为 85 项权利要求，包括 32 项独立权利要求（权利要求 1、22、28、33、39、40、41、45、46、47、51、58、59、60、61、62、63、64、67、68、69、70、71、72、73、77、78、79、80、81、82、83）和 53 个从属权利要求。该版本修改后的权利要求 50、84 分别对应于授权公告文本的权利要求 41、53，并在原有的权利要求内容上补入了特征“所述选择多个导引向量包括通过以顺序次序从头至尾地循环所述 L 个导引向量，从包括所述 L 个导引向量的集合中选择所述多个导引向量”。在 2018 年 11 月 13 日所提交的修改版本（第二次修改）中，设备公司删除了 2018 年 9 月 17 日修改版本中的权利要求 22-32、39-40、45-46、58-63、67-72、77-82。国家知识产权局对设备公司两次提交的修改文本均不予接受。原专利复审委员会在被诉决定中认定：本专利权利要求 1、2、10-14、17-23、25-27、33、35-38、40-53 不具备《中华人民共和国专利法》第二十二条第三款规定的创造性，在权利要求 3-9、15-16、24、28-32、34、39 的基础上维持专利权有效。设备公司不服被诉决定，向法院提起诉讼。

【案件焦点】

专利权人在无效阶段将授权公告文本的 53 项权利要求（8 项独立权利要求）修改为包括 32 项独立权利要求在内的 85 项权利要求，并且补入了授权公告文本权利要求及说明书中均没有原文记载的技术特征，是否属于 2017 年《专利审查指南》增加的无效阶段允许的权利要求书修改方式，即“权利要求的进一步限定”“明显错误的修正”。

【法院裁判要旨】

北京知识产权法院经审理认为：2017 年修改的《专利审查指南》第四部分第三章第 4.6.1 节规定，发明或者实用新型专利文件的修改仅限于权利要求书，其原则是：（1）不得改变原权利要求的主题名称。（2）与授权的权利要求相比，不得扩大原专利的保护范围。（3）不得超出原说明书和权利要求书记载的范围。（4）一般不得增加未包含在授权的权利要求书中的技术特征。第 4.6.2 节规定，在满足上述修改原则的前提下，修改权利要求书的具体方式一般限于权利要求的删除、技术方案的删除、权利要求的进一步限定、明显错误的修正。权利要求的删除是指从权利要求书中去掉某项或者某些项权利要求，如独立权利要求或者从属权利要求。技术方案的删除是指从同一权利要求中并列的两种以上技术方案中删除一种或者一种以上技术方案。权利要求的进一步限定是指在权利要求中补入其他权利要求中记载的一个或者多个技术特征，以缩小保护范围。第4.6.3节规定，在专利复审委员会作出审查决定之前，专利权人可以删除权利要求或者权利要求中包括的技术方案。仅在下列三种情形的答复期限内，专利权人可以以删除以外的方式修改权利要求书：(1) 针对无效宣告请求书。(2) 针对请求人增加的无效宣告理由或者补充的证据。(3) 针对专利复审委员会引入的请求人未提及的无效宣告理由或者证据。

专利权作为国家授予专利权人的一项垄断性权利，一经授权并公告，即具有较强的对世效力，除专利法另有规定的以外，任何单位或者个人未经专利权人许可，都不得实施其专利。经授权公告后，社会公众可根据所公告的发明或实用新型专利文件产生对该专利权保护范围的预期，进而合理安排生产经营活动以避免自己实施的技术方案侵犯他人专利权。在此基础之上，专利权人在无效宣告程序中对其已经授权公告的专利文件所作的修改，不应超出社会公众此前对于该专利权保护范围的合理预期，否则社会公众的利益将难以得到保障。有鉴于此，无效宣告程序中专利文件的修改仅限于权利要求书。并且，在满足修改原则的前提下，修改权利要求书的具体方式一般限于权利要求的删除、技术方案的删除、权利要求的进一步限定、明显错误的修正。

具体到本案中，本专利授权公告文本具有53项权利要求，包括8项独立权利要求（权利要求1、25、33、38、44、48、50、52）和45项从属权利要求。

电脑公司提起无效宣告请求后，设备公司分别于2018年9月17日和2018年11月13日两次对权利要求进行了修改。

在2018年9月17日所提交的修改版本（第一次修改）中，设备公司将授权公告文本的53项权利要求修改为85项权利要求，包括32项独立权利要求（权利要求1、22、28、33、39、40、41、45、46、47、51、58、59、60、61、62、63、64、67、68、69、70、71、72、73、77、78、79、80、81、82、83）和53个从属权利要求。该版本修改后的权利要求50、84分别对应于授权公告文本的权利要求41、53，并在原有的权利要求内容上补入了特征“所述选择多个导引向量包括通过以顺序次序从头至尾地循环所述L个导引向量，从包括所述L个导引向量的集合中选择所述多个导引向量”。

在2018年11月13日所提交的修改版本（第二次修改）中，设备公司删除了2018年9月17日修改版本中的权利要求22-32、39-40、45-46、58-63、67-72、77-82。

对于第二次修改，由查明事实可知，该版本系在第一次修改版本的基础上进行了修改，包含了以删除以外的方式修改的权利要求。根据2017年修改的《专利审查指南》第四部分第三章4.6.3节的规定，仅在三种情形的答复期限内可以适用此种修改方式，而设备公司提交该版本的时机并不符合前述规定。国家知识产权局在此基础上对2018年11月13日提交的修改文本不予接受，并无不当。

对于第一次修改，由查明事实可知，修改后的权利要求50、84所补入的特征“所述选择多个导引向量包括通过以顺序次序从头至尾地循环所述L个导引向量，从包括所述L个导引向量的集合中选择所述多个导引向量”在本专利授权公告文本的权利要求及说明书中均没有原文记载。

设备公司主张，修改后的权利要求50是对原权利要求的进一步限定及对明显错误的修正。其逻辑在于：原权利要求41引用权利要求38，而原权利要求38涉及多输入单输出通信（MISO）系统并对应“引导向量”。第一次修改系通过将原权利要求13的技术特征补入原权利要求41来作“进一步限定”，而原权利要求13涉及多输入多输出通信（MIMO）系统并对应“引导矩阵”。此时，需要将“导引矩阵”更正为“导引向量”，这是对缺乏引用关系的适应性修改。同时，即使国家知识产权局认为权利要求50、84不应接受，亦不应影响其他权利要求的修改。

对此法院认为，首先，从现行规定来看，设备公司所称的“在权利要求的进一步限定基础上对缺乏引用关系的适应性修改”并不属于2017年修改的《专利审查指南》规定的四种无效宣告程序中权利要求的修改方式，即权利要求的删除、技术方案的删除、权利要求的进一步限定、明显错误的修正。

其次，从技术方案本身来看，原权利要求 41 系对适用于 MISO 系统的处理发射数据的方法中关于导引向量的进一步限定，而原权利要求 13 则是对适用于 MIMO 系统的处理发射数据的方法中关于导引矩阵的进一步限定。根据本专利说明书的记载，多输入多输出系统与多输入单输出系统属于两个不同的实施例，本专利授权公告文本亦将二者分别列为独立权利要求进行保护。对于本领域技术人员而言，上述两种系统也属于不同的产品应用系统，与多输入多输出系统对应的导引矩阵以及与多输入单输出系统对应的导引向量在实际的工作过程中需要与其他关联的特征进行配合，完成各自系统所要求的信号传输的功能，实现各自系统的信号传输性能。由此可见，导引矩阵与导引向量属于不同的技术特征。在此基础上，“所述选择多个导引向量包括通过以顺序次序从头至尾地循环所述 L 个导引向量，从包括所述 L 个导引向量的集合中选择所述多个导引向量”这一特征的引入，并非设备公司所称的“适应性修改”“明显错误的修正”。

再次，从利益平衡的角度来看，第一次修改后的权利要求 50、84 引入了新的技术特征，产生了新的技术方案，导致修改后的权利要求对社会公众而言不可预见。即，根据本专利授权公告的文本，社会公众并不能预见到权利要求还要保护“所述选择多个导引向量包括通过以顺序次序从头至尾地循环所述 L 个导引向量，从包括所述 L 个导引向量的集合中选择所述多个导引向量”特征的技术方案。因此，上述修改会损害社会公众的信赖利益，不符合“权利要求的进一步限定”的价值目标。

最后，在无效宣告程序中允许专利权人修改权利要求的出发点应是：将发明对现有技术做出贡献的技术特征限定到权利要求中，增加权利的稳定性，从而更好地保护发明创造，而不能借此机会对权利要求的保护范围进行重新布局，重新构建出新的权利要求的层次体系。本案中，本专利授权公告文本具有 53 项权利要求，包括 8 项独立权利要求，而在第一次修改中，设备公司将授权公告文本的 53 项权利要求修改为 85 项权利要求，包括 32 项独立权利要求，且存在补入授权公告权利要求并未记载的技术特征的情况。设备公司此种修改方式，不仅难以缩小原权利要求的保护范围，还对原权利要求之间的层次体系关系产生了影响，这显然不符合相关规定赋予专利权人在无效宣告程序中对权利要求进行修改的本意，也超出了社会公众对于授权公告的权利要求保护范围的信赖。并且，前述缺陷并不能因设备公司删除部分权利要求而克服。因此，设备公司关于即使修改后权利要求50、84不被接受，亦不影响其他修改后权利要求的主张，缺乏事实和法律依据。

此外需要指出的是，行政审查的标准固然以统一为宜，但仍需考虑个案中具体不同的情况。设备公司所提交的案外决定，并非本专利修改文本应予接受的当然理由。

北京知识产权法院根据《中华人民共和国行政诉讼法》第六十九条规定，判决：

驳回设备公司的全部诉讼请求。

设备公司不服一审判决，提起上诉。

最高人民法院经审理同意一审法院裁判意见，依据《中华人民共和国行政诉讼法》第八十九条第一款第一项规定，判决：

驳回上诉，维持原判。

【法官后语】

本案的意义在于从司法实践层面对专利无效宣告程序中权利要求的修改具体方式“权利要求的进一步限定”“明显错误的修正”进行了解读。

根据《中华人民共和国专利法实施细则》第六十九条的规定，专利无效宣告程序中允许专利权人对发明或者实用新型专利文件进行修改，但这种修改仅限于权利要求书，且不得扩大原专利的保护范围。同时，《专利审查指南》第四部分第三章第4.6.1节“修改原则”规定，修改不得改变原权利要求的主题名称；与授权的权利要求相比，不得扩大原专利的保护范围；不得超出原说明书和权利要求书记载的范围；一般不得增加未包含在授权的权利要求书中的技术特征。

对于权利要求的具体修改方式，专利法及其实施细则并未作出规定，只有

《专利审查指南》对此进行了规范。2010年《专利审查指南》第四部分第三章第4.6.2节“修改方式”规定，在满足上述修改原则的前提下，修改权利要求书的具体方式一般限于权利要求的删除、合并和技术方案的删除。2017年修正的《专利审查指南》则进一步放宽，在维持原有权利要求的删除、技术方案的删除两种修改方式的基础上，将“权利要求的合并”修改为“权利要求的进一步限定”，增加了“明显错误的修正”。同时，删除“权利要求的合并”的定义，对“权利要求的进一步限定”进行定义，即权利要求的进一步限定是指在权利要求中补入其他权利要求中记载的一个或者多个技术特征，以缩小保护范围。显然，《专利审查指南》此次修改适度放开了专利文件的修改方式，对其要求呈现出了由严格趋于宽松的态势，这是专利行政机关在听取行业需求和业界呼声背景下作出的积极回应，也是进一步完善授权后专利文件修改制度的必然要求。

上述变化带来的直接后果是专利权人在针对无效宣告请求对权利要求进行修改时有了更大的自由度，但同时也产生了无效宣告程序的各方参与者对于如何具体理解、适用“权利要求的进一步限定”“明显错误的修正”存在分歧的问题。司法实践中，为了有效利用有限的修改时机修改权利要求以尽最大可能维护权益，专利权人往往会对于上述修改方式作出自己的解读，据此主张其修改符合《专利审查指南》的规定。

如本案中，设备公司在无效程序中将授权公告文本的53项权利要求（8项独立权利要求）修改为85项权利要求（32项独立权利要求），增加了独立权利要求，并在原有的权利要求内容上补入了特征“所述选择多个导引向量包括通过以顺序次序从头至尾地循环所述L个导引向量，从包括所述L个导引向量的集合中选择所述多个导引向量”形成了修改后的权利要求50、84。设备公司认为，上述修改符合《专利审查指南》的规定，权利要求50、84就是对原权利要求的进一步限定及对明显错误的修正。

对此，笔者认为，专利权作为国家授予专利权人的一项垄断性权利，授权后的权利要求具有公示专利权保护范围的作用，社会公众可以根据授权后的权利要求，明确权利边界、预判侵权可能性以及评估专利权效力的稳定性。有鉴于此，专利权人在无效宣告程序中对其已经授权公告的专利文件所作的修改，不应超出社会公众此前对于该专利权保护范围的合理预期，否则社会公众的利益将难以得到保障。因此，无论是“权利要求的进一步限定”还是“明显错误的修正”，其含义不仅应以文义解释，还应以体系解释来解读，即将其放置在整个法律的目的或价值体系中来进行解释，以保证法律体系的融惯性。进一步，在探讨“补入其他权利要求中记载的一个或者多个技术特征，以缩小保护范围”之前，首先要明确的是这种修改“不得扩大原专利的保护范围”。

以本案为例，修改后的权利要求50、84所补入的特征“所述选择多个导引向量包括通过以顺序次序从头至尾地循环所述L个导引向量，从包括所述L个导引向量的集合中选择所述多个导引向量”在本专利授权公告文本的权利要求及说明书中均没有原文记载。并且，从原权利要求及说明书的内容来看，导引矩阵与导引向量属于不同的技术特征，修改后的权利要求50、84引入了新的技术特征，产生了新的技术方案，并非设备公司所称的“在权利要求的进一步限定基础上对缺乏引用关系的适应性修改”“明显错误的修正”。这种修改会导致修改后的权利要求对社会公众而言不可预见，会损害社会公众的信赖利益。

进一步来说，权利要求的公示作用、社会公众的信赖利益的根基是权利要求所确定的保护范围及全部权利要求形成的保护层次体系。“权利要求的进一步限定”的修改方式以在所要修改的权利要求中补入原权利要求书中其他权利要求的一个或多个技术特征为形式，并以缩小权利要求的保护范围为结果。通常应以修改后的权利要求代替原来的权利要求，以形成一个新的保护范围更小的权利要求，而不是增加权利要求，以构建新的权利要求保护层次体系。事实上，日本的实践中也均明确了无效程序中的修改原则上是权利要求“一换一”式的修改，但是可以有例外。因此，在无效宣告程序中允许专利权人修改权利要求的出发点应是：将发明对现有技术做出贡献的技术特征限定到权利要求中，增加权利的稳定性，从而更好地保护发明创造，而不能借此机会对权利要求的保护范围进行重新布局，重新构建出新的权利要求的层次体系。即在无效宣告程序中修改权利要求显然应当受到已授权公告权利要求布局的限制，这样不仅符合“公开换保护”的原则，也有助于引导专利申请人对权利要求谨慎布局。本案中，本专利授权公告文本具有53项权利要求（8项独立权利要求），设备公司在修改中不仅将其增加为85项权利要求（32项独立权利要求），且存在补入授权公告权利要求并未记载的技术特征的情况。此种修改方式不仅难以缩小原权利要求的保护范围，还对原权利要求之间的层次体系关系产生了影响，这显然不符合相关规定赋予专利权人在无效宣告程序中对权利要求进行修改的本意，也超出了社会公众对于授权公告的权利要求保护范围的信赖。

此外需要指出的是，专利权人（或申请人）在实质审查程序、复审程序以及无效宣告程序中都可以修改专利文件，但是可以修改专利文件的自由度不同，修改的自由度会随着程序推进而降低，在前期程序中不允许的修改方式也不应在后续程序中被认可，否则会造成前、后程序之间无法有效衔接。在复审程序中，对于增加权利要求尚有严格的限制，那么在无效宣告程序中显然也不应通过增加权利要求的方式来构建新的保护层次体系，否则会造成两个程序无法有效衔接。

编写人：北京知识产权法院　宋晖　栾羚

ISBN 978-7-5216-4358-9

9 787521 643589 >

图书在版编目（CIP）数据

中国法院 2024 年度案例. 知识产权纠纷 / 国家法官学院，最高人民法院司法案例研究院编. —北京：中国法制出版社，2024.5

ISBN 978-7-5216-4358-9

Ⅰ. ①中… Ⅱ. ①国… ②最… Ⅲ. ①知识产权-民事纠纷-案例-汇编-中国 Ⅳ. ①D920.5

中国国家版本馆 CIP 数据核字（2024）第 054102 号

策划编辑：李小草　韩璐玮（hanluwei666@163.com）
责任编辑：韩璐玮　　封面设计：李宁

中国法院 2024 年度案例. 知识产权纠纷
ZHONGGUO FAYUAN 2024 NIANDU ANLI. ZHISHI CHANQUAN JIUFEN

编者/国家法官学院，最高人民法院司法案例研究院
经销/新华书店
印刷/三河市紫恒印装有限公司
开本/730 毫米×1030 毫米　16 开　　印张/ 19　字数/ 234 千
版次/2024 年 5 月第 1 版　　2024 年 5 月第 1 次印刷

中国法制出版社出版
书号 ISBN 978-7-5216-4358-9　　定价：79.00 元

北京市西城区西便门西里甲 16 号西便门办公区
邮政编码：100053　　传真：010-63141600
网址：http：//www.zgfzs.com　　**编辑部电话：010-63141802**
市场营销部电话：010-63141612　　**印务部电话：010-63141606**

（如有印装质量问题，请与本社印务部联系。）